De Kracht

van

het Zelf

DE KRACHT

VAN

HET ZELF

KIM MICHAELS

Copyright © 2016 Kim Michaels. Alle rechten gereserveerd
Niets uit deze uitgave mag worden vermenigvuldigd en/of openbaar gemaakt op welke manier ook, zonder voorafgaande schriftelijke toestemming van de uitgever. Een recensent mag korte passages aanhalen in een recensie.

Voor informatie en buitenlandse rechten, neem contact op met:

MORE TO LIFE PUBLISHING,
Website: www.morepublish.com
E-mail: info@morepublish.com

Oorspronkelijke titel: The Power of Self
Vertaling: Tineke van der Zee

ISBN: 978-87-93297-29-6

Mededelingen en Disclaimer: (1) De auteur of uitgever geven geen garanties dat de oefeningen die in dit boek staan op enig moment succesvolle resultaten bij iemand zullen opleveren. Die worden alleen ter informatie gegeven, omdat de oefeningen door iemand persoonlijk moeten worden gedaan, voordat het bewijs kan worden geleverd. (2) De informatie en inzichten in dit boek zijn uitsluitend de mening van de auteur en mogen niet als een vorm van therapie, advies, leiding, diagnose en/of behandeling van enigerlei aard, worden opgevat. Voor alle zaken die jouw persoonlijke gezondheid aangaan, moet je een arts of geschikte uitoefenaar van de gezondheidszorg consulteren. De auteur noch de uitgever zijn verantwoordelijk of aansprakelijk voor wat een koper of lezer ermee doet.

INHOUDSOPGAVE

Introductie "Waarom zou ik dit boek moeten lezen?" 7
1 | De wetenschap en de kracht van het zelf 17
2 | Hoe de geascendeerde meesters jou kunnen helpen 43
3 | Bestaan de geascendeerde meesters echt? 65
4 | Hoe de wereld van vorm werd geschapen 77
5 | Fundamentele vragen over het zelf 95
6 | Hoe jij je stevig op het pad verankert 105
Decree To Archangel Michael 123
Decree To Elohim Astrea 129
DECREE to SAINT GERMAIN 135
7 | Jouw reacties meester worden 143
8 | Het zelf in het spirituele rijk 149
9 | Het zelf dat naar de materiële wereld afdaalt 163
10 | Het 'zelf' dat in de materiële wereld wordt gevormd 183
11 | Uit de gevangenis die jouw ego is, ontsnappen 199
12 | Andere aspecten van het zelf 221
13 | Ervoor kiezen om je ervaring van het leven te veranderen 233
14 | Hoe een geascendeerde meester naar karma kijkt 243
15 | Begrijpen waarom jij geascendeerde meesters nodig hebt 267
16 | Introductie tot de zeven stralen 293
Over de schrijver 313

INTRODUCTIE "WAAROM ZOU IK DIT BOEK MOETEN LEZEN?"

In de moderne tijd besteden we minder tijd aan de kost verdienen dan generaties voor ons en wij hebben allemaal technische snufjes bedacht om tijd te besparen. Maar toch hebben de meesten van ons nog steeds het gevoel dat wij niet genoeg tijd hebben. Dus waarom zou je de tijd nemen om dit boek te lezen?

Nu, het antwoord is eenvoudig dat je dit boek wilt lezen, omdat jij eraan toe bent. Je bent eraan toe om naar het volgende niveau op jouw persoonlijke pad te klimmen en dit boek toont jou hoe je daar kunt komen. Hoe kan ik weten dat jij aan dit boek toe bent? Denk eens aan een simpele wet:

> Wanneer de student eraan toe is, verschijnt de leraar.

Als je niet aan dit boek toe was geweest, zou je dit boek niet eens hebben gevonden en deze woorden dus niet lezen. Je dagelijkse denkgeest heeft misschien bezwaren tegen deze uitspraak en misschien ook tegen een paar dingen die je in dit boek zult lezen. Maar op een dieper niveau van jouw wezen, weet jij dat je eraan toe bent om naar een hogere benadering te ascenderen in het proces dat wij het leven noemen. En dit boek presenteert je een geleidelijk pad om een kracht in jou te ontsluiten die jij al bezit: de kracht van het Zelf.

Er is nog een factor die aantoont dat jij klaar bent voor dit boek. Dit boek past in de categorie zelfhulp, zelfverbetering en spiritualiteit. Omdat er duizenden boeken in die genres zijn, heb jij waarschijnlijk al één of meerdere boeken gelezen over hoe jij je leven kunt verbeteren. Je hebt misschien over 48 wetten, 33 initiaties, 24 sleutels, 12 stappen, 10 inzichten, 7 gewoonten, 4 overeenkomsten of 1 geheim gelezen.

Maar wat zegt het feit dat je al over die onderwerpen hebt gelezen en dan toch weer een boek hierover pakt? Dat jij niet het resultaat hebt behaald dat je verwachtte van die andere boeken. Als je wel die resultaten had behaald, zou je van je nieuwe leven genieten. En waarom zou je dan weer een boek gaan lezen dat jou vertelt hoe jij ergens moet komen, als jij daar al bent?

Wat zou dit boek dan voor jou kunnen doen dat die andere boeken niet hebben gedaan? Nu, om heel eerlijk te zijn, kan dit boek niets voor jou doen — zoals geen enkel boek trouwens. Dit boek toont je wel dat jij iets voor jezelf kunt doen als je de kracht die binnenin jou zit, gebruikt. En juist het feit dat je dit boek hebt gevonden, toont aan dat jij — in de diepste kern van je wezen — aan deze benadering toe bent. Ik weet dat dit in het begin maar weinig op hulp kan lijken, maar het wordt duidelijker wanneer wij naar het menselijke enigma, het menselijke raadsel, hebben gekeken.

Het belangrijkste menselijke enigma

Juist op dit moment ervaar je dat jouw leven wordt bepaald door zekere beperkingen. Je zou wel aan die beperkingen wel willen overwinnen, maar je voelt je niet bij machte om dit in je eentje te doen. Per slot van rekening zou je dat dan al gedaan hebben en dan hoef je dit boek ook niet te lezen. Dus, wanneer een boek jou vertelt dat jij de kracht in je hebt om jouw problemen op te lossen, kan dit in het begin lijken of je een klap in je gezicht krijgt. En dat zouden wij het menselijke enigma, het menselijke raadsel, kunnen noemen.

Het menselijke enigma is eenvoudig het volgende: Je ervaart dat jij wordt beperkt door bepaalde omstandigheden in de buitenwereld. Je ervaart dat jij niet bij machte bent om die te veranderen – anders had jij dat immers al gedaan. Hoe kun je dan ooit uit die gevangenis ontsnappen, hoe los jij dat enigma op? Hoe kun jij je leven veranderen, tenzij er een verlosser van buitenaf komt en voor jou doet wat jij klaarblijkelijk zelf niet kunt? En dit zorgt er natuurlijk voor dat mensen op zoek gaan naar een verlosser of een geheime formule van buitenaf.

Maar nadat jij aan deze zoektocht bent begonnen en nergens bent uitgekomen, komt er een moment waarop jij je openstelt voor de diepere waarheid die het menselijke enigma eigenlijk kan oplossen. En opnieuw, als jij niet openstond voor deze waarheid, zou jij deze woorden niet lezen.

Wat is die waarheid dan eigenlijk? Nu, die is dat jouw ervaring helemaal klopt. Je wordt inderdaad beperkt door bepaalde omstandigheden die je niet kunt veranderen. Maar de énige reden dat jij die niet kunt veranderen, is dat jij door één specifiek zelf heen naar het leven kijkt. En dat zelf is níet de enige manier om naar het leven te kijken.

Een omslag die jouw leven verandert

Het feit dat je dit boek gevonden hebt, toont aan dat je eraan toe bent om een fundamentele omslag in bewustzijn te maken. Wat is die omslag? Als je gelooft en ervaart dat jij wordt beperkt door externe omstandigheden, denk je onherroepelijk dat jij je leven, jouw 'Ervaring van het Leven', maar op één manier kunt veranderen, en die is dat jij een manier moet zoeken om iets buiten jou te veranderen. Maar de volgende stap is dat jij jouw aandacht een andere richting op moet sturen, zodat jij je op het Zelf gaat richten in plaats van wat er zich buiten jou afspeelt.

Het menselijke enigma kan worden opgelost door je te realiseren dat er meer dan één vorm van zelf is. Nu op dit moment heb je een specifiek zelfgevoel, een specifiek identiteitsgevoel. Maar dit zelf is niet echt en het is niet wie jij echt bent. Het is slechts een filter waardoor jij naar de wereld kijkt.

Het eenvoudigste voorbeeld om dit te illustreren, is dat de wereld een bepaalde kleur lijkt te hebben, wanneer jij een gekleurde bril opzet. Toch weet je dat de wereld niet is veranderd, nadat jij die bril hebt opgezet – wat er wel is veranderd, is hoe jij de wereld ziet. De manier waarop jij nu het leven bekijkt, is ook het product van jouw zelfgevoel. Leef je dan eigenlijk in een wereld, waarin jij door omstandigheden in de buitenwereld wordt belemmerd? Of zijn die beperkingen het gevolg van de manier waarop jij de wereld door het filter van jouw zelf ziet?

Jij bent meer dan wie jij nu bent

Het simpele, maar zeer bevrijdende, besef is dat jij op dit moment niét jouw zelfgevoel bent. Jij bent méér dan jouw huidige zelfgevoel en dit boek legt precies uit wat dat inhoudt. Het klopt helemaal dat jij, zolang je door het waarnemingsfilter dat jouw huidige zelf is, kijkt, niet in staat bent om de problemen die jij op dit moment hebt, op te lossen. Zoals Albert Einstein heeft gezegd: "Je kunt een probleem niet oplossen met dezelfde bewustzijnsstaat als de bewustzijnsstaat die het probleem heeft geschapen." Maar wat jij echt moet begrijpen, is dat je een beperking niet kunt overwinnen met het zelfgevoel dat deze beperking juist heeft gemaakt en waardoor het leek alsof hij echt was.

Dus wat is de sleutel om het menselijke enigma op te lossen? Hoe los je een raadsel op dat stelt dat jij niet op eigen kracht jouw eigen problemen kunt oplossen en dat een verlosser van buitenaf het niet voor jou kan doen? De oplossing is je te realiseren dat jij een optie hebt waar jij op school of de zondagsschool nooit iets over hebt gehoord. En die optie is dat jij weloverwogen en welbewust jouw zelfgevoel verandert.

De hele opzet van dit boek is jou de kennis en de praktische middelen in handen te geven om een verschuiving in jouw zelfgevoel te bewerkstelligen. Maar dit boek zal dit doen door jou te tonen wat het Zelf echt is, want hoe kun jij de kracht van het Zelf ontsluiten, als jij niet eens weet wat het Zelf is?

Hoe het zelf jou belemmert

Ik zit al een poosje op het pad van zelftranscendentie en ik heb gezien hoe duizenden mensen met dezelfde dingen worstelen als ik. Volgens mij zijn er twee heel duidelijke fases op het pad. De eerste is de fase waarin wij ons richten op het veranderen van iets buiten ons en in de tweede fase maken wij een omslag en dan gaan wij ons richten op wat binnenin ons is. En opnieuw, waarom zou je dit boek lezen, als jij niet aan die omslag toe was? Dus, het eerste besef dat de grondslag voor dit boek vormt, is dat jij jouw zelfgevoel moet veranderen. Het tweede besef is dat jij een referentiekader moet krijgen dat zich buiten jou bevindt om die omslag in zelfgevoel te kunnen maken. Waarom is dit zo belangrijk?

Heb je ooit het sprookje gelezen van de nieuwe kleren van de keizer? In de korte versie staat dat de keizer een groep kleermakers huurde om de mooiste kleren ooit voor hem te maken. Maar de kleermakers maakten eigenlijk geen kleren voor de keizer; ze maakten de keizer en zijn hof alleen maar wijs dat zij kleren maakten. En omdat die allemaal hetzelfde 'waarnemingsfilter' hadden als de kleermakers, zag niemand dat de keizer poedelnaakt was. Zelfs toen de keizer langs zijn volk paradeerde, geloofde iedereen die illusie – tot een klein jongetje uiteindelijk de tijdloze woorden uitsprak: "Maar de keizer heeft niets aan!"

Het is gewoon een feit dat jouw huidige zelfgevoel een waarnemingsfilter vormt dat de manier waarop jij naar de dingen kijkt, kleurt. En hoe laat jij die illusie ooit los, als jij niet een of andere impuls van buiten jouw mentale kader van het huidige zelf krijgt, iets waardoor jij één simpele vraag stelt: "Is de manier waarop ik de wereld zie de juiste, of bestaat het leven uit meer dan wat ik op dit moment kan zien?"

Begrijp je die fundamentele waarheid nu? Zolang jij een gekleurde bril ophebt, wordt alles wat jij ziet door die bril gekleurd. Dit betekent dat er niets is wat het jou mogelijk maakt om jouw waarneming te onderzoeken. De eerste stap om jouw zelfgevoel te veranderen, is dus dat jij een soort referentiepunt krijgt, waardoor jij begint te onderzoeken wat jij door het filter van jouw zelf ziet.

Dit boek helpt je door een proces heen dat de manier waarop jij hebt geleerd het leven te bekijken, wordt aangevochten. Jij kunt jouw zelfgevoel alleen maar veranderen, wanneer jij jouw waarneming van het leven verandert die jij door jouw huidige zelfgevoel ontvangt. En dit brengt mij bij het laatste punt dat ik duidelijk wil maken in deze introductie.

Het enigma van persoonlijke groei

Zelftranscendentie presenteert je een onontkoombare uitdaging. Zoals ik al zei, zit er ergens in jou het verlangen naar iets meer, zelfs het gevoel dat jij misschien een betere aanpak van het leven kunt vinden. De sleutel, de oplossing, om aan dit innerlijke verlangen te voldoen, is dat jij een omslag in bewustzijn maakt. Maar jouw huidige bewustzijn valt niet zomaar om en sterft omdat jij aan dit boek begint.

Ik heb het gehad over een stap hogerop doen naar een hoger stadium, waarin jij je niet meer richt op wat buiten jou is, maar op het veranderen van jouw zelfgevoel. Maar het is gewoon een feit dat jouw huidige zelf zich tegen deze omslag zal verzetten. Dat wil dat jij je blijft richten op al het andere, en dat komt omdat hij een bepaald overlevingsinstinct heeft.

Het gevolg is dat wij in het begin het gevoel krijgen dat wij in tegenovergestelde richtingen worden getrokken, wanneer wij een stap doen om in dat hogere stadium te komen. We kunnen ons net als het touw voelen dat je bij touwtrekken gebruikt, waar door twee teams aan wordt getrokken. Dit leidt tot een enigszins turbulente fase, omdat je begint te twijfelen aan de waarneming van het oude zelf. Je zult het gevoel krijgen dat je niet meer kunt geloven in de waarheden die tot jouw gedachtegoed behoren. Je zult het gevoel krijgen dat jij niet erg zeker meer bent van wat echt is, of wie jij bent. Er zal een stemmetje binnenin jou schreeuwen dat dit gevaarlijk is en dat jij terug moet naar het oude zelfgevoel om een grote ramp te voorkomen.

Dit boek toont je een geleidelijk en liefdevol pad om je door deze fase heen te helpen om het oude zelf helemaal te transcenderen en jouw ware zelf te vinden. Maar opnieuw, dit boek kan het niet voor jou doen. Wat wel kan helpen, is het besef dat jij in dit allereerste stadium jouw waarnemingsfilter moet onderzoeken en een aantal van jouw gekoesterde overtuigingen en meningen laat aanvechten. En je maakt het jezelf in dit proces veel gemakkelijker als jij beslist om goed op jouw eigen reacties te letten.

Wanneer je verder komt in dit boek, ga je kritisch letten op jouw eigen reacties op de ideeën die hier worden gepresenteerd. Wanneer je ontdekt dat jij wel heel erg sterk reageert op een bepaald idee, weet je dat jij dan een nog niet onderzochte overtuiging hebt gevonden die jouw persoonlijke vooruitgang blokkeert. Jouw huidige zelf presenteert jou een bepaalde waarneming van het leven, en jouw huidige zelf gelooft dat dit niet een waarneming is, maar de realiteit. Je moet dus beseffen dat het maar om een waarneming gaat en die moet je blijven onderzoeken tot jij inziet hoe die jou beperkt. Als je begrijpt hoe die specifieke overtuiging jou verhindert om de kracht van het Zelf door jou heen te laten stromen, laat je die onmiddellijk los en verandert het in een hoger zelfgevoel.

Hopelijk ervaar je veel doorbraken terwijl je dit boek leest en de handreikingen toepast die erin staan. Dit boek presenteert je waarachtig een praktisch pad dat jouw zelfgevoel in verbazend korte tijd kan veranderen. Als je door het proces heen gaat terwijl jij je er tegelijkertijd van bewust bent dat er twee stemmetjes zijn – het ene dat wil dat jij loslaat, en het andere dat wil dat jij vasthoudt aan wie jij nu op dit moment bent – zul je hier op een dag op terugkijken en er versteld van staan hoe zeer jouw wereldbeeld is veranderd en hoeveel vrijer en krachtiger jij je voelt. Dus we gaan verder om het waarnemingsfilter van jouw huidige zelf eens uit te dagen en te proberen de echte jij te bevrijden om het leven dat jij graag wilt, te manifesteren.

1 | DE WETENSCHAP EN DE KRACHT VAN HET ZELF

Vanzelfsprekend ben je momenteel niet in staat om de kracht van het Zelf tot uitdrukking te brengen, anders zou je wel van je nieuwe leven genieten in plaats van dit te lezen. De conclusie is dat je kracht wordt geblokkeerd en niet door beperkingen in de buitenwereld, maar door jouw innerlijke waarneming van het leven. Die waarneming zorgt ervoor dat bepaalde beperkingen echt lijken, maar dit is slechts het gevolg van het zelfgevoel dat jij momenteel hebt.

De sleutel om de kracht van het Zelf te ontsluiten, is dus dat jij het zelfgevoel verandert door je waarneming van het leven aan te vechten, die jij vanwege dat huidige zelfgevoel hebt. En de sleutel om jouw huidige mentale kader aan te vechten, is dat je een referentiepunt buiten jouw kader krijgt. Je hebt een alternatief beeld nodig om het wereldbeeld te onderzoeken dat jouw waarnemingsfilter je op dit moment biedt. Dus de vraag wordt dan: Hoe ver wil jij buiten jouw mentale kader gaan?

Het is gewoon een feit dat de meesten van ons een wereldbeeld hebben geaccepteerd dat ons heel erg ontkracht en ervoor zorgt dat wij bijna alle kracht van het Zelf hebben afgesloten. Om die kracht volledig te ontsluiten, moeten wij een drastische verandering in ons wereldbeeld en zelfgevoel aanbrengen. Niemand van ons kan dat in één keer doen, dus wij moeten allemaal een geleidelijk pad nemen.

Dit boek presenteert jou een referentiekader dat jou je menselijke, mentale kader totaal kan laten ontstijgen. Maar om je een gemakkelijke start te geven, zou ik eerst iets willen behandelen wat ik de fundamentele kwestie van zelfhulp noem. Dit idee komt erop neer dat jij je leven kunt veranderen door jouw houding of geestesgesteldheid te veranderen. Maar wij zijn allemaal grootgebracht met een wereldbeeld dat die bewering onmogelijk lijkt te maken. Per slot van rekening vertellen onze zintuigen en dagelijkse ervaringen ons – misschien zelfs wel ons geloofssysteem – dat onze geest geen macht over de materie heeft.

In dit hoofdstuk zal ik dus eens bekijken hoe een aantal ontdekkingen in de wetenschap ons kunnen helpen om de schijnbare loskoppeling van geest en materie aan te vechten.

Naar verborgen oorzaken zoeken

Laten we een vereenvoudigd voorbeeld bekijken. Stel dat je aan een tafel zit en op die tafel ligt een bal. Hoe kun je die bal van Punt A naar Punt B op die tafel bewegen? Kun je die bal laten rollen door de kracht van jouw geest te gebruiken om de bal rechtstreeks te laten rollen? Of moet je indirecte kracht gebruiken door je verstand te gebruiken om die hand te laten bewegen, zodat het materiële object, jouw hand, het materiële object, de bal, laat bewegen?

Als je hierover nadenkt, zie je dat de manier waarop je het probleem bekijkt, afhangt van jouw antwoord op een andere vraag: "Is de bal gescheiden van de geest of bestaat er een verbinding tussen die twee?" Als je gelooft dat de bal en de geest los van elkaar staan, krijg je de bal natuurlijk op geen enkele manier direct in beweging. Als je geest van één substantie is gemaakt en de bal uit fundamenteel ander materiaal bestaat, dan kan de geestesstof de materiële stof niet in beweging zetten.

Maar wat zegt de moderne wetenschap hierover? Je hebt misschien wel eens gelezen dat de wetenschap in de middeleeuwen is ontstaan, toen de meeste mensen geloofden dat de aarde het centrum van het universum was. Door de werkelijke bewegingen van de hemellichamen in het universum te observeren, ontdekten de wetenschappers dat de aarde zich rond de zon bewoog. Dus, laten we eens een paar andere observaties van de wetenschap bekijken en zien wat die ons te vertellen hebben over geest en materie.

Wij kunnen beginnen met ons realiseren dat het idee dat de aarde het middelpunt van het universum was, heel redelijk was op grond van onze zintuiglijke waarneming. Per slot van rekening vertellen onze ogen ons dat de zon zich door de lucht beweegt, omdat onze zintuigen niet kunnen zien dat de aarde om haar as roteert. Waarom kunnen onze zintuigen ons dit niet vertellen? Omdat wij met de aarde meegaan, hebben wij geen ander referentiekader dan de aarde. Dus de eerste les van de wetenschap is dat wij onze zintuigen niet kunnen vertrouwen. Dit houdt in dat wij naar iets moeten zoeken dat zich buiten het waarnemingsfilter van onze fysieke zintuigen bevindt.

De wetenschap heeft ook aangetoond dat wij in een wereld leven die uit lagen, of niveaus, bestaat. Wat wij met onze ogen kunnen zien, is maar een oppervlakkig laagje van de wereld. Dit noemen wetenschappers het macroscopische niveau. Maar de wetenschap heeft al meer dan eens bewezen dat er iets meer is dan het macroscopische niveau. Wat wij zien als een menselijk lichaam, een berg en een broodrooster, wordt allemaal gemaakt van kleinere bouwstenen, moleculen geheten. En moleculen worden weer van kleinere bouwstenen gevormd die elementaire deeltjes worden genoemd.

Het volgende inzicht dat de wetenschap ons geeft, is het concept oorzaak en gevolg. In sommige gevallen bestaat er een overduidelijke relatie tussen oorzaak en gevolg op macroscopisch niveau. Als mijn hand de bal wegduwt, dan is dat vanzelfsprekend de reden dat de bal rolt. Maar in veel gevallen kunnen wij de oorzaak van zichtbare fenomenen alleen maar begrijpen, als wij vanaf een dieper of hoger niveau van de wereld kijken. Wij kunnen veel verschillende dingen op aarde zien, maar op een dieper niveau wordt alles van atomen gemaakt. Dus de vorm die de dingen kunnen aannemen en de manier waarop die zich gedragen, is in zekere mate het gevolg van oorzaken op het atomaire niveau. En zoals we straks zullen zien, bestaan er ook nog diepere niveaus van de wereld dan atomen.

Een ander belangrijk besef dat de wetenschap heeft aangetoond, is dat iets wat een angstaanjagende vertoning aan diversiteit voor onze zintuigen lijkt, eigenlijk alleen maar een verschijnsel is. Wanneer je verder dan het macroscopische niveau kijkt, zien we steeds minder diversiteit naargelang we dieper of hoger gaan. Er zijn miljoenen verschillende dingen op aarde, maar die worden allemaal door slechts 108 atomen gevormd. En die atomen worden gevormd door slechts drie soorten elementaire deeltjes op verschillende manieren met elkaar te combineren.

Geest boven materie

Alle factoren die tot dusver zijn genoemd, bestaan uit een soort gezond verstand en die kunnen worden afgeleid uit wat wij allemaal op de lagere school hebben geleerd. Zij bewijzen eenvoudig dat je verder moet kijken dan het waarnemingsfilter van het macroscopische wereldbeeld dat op jouw zintuigen wordt gebaseerd. Maar de wetenschap kan ons ook wel helpen om ons zelfs nog een beetje verder buiten dat mentale kader te wagen.

De eerste allesvernietigende uitdaging voor het op zintuigen gebaseerde wereldbeeld kwam toen Albert Einstein zijn relativiteitstheorie in 1905 publiceerde. Toen ik op school zat, onderwees mijn leraar mij dat de wereld bestond uit twee elementen: materie en energie. Ik had natuurlijk wel iets over de relativiteitstheorie gehoord, maar wat ik daar leerde, werd nog steeds gebaseerd op een dualistische kijk op een wereld die uit twee elementen bestond. Men vertelde mij bijvoorbeeld dat de formule van Einstein, $E=mc2$, verklaart hoe wij materie in energie kunnen omzetten door het atoom te splitsen. Ik neem aan dat jij ook iets dergelijks hebt gehoord.

Pas toen ik volwassen was, hoorde ik wat de ware betekenis van Einsteins formule was. Je kunt dit gaan begrijpen als jij jezelf afvraagt hoe het komt dat je materie in energie kunt veranderen. Hoe kan er een enorme hoeveelheid energie vrijkomen, wanneer je het atoom splitst? Het eenvoudigste antwoord is dat het splitsen van het atoom geen energie oplevert die er eerst niet was – de energie die al in het atoom zit, komt er gewoon uit. Oké, maar waarom zit er energie in het atoom? Omdat de theorie van Einstein eigenlijk zegt dat alles van energie wordt gemaakt.

Sinds 1905 weten wij al dat onze zintuiglijke wereldbeeld niet meer klopt met de werkelijkheid. Wat onze zintuigen als vaste materie opmerken, is helemaal niet vast. De materie wordt gemaakt van energie en energie is een vorm van vibratie, een golf die constant oscilleert. Wat wij als vaste en onveranderbare materie zien, zijn gewoon energiegolven die in een stationaire matrix gevangen zitten. Maar zoals kernenergiebedrijven bewijzen, kun je vaste materie weer in vloeibare energie omzetten.

Wat zelfs nog belangrijker is, is dat je energie tot in het oneindige kunt veranderen. Elke energiegolf kun je in een andere energiegolf veranderen als je de eigenschappen van de vibraties wijzigt. Dit betekent dat Albert Einstein in feite de barrière tussen geest en materie heeft doorbroken. De materie wordt gevormd uit energiegolven, en gedachten ook. Op grond van de relativiteitstheorie is het heel goed mogelijk dat de menselijke geest een energiegolf kan vormen die zo krachtig is dat die effect op de energiegolven heeft die momenteel de 'vaste' materie vormen.

Met andere woorden, zelfhulp – het potentieel om je fysieke omstandigheden te veranderen door gebruik te maken van de kracht van je geest – heeft al sinds 1905 een wetenschappelijk potentieel. Vanzelfsprekend bestaat dit ware potentieel al veel langer. Maar de wetenschap kan ons zelfs nog meer uit ons gewone mentale kader halen.

Een wereld die verder gaat dan het materiële

Nadat Einstein zijn relativiteitstheorie had gepresenteerd, raakte een groep fysici zo opgewonden dat zij besloten om de wereld van het atoom te bestuderen met de ontdekkingen van Einstein als basis. In de decennia daarna ontwikkelden zij een nieuwe tak van wetenschap, de kwantummechanica, en zij hebben een paar ontdekkingen gedaan die grote opwinding hebben veroorzaakt.

De eerste ontdekking waar wij naar zullen kijken, is de zogenaamde dualiteit van het golf-deeltje. Volgens onze zintuigen moet iets óf een golf óf een deeltje zijn. Maar de fysici hebben bewezen dat een subatomaire 'eenheid' zich soms als een deeltje en soms als een golf gedraagt. Voor mij is dit een duidelijke aanwijzing hoe het belangrijk is om verder dan het macroscopische waarnemingsfilter te kijken.

Een eenvoudige verklaring van die paradox is dat een subatomaire eenheid fundamenteel meer is dan een golf of deeltje. Maar omdat fysici probeerden om het waarnemingsfilter van golf-deeltje aan de subatomaire wereld op te dringen, krijgen die soms de eigenschappen van golven, en soms van deeltjes. Dit lijkt wel heel erg op de nieuwe kleren van de keizer, omdat de fysici nog steeds zo verblind worden door hun waarnemingsfilter, dat zij aan subatomaire deeltjes niet kunnen zien wat die echt zijn.

Dit zou een indicatie kunnen zijn dat de fysici, wanneer zij de subatomaire wereld bestuderen, in het grensgebied zitten tussen de materiële wereld en een wereld die uit meer bestaat dan het materiële. Het 'materiaal' dat die grotere wereld vormt, heeft nog geen vorm zoals wij vorm waarnemen. Die zit niet opgesloten in iets wat wij als een deeltje of golf waarnemen. Die heeft het potentieel om de vorm aan te nemen van óf een deeltje óf een golf, en klaarblijkelijk kan de specifieke vorm die hij aanneemt, worden beïnvloed door iets wat wij menselijke wezens doen. Als wij naar een deeltje zoeken, zal de 'kwantumstof' zich als een deeltje gedragen en als wij naar een golf op zoek zijn, zal die zich ook als een golf gedragen.

De conclusie die daaruit volgt, is dat wij niet in een wereld leven die wordt gemaakt van vaste of onveranderbare deeltjes. Wij leven in een wereld die veel vluchtiger en kneedbaarder is dan wij zijn gaan geloven. Het lijkt of de wereld wordt gemaakt van kwantumstof die geen vaste vorm heeft, maar elke willekeurige vorm kan aannemen. En het lijkt of onze geest de vorm van de kwantumstof kan beïnvloeden.

Het enigma van kwantummetingen

Toen fysici de subatomaire wereld gingen bestuderen, verwachtten zij dat zij hetzelfde konden doen als de wetenschappers in de macroscopische wereld, namelijk objectieve observatoren van onafhankelijke objecten zijn. Maar al gauw realiseerden zij zich dat er in de kwantumwereld geen onafhankelijke observator bestaat – omdat er geen onafhankelijke objecten zijn. Wanneer een fysicus een deeltjesversneller gebruikt om een subatomair deeltje te bestuderen, is de uitkomst niet onafhankelijk van de geest van de wetenschapper. De uitkomst is een product van drie factoren, namelijk de deeltjesversneller, het subatomaire deeltje én de geest van de wetenschapper. In de subatomaire wereld bestaat er niet zoiets als een objectieve observator. In de subatomaire wereld is alles onderling verbonden en de geest van de wetenschapper beïnvloedt de uitkomst van het experiment fundamenteel en onvermijdelijk.

Om het nog erger te maken, hebben de fysici ook nog ontdekt dat de natuurwetten die zo goed hun werk doen in de macroscopische wereld, in de subatomaire wereld niet meer kloppen. In de kwantumwereld schieten de natuurwetten tekort. Je kunt met absolute precisie uitrekenen hoe een raket naar Mars toegaat, maar je kunt de bewegingen van een elektron rondom een kern niet voorspellen. Hoe valt dit te verklaren?

Omdat ik noch een wetenschapper noch een materialist ben, zie ik een relatief simpele verklaring. Om die te presenteren, moet ik teruggaan naar Einsteins formule, $E=mc^2$ en het feit dat materie gewoon een andere vorm van energie is. De materie is energie die in een matrix is gevangen, dus in plaats van een niet-lokale golf, gedraagt die zich nu als een lokaal 'deeltje'.

Als energie die drempel eenmaal is gepasseerd, vormt het deeltjes die tot dingen kunnen worden gecombineerd die wij met onze zintuigen en de meeste wetenschappelijke instrumenten kunnen waarnemen. In de macroscopische wereld zijn er dingen die niet met de menselijke geest werden geschapen en dus is het correct dat de menselijke geest niet rechtstreeks invloed heeft op die dingen of de natuurwetten.

Dus hoe past dit bij de kwantumfysica? Mijn verklaring is dat wetenschappers hebben bewezen dat wij in een wereld leven die uit lagen bestaat. Tot de komst van de kwantumfysica waren de wetenschappers zich slechts van één laag, een niche, van de totale wereld bewust, namelijk de macroscopische wereld. De kwantumwereld is niet alleen maar een deel van de macroscopische wereld; het is een fundamentelere laag. Daarom schieten de natuurwetten tekort in de kwantumwereld. Daarom bestaan er geen aparte deeltjes in de kwantumwereld. En daarom heeft de kwantumwereld een verbinding met onze geest en subatomaire zogenaamde deeltjes. De klassieke fysici zeggen dat de wereld een reusachtige machine is waarin alles voorspelbaar is. Dit is overduidelijk niet het geval op het kwantumniveau. Er zijn avant-gardistische fysici die zeggen dat de wereld een reusachtig brein is in plaats van een reusachtige machine. Dit betekent dat jij inziet dat de wetenschap zich niet meer kan veroorloven om de geest te negeren, als jij echt erkent wat de kwantumfysica heeft bewezen. De laatste grens is niet de ruimte, omdat de allerlaatste grens bewustzijn is. Dit is iets wat zelfhulp- en spirituele leraren altijd al hebben gezegd.

Geen enkel ding staat op zichzelf

Waarom heeft ons wereldbeeld zich daar niet aan aangepast, aangezien de kwantumfysici dit al tientallen jaren geleden hebben ontdekt? Ik bedoel, bedenk eens wat de wetenschappers eigenlijk zeggen. Het universum is begonnen met een Big Bang die ongeveer 15 miljard jaren geleden heeft plaatsgevonden. In die eerste milliseconden bestonden de natuurwetten zoals wij die kennen, niet. Een paar van de eerste 'dingen' die verschenen, waren wat wij subatomaire deeltjes noemen, dus die zijn er al een tijdje. Het heeft daarna 15 miljard jaar geduurd voor de eerste wezens met een intelligent bewustzijn verschenen. Dit betekent dat tussen het verschijnen van subatomaire deeltjes en ons bewustzijn een evolutionaire afstand van 15 miljard jaar zit – een tamelijk groot gat, zou ik zeggen.

Maar de kwantumfysici hebben nu boven alle twijfel verheven bewezen dat ons bewustzijn iets met subatomaire deeltjes kan uitwisselen. Dit houdt in dat ons heel jonge bewustzijn iets kan uitwisselen met 'entiteiten' die 15 miljard jaar ouder zijn dan wij. Hoe verklaar je dat? Nu, voor mij is de verklaring gewoon dat de wereld noch uit materie noch uit energie bestaat. De onderliggende waarheid over de wereld is dat die bewustzijn bestaat.

Er was een vorm van bewustzijn aanwezig toen subatomaire deeltjes werden geschapen en daarom kan ons recentere brein, onze recentere geest, iets met die 'deeltjes' uitwisselen. Wisselen wij eigenlijk wel iets uit met aparte deeltjes of wisselen wij iets uit met het brein, de geest, die ze vormt en in stand houdt?

Let op dat ik nu niet zeg dat wij terug moeten naar de joods-christelijke totaal manlijke God en de schepping van het universum in zeven dagen. Ik zeg echter dat de eenvoudigste verklaring voor de bevindingen van de kwantumfysica is dat de Big Bang werd gepland en uitgevoerd door een brein dat groter is dan dat van ons. Tussen toen en nu heeft er een geleidelijk, evolutionair proces plaatsgevonden, maar dit was geen willekeurig, onbewust proces zoals het materialisme veronderstelt. Het was een proces dat gedeeltelijk werd geleid door één of meer grotere breinen, gedeeltelijk – op macroscopisch niveau – door de natuurwetten en gedeeltelijk door een derde factor. Wat is die mysterieuze factor? Nu, als onze geest iets met subatomaire deeltjes kan uitwisselen en subatomaire deeltjes kan vormen, wat zegt dit dan over ons potentieel om de macroscopische wereld vorm te geven? Wat zegt dat over waarom wij hier überhaupt zijn?

De onzekerheidsfactor

De klassieke fysici zeggen dat het hele universum een machine is, een reusachtige klok. Alles wordt gevormd door met elkaar in verbinding staande ankers en raderen en die werken volgens wetten die nooit variëren. Dat houdt in dat het functioneren van het universum voorspelbaar is. Als je maar genoeg weet over de startpositie van het universum en de natuurwetten, kun je iedere gebeurtenis die ooit zal plaatsvinden, met absolute zekerheid berekenen – wel tot aan het einde der wereld.

Toen fysici de kwantumwereld begonnen te bestuderen, verwachtten zij aparte deeltjes te vinden die zich in overeenstemming met onveranderlijke wetten gedroegen, lijkend op miniatuurbiljartballen die om een biljarttafel heen zwermen. Dit betekent dat jij het gedrag van een deeltje met zekerheid kunt voorspellen, als je er maar genoeg van afweet. Maar in plaats daarvan ontdekten zij weer een enigma dat ondenkbaar is in een traditioneel mentaal kader.

In de kwantumwereld is het fundamenteel onmogelijk om de bewegingen van een deeltje, zoals een elektron, te voorspellen.

Niet omdat je niet genoeg van een elektron afweet, maar omdat er fundamenteel onzekerheid in de kwantumwereld bestaat. In plaats van zich te gedragen volgens onveranderlijke wetten is de kwantumwereld van nature onvoorspelbaar. Je kunt de positie van een elektron pas te weten komen, als je die echt meet. En zelfs dan is wat je meet niet een onafhankelijk elektron. In feite creëer je een elektron in die positie met die meting. Wat je meet, was er gewoon nog niet voor die observatie.

Op grond van wat ik hierboven heb gezegd, kunnen wij opnieuw met een suggestie komen voor een eenvoudige verklaring. De wetenschap heeft aangetoond dat er een vorm van bewustzijn in de kwantumwereld aanwezig moet zijn. Dit is simpelweg de enige manier om te verklaren waarom onze geest iets met de kwantumwerkelijkheid kan uitwisselen en de deeltjes die wij observeren, mede kan scheppen. En wat is de belangrijkste eigenschap van bewustzijn, in ieder geval van bewuste wezens? Dat die niet naar mechanische wetten luisteren. Dit geeft het potentieel om creatief te zijn, iets te doen wat geen enkele geest daarvoor heeft gedaan. Maar wat is de basis voor die creativiteit? Dat is vrije wil: het vermogen om je iets te verbeelden wat nog nooit eerder is gedaan en dan ervoor kiezen om dat voor de eerste keer te doen. Oké, nu ik een fundament heb gelegd, zal ik een wereldbeeld schetsen dat jou kan helpen om de kracht van het Zelf te ontsluiten.

Een wereldbeeld dat je mondiger maakt

Degenen onder ons die in de moderne wereld zijn opgegroeid, hebben een wereldbeeld meegekregen dat een vreemd mengsel is van middeleeuwse, religieuze concepten, feitelijke wetenschappelijke observaties, denkbeelden die uit het materialisme voortkomen, en onze zintuiglijke observaties.

1 | De wetenschap en de kracht van het zelf

Het gevolg daarvan is dat wij een wereldbeeld hebben dat er zo uitziet:

- Wij leven in een wereld die uit materie bestaat.

- Materie is 'vast', wat inhoudt dat het een bepaalde omvang heeft en continuïteit bezit.

- Materie kun je moeilijk veranderen.

- Alle dingen die wij in de macroscopische wereld zien, worden gemaakt van materie en die dingen bestaan als aparte eenheden. Wij leven op een planeet die zo'n eenheid vormt. Die wordt beïnvloed door de zon, maar wordt ook omgeven door lege ruimte waardoor die los van iets anders staat. Ons lichaam is op dezelfde manier een aparte eenheid.

- Materie wordt gescheiden van de geest.

- Onze geest heeft niet het vermogen om de materie rechtstreeks te veranderen. Wij kunnen de materie alleen maar veranderen met ons materiële lichaam en technologie die op de materie is gebaseerd.

- De materiële wereld heeft macht over onze geest en beperkt onze creatieve mogelijkheden.

Al die punten ontkrachten ons nogal, omdat zij ons in principe neerzetten als de passieve ontvanger van iets wat de externe materiële wereld besluit ons toe te werpen. Maar met de bevindingen van de kwantumfysica kunnen wij al die punten aanvechten. En de fundamentele uitdaging is dat al die punten correct zijn, maar dat die alleen van toepassing zijn op de macroscopische wereld. En die wereld is slechts de oppervlakkigste laag van de grotere wereld waarin wij leven.

Laten wij nog eens naar Einsteins formule $E=mc2$ kijken. Eerder heb ik gezegd dat in die formule staat dat materie eenvoudig energie is die in een minder vluchtige matrix gevangen is. Maar als wij het iets meer willen provoceren, kunnen wij zeggen dat in die formule eigenlijk staat dat materie niet bestaat, het is een verdichtsel van onze verbeeldingskracht. Ik zeg nu niet dat de wereld die wij met onze zintuigen waarnemen, niet echt is en niet bestaat. Ik zeg niet dat wij, menselijke wezens, het universum met onze geest hebben geschapen en dat dus ook met onze geest kunnen veranderen. Wat ik zeg, is dat materie zoals wij die momenteel waarnemen, niet bestaat en dit heeft de kwantumfysica bewezen. Laten wij de punten eens bekijken:

- Wij leven in een wereld die uit materie bestaat. In feite leven wij in een wereld die uit energie bestaat die een bepaalde vorm heeft aangenomen en wij hebben die vorm 'materie' genoemd.

- Materie is 'vast', wat inhoudt dat het omvang heeft en continuïteit bezit. De materie is eigenlijk helemaal niet vast. Die wordt gemaakt van energie, en energie is een vorm van vibratie.

- Materie kun je moeilijk veranderen. Eigenlijk kun je heel gemakkelijk de eigenschappen van energiegolven veranderen. Wat wij materie noemen, zijn eenvoudig energiegolven die in een matrix gevangen zijn. Maar het blijven golven en die kun je nog steeds gemakkelijk veranderen.

- Alle dingen die wij in de macroscopische wereld zien, worden gemaakt van materie en die bestaan als aparte, losse, eenheden. Eigenlijk bestaan er geen aparte 'dingen'. De dingen lijken apart wanneer je die vanuit het macroscopische perspectief beziet. Vanuit het diepere kwantumperspectief is alles met elkaar verbonden, omdat het een illusie is dat iets los van iets anders bestaat.

- Materie wordt gescheiden van de geest. Op kwantumniveau bestaat een rechtstreeks verband tussen materie en geest. En alles in de macroscopische wereld wordt van 'kwantumstof' gemaakt. Dit betekent dat onze geest het potentieel heeft om zelfs de macroscopische wereld te beïnvloeden.

- Onze geest heeft niet het vermogen om de materie rechtstreeks te veranderen. Vanwege het gegeven dat onze geest kwantumstof kan veranderen en dat alles uit kwantumstof bestaat, heeft onze geest het vermogen om materie wel te veranderen. Als wij kwantumstof kunnen veranderen, kunnen wij ook materie veranderen. Wij gebruiken dit vermogen op dit moment niet, maar het bestaat wel als ons hogere potentieel.

- De materiële wereld heeft macht over onze geest. De materiële wereld heeft in feite alleen maar de macht over onze geest die wij haar geven, omdat wij niets weten over het bestaan van de kwantumrealiteit. Als wij naar het leven kijken door het filter van het macroscopische mentale kader, dan heeft materie macht over onze geest. Maar wij hebben het potentieel om uit dat mentale kader te stappen en de wereld te zien zoals die echt is.

Een onderling verbonden geheel

Met dit in ons achterhoofd zal ik een nieuw wereldbeeld schetsen dat kan verklaren wie wij zijn, waarom wij hier zijn en wat ons ware potentieel is. Laten wij eerst erkennen dat wij niet in een aparte, geïsoleerde wereld leven. Wij leven in een wereld die uit één, onderling verbonden geheel bestaat. De gemakkelijkste manier om dat te verklaren, is door te zeggen dat de macroscopische wereld niet van materie wordt gemaakt, die wordt van energie gemaakt. Energie is een vorm van vibratie en er zijn veel vibratieniveaus. Wij hebben bijvoorbeeld allemaal op school geleerd dat onze ogen bepaalde types licht kunnen zien.

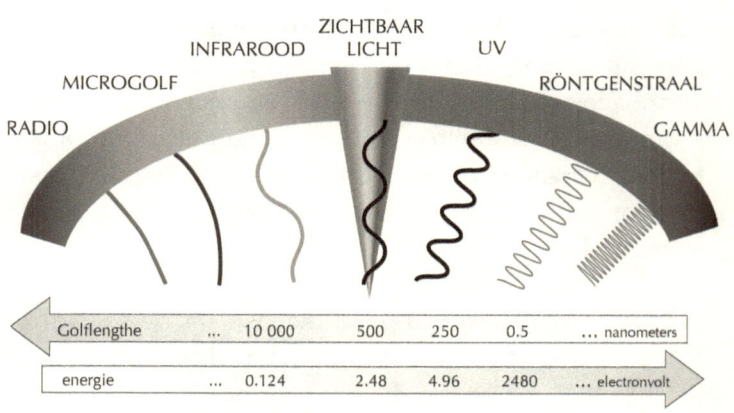

Afbeelding 1 – Het elektromagnetische lichtspectrum

1 | De wetenschap en de kracht van het zelf

Er zijn vormen van licht die onze ogen niet kunnen zien, zoals infrarood of ultraviolet, zoals je op afbeelding 1 kunt zien. Wat is het verschil tussen zichtbaar violet licht en onzichtbaar violet licht? Het ultraviolette licht heeft een ietwat hogere vibratie dan zichtbaar licht. Verder is er geen verschil; dit betekent dat er geen ondoordringbare barrière zit tussen violet en ultraviolet licht. Eigenlijk zegt de relativiteitstheorie dat je de vibratie van ultraviolet licht kunt verlagen en er violet licht van kunt maken. Einsteins formule zegt zelfs dat het materiële universum juist op die manier werd geschapen.

Wij hebben allemaal op school geleerd dat je een wiskundige stelling aan beide zijden van het gelijkteken door dezelfde factor kunt delen. Als wij dit met Einsteins formule doen, krijgen we het volgende:

$$\frac{E}{c^2} = \frac{mc^2}{c^2}$$

We krijgen dan c2 twee maal aan de rechterkant van het gelijkteken. Omdat die tegen elkaar wegvallen, houden we uiteindelijk de laatste formule over:

$$\frac{E}{c^2} = m$$

Wat vertelt die formule ons? Dat de materiële wereld wordt gemaakt van een substantie die geen materie, maar een vorm van pure energie is. Die energie vibreert op een niveau dat veel hoger ligt dan wat wij meestal energie noemen, zoals zonlicht of elektriciteit. Die worden wel gevormd uit golven, maar die vibreren op een veel hoger niveau dan wat ook maar in de materiële wereld. Om de materiële wereld te vormen, moest de kwantumenergie dus worden verlaagd naar een bepaald spectrum. En die reductiefactor noemde Einstein de snelheid van het licht in het kwadraat.

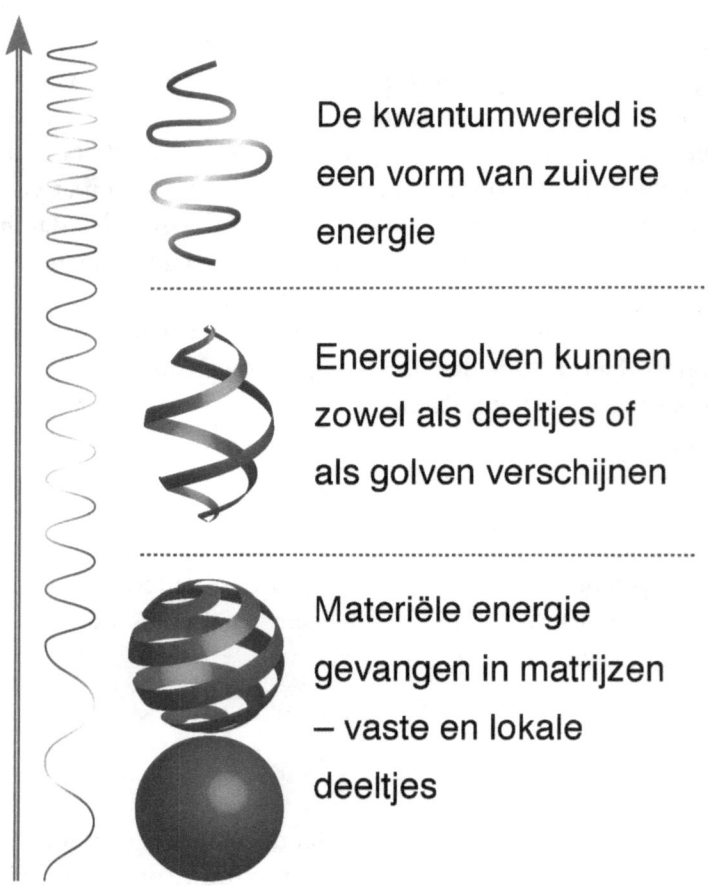

Afbeelding 2 – Een reeks onafgebroken vibraties

Zoals je misschien wel weet, is de snelheid van het licht een heel groot getal en wanneer je dat in het kwadraat zet, krijg je een astronomisch hoog getal. Dat betekent dat de oorspronkelijke energie, E, door een enorme factor werd gedeeld om materiële energie te worden. Toen die reductie eenmaal had plaatsgevonden, kon de materiële energie in matrijzen worden gevangen, waardoor die op vaste en lokale deeltjes ging lijken. Die deeltjes konden toen worden gebruikt om lokale structuren te vormen, zoals atomen, moleculen, planeten, espressomachines, sterrenstelsels en menselijke lichamen.

Wij zien nu dat wij in een wereld leven die uit onafgebroken vibraties bestaat. In theorie zou je tot in alle eeuwigheid steeds hogere vibraties kunnen krijgen, maar wij kunnen in ieder geval zeggen dat er vormen van vibraties zijn die astronomisch veel hoger liggen dan wat ook maar in het materiële spectrum. Dit kan verklaren waarom wij niets met onze zintuigen en met de meeste wetenschappelijke instrumenten kunnen opmerken wat buiten de materiële wereld valt. Omdat wij ons binnen het materiële spectrum bevinden, bestaat er een horizon waar wij niet gemakkelijk achter kunnen kijken. Maar het lijkt erop dat de kwantumfysici in ieder geval al verder dan het materiële spectrum kijken. En misschien krijgt de geest dit vermogen ook, wanneer die zich verder ontwikkelt.

Hoe zuivere energie materie wordt

De Big Bang wordt meestal als een enorme explosie voorgesteld, waarin alle energie en materie die nodig was om het huidige universum op te bouwen op een willekeurige, chaotische manier naar buiten werd geslingerd. Op grond van wat wij hierboven hebben gezien, zouden wij kunnen zeggen dat de Big Bang eigenlijk werd opgewekt door het feit dat een grote hoeveelheid kwantumstof tegelijk in vibratie werd verlaagd tot die binnen het materiële spectrum viel. Die verlaging van energie veroorzaakte de Big Bang en dat zorgt er nog steeds voor dat het universum uitdijt.

Zoals wij hebben gezien, werd de kwantumstof eerst gereduceerd tot die de vorm aannam van wat wij energie noemen, wat licht, elektriciteit, magnetisme, enzovoort, inhoudt. Die materiële energiegolven werden vervolgens in matrijzen gevangen tot zij de vorm aannamen van subatomaire deeltjes. Die deeltjes vormden toen atomen, die weer moleculen vormden, die werden gebruikt om zichtbare 'dingen' op te bouwen. Wat zorgt er nu precies voor dat die kwantumstof structuren begint te vormen, en wat heeft precies de vorm van die structuren bepaald? Waarom bestaat het gestructureerde universum en waarom heeft dat die vorm?

Om het probleem duidelijker uit te kunnen leggen, moet je er eens over nadenken waarom de Big Bang als een enorme explosie wordt voorgesteld. Je hebt waarschijnlijk wel beelden op de televisie gezien van een gebouw dat werd opgeblazen. Je hebt dit waarschijnlijk in slow motion gezien en je kunt zien dat de kracht van die explosie nogal chaotisch en schijnbaar willekeurig is. Het begint met een georganiseerde structuur, maar de explosie blaast die uiteen tot er alleen nog maar niet georganiseerde stukjes en beetjes van over zijn. Misschien heb je zelf wel eens gezien dat de film werd teruggespoeld, dus dan begin je met de stukjes en beetjes die zich op een magische manier beginnen te groeperen tot een volledig gebouw.

Natuurlijk weten we wel dat de teruggespoelde film de echte wereld tegenspreekt. Je kunt niet een oud appartementengebouw opblazen en vervolgens de stukjes zich laten hergroeperen tot een rij mooie villa's. Zo werkt het gewoon niet; een explosie levert altijd chaos op, nooit georganiseerde structuren. Maar sommige mensen beweren in feite dat die explosie, de Big Bang – door middel van een spontaan, willekeurig en onbewust proces – wel die ongelooflijk complexe, maar toch ordelijke structuur opleverde die wij het universum noemen. Wie heeft dat dan geordend?

Het universum na de big bang

Het antwoord is dat wij menselijke wezens niet de enige van zichzelf bewuste wezens in die grotere wereld zijn. Buiten het materiële spectrum bevinden zich ook andere van zichzelf bewuste wezens. Die wezens hebben een creatief vermogen, waardoor zij de vibratie van kwantumstof kunnen verlagen naar een lager spectrum. Zodoende heeft een groep van die wezens de vibratie van kwantumstof naar het materiële spectrum verlaagd en dit heeft de Big Bang op gang gebracht.

Maar zelfs na de Big Bang lieten die creatieve wezens het universum zich niet op een willekeurige manier ontvouwen. Zij hebben hun creatieve vermogens gebruikt om het ontvouwen van het universum te begeleiden. Dit betekent dat zij ervoor gezorgd hebben dat energie bepaalde vormen heeft aangenomen en dat heeft vervolgens complexe structuren opgeleverd. Dit betekent niet dat de creatieve wezens micromanagers waren die elk klein detail voor hun rekening namen. Toen zij voldoende energie naar het materiële spectrum hadden gebracht, maakten zij bepaalde wetten die de ontwikkeling van de materiële wereld verder moesten begeleiden. Maar zelfs die wetten kunnen niet helemaal verklaren hoe het universum zich heeft ontwikkeld. Er zijn kritieke momenten geweest, toen zijn de creatieve wezens erbij gekomen en hebben het evolutionaire proces op een nieuw niveau gebracht.

Een van die keren was toen het evolutionaire proces fysieke lichamen had ontwikkeld met een heel complex brein en zenuwstelsel. Op dat moment hebben de creatieve wezens een verlengstuk van hun eigen geest naar beneden gezonden om die lichamen te bewonen. Wij zijn die verlengstukken, wat inhoudt dat wij dezelfde basale creatieve vermogens hebben als onze 'kwantumouders'. Alleen hebben wij die talenten, vaardigheden – nog – niet volledig ontwikkeld.

Dit betekent dat wij werden geschapen om als medeschepper te dienen voor wezens in een hoger rijk. Die geascendeerde wezens hebben de materiële wereld van buitenaf geschapen, maar het is de bedoeling dat wij die van binnenuit medescheppen. Het is de bedoeling dat wij het fundament verder opbouwen – of afbreken als wij daarvoor kiezen – dat de creatieve wezens hebben gelegd.

Ons hogere en lagere potentieel

In de introductie zei ik dat wij momenteel gevangen zitten in een bepaald mentaal kader en dat dit werkt als een filter dat voorkomt dat wij het hele beeld zien van hoe de wereld echt in elkaar zit. We zullen dit kader, en waarom wij er in vast zijn komen te zitten, later beter bekijken, maar nu wil ik het punt aanroeren dat ons mentale kader ons vertelt dat wij een apart, losstaand, wezen zijn. Wij zijn gescheiden van onze spirituele bron – als die bron zelfs bestaat. Wij zijn gescheiden van elkaar – wat alle menselijk conflicten verklaart. En wij zijn gescheiden van het materiële universum – wat de milieuproblemen verklaart.

Maar het ware probleem met ons mentale kader is dat het ons blind maakt voor ons hogere potentieel. Het gevolg is dat wij op een heel laag niveau functioneren en op dit niveau denken wij dat wij gevangen zitten in, en beperkt worden door, de macroscopische wereld. En nu komt het belangrijkste besef: in onze huidige bewustzijnsstaat zijn wij inderdaad onderworpen aan de natuurwetten die voor het macroscopische niveau gelden. Wij bezitten vrije wil, wat betekent dat wij in de praktijk zijn wie wij denken te zijn. Wij denken momenteel dat wij beperkte menselijke wezens zijn, dus dan zijn wij dat ook.

Maar de hogere waarheid is dat onze geest de capaciteit heeft om verder dan het macroscopische niveau te kijken. Onze geest kan inderdaad naar de kwantumwereld reiken en op dat niveau iets uitwisselen met het materiaal waar de macroscopische wereld juist van wordt gemaakt. En wanneer wij leren onze creatieve vermogens te gebruiken om veranderingen op kwantumniveau aan te brengen, kunnen wij impulsen op gang brengen die ook veranderingen op macroscopisch niveau opwekken. De fysici beseffen dat de kwantumwetten de natuurwetten kunnen doorkruisen. Als je bijvoorbeeld een tennisbal maar lang genoeg tegen een muur slaat, bestaat het potentieel dat een kwantumtunneleffect ervoor zorgt dat hij erdoorheen gaat. Tot dusver zien de fysici die kwantumgebeurtenissen maar heel zelden. Maar wat als ons hogere potentieel is dat wij welbewust de macroscopische wetten kunnen tenietdoen?

Hoe de wereld werd geschapen

Zo werd de wereld dus geschapen. De wereld wordt gemaakt van een soort basisstof, die ik tot nu toe kwantumstof heb genoemd. Die stof is een vorm van energie met een zeer hoge vibratie. Op die hoogste vibratie kan het geen vorm aannemen, maar als je de vibratie verlaagt, wordt het net klei die je in verschillende vormen kunt kneden. De materiële wereld werd dus gevormd door een grote hoeveelheid kwantumstof in vibratie te verlagen tot die begon te vibreren als iets wat wij energie noemen. Iets van die energie werd toen omgevormd tot subatomaire deeltjes en uit die deeltjes werden complexere structuren, van atomen tot sterrenstelsels, gevormd.

Dus wij zouden kunnen zeggen dat het materiaal dat de basis vormt voor de wereld, een vormloze substantie is die elke willekeurige vorm kan aannemen. Maar die substantie kan niet uit zichzelf vorm aannemen. Om een vorm te krijgen, moet er een handeling verricht worden door een wezen dat zich van zichzelf bewust is, zelfbewustzijn heeft. Waarom is daar een creatief wezen voor nodig? Omdat alleen iemand met zelfbewustzijn verbeeldingskracht en vrije wil bezit. Verbeeldingskracht stelt je in staat om je een vorm te verbeelden die nog niet bestaat. En met je vrije wil kun jij jouw denkbeeld op de kwantumstof projecteren.

Er zijn een aantal creatieve wezens die op een niveau bestaan dat buiten het materiële spectrum valt. Zij hebben het vermogen om de vibratie van kwantumstof te verlagen, wat inhoudt dat zij meer energie naar het materiële spectrum toe kunnen brengen. Zij hebben ook het vermogen om mentale beelden, denkbeelden, ideeën, te vormen en die op materiële energie te projecteren en zo de vormen te scheppen die wij in de macroscopische wereld kunnen zien. Deze wezens hebben de macroscopische wereld geschapen en zij helpen nog steeds mee om die in stand te houden en de ontplooiing daarvan te begeleiden.

Toen de macroscopische wereld echter een bepaalde complexiteit kreeg, zonden de creatieve wezens er verlengstukken van zichzelf naartoe. Wij zijn die verlengstukken en wij hebben dezelfde creatieve vermogens gekregen als onze 'kwantumouders'. Tegenwoordig hebben de meesten van ons die creatieve vaardigheden niet volledig ontwikkeld; wij zijn ons daar niet eens bewust van. Niettemin is het wel ons hoogste potentieel dat wij ons volledig bewust worden van wie wij zijn, meester te worden over onze eigen geest en ons vermogen om de macroscopische wereld mede te scheppen.

Dit houdt in dat wij twee opties in het leven hebben. Wij kunnen op ons huidige niveau blijven functioneren. Dit betekent dat wij onderworpen worden aan de natuurwetten en de hele reeks materiële beperkingen. Op dit niveau kunnen wij ons leven alleen veranderen als wij ons fysieke lichaam gebruiken of technologie ontwerpen die de materiële wereld kan veranderen.

De andere optie is een fundamentele omslag in bewustzijn maken, zodat wij ons ervan bewust worden wie wij zijn en ons ware creatieve potentieel ontsluiten. Dit zal ons in staat stellen om onze geest te gebruiken om kwantumstof naar de materiële wereld te brengen. Dit betekent dat wij een creatieve kracht bezitten die buiten ons fysieke lichaam en technologie omgaat. Dit zal ons ook in staat stellen om onze geest te gebruiken om rechtstreeks wijzigingen op het macroscopische niveau aan te brengen, waar wij momenteel van denken dat dit niet kan.

2 | HOE DE GEASCENDEERDE MEESTERS JOU KUNNEN HELPEN

In het vorige hoofdstuk zijn we met de wetenschap begonnen, die een goed voorbeeld is van hoe wij, menselijke wezens, met wat wij kunnen zien vanuit ons mentale kader, onze visie en begrip geleidelijk hebben uitgebreid. De kwantumfysica heeft echter bewezen dat er iets meer moet zijn dan het kader dat het materiële universum is. En dat iets moet een vorm van bewustzijn bezitten dat intelligenter is dan dat van ons. De wetenschap kan ons op dit punt brengen; tot hier kunnen wij gaan als wij vanuit ons kader iets bekijken.

Laten wij dan nu eens een logische vraag stellen: Als er wezens buiten het materiële universum bestaan, als die wezens het universum hebben geschapen, en als zij ons hier naartoe hebben gezonden om de wereld met hen mede te scheppen, is het dan waarschijnlijk dat zij ons zomaar alleen laten? En als zij ons niet alleen hebben gelaten, is het dan mogelijk dat zij ons leringen geven die ons iets kunnen vertellen over wat wij gewoon niet met dat mentale kader zouden kunnen begrijpen? En zouden die leringen ons kunnen helpen om de kracht van het Zelf te ontsluiten, ons te helpen dat mentale kader en het materiële universum op den duur voorgoed te ontstijgen, permanent te ascenderen? Met andere woorden, er komt een moment op het persoonlijke pad dat je eens moet gaan nadenken over welke leraar jij wilt: één die in het menselijke mentale kader zit of iemand die er boven staat.

Wat voor soort leraar wil jij?

Zoals we hebben gezien, zie je het leven nu door een specifiek zelfgevoel. We zouden kunnen zeggen dat dit zelf een mentaal kader vormt rondom wie jij echt bent en dit mentale kader kleurt de manier waarop jij alles ziet, ook jezelf. Dus, de ware sleutel om jouw 'Ervaring van het Leven' te veranderen, is verder dan dat mentale kader te kijken, iets te zien wat buiten de beperkingen valt die zo echt lijken. Maar je kunt dat niet doen met de ideeën, overtuigingen, ervaringen en waarnemingen die al binnen dat kader bestaan.

Waarom niet? Omdat alles wat je binnen dat kader ziet, alleen maar de realiteit in dat kader bevestigt. Je kunt die betovering alleen maar verbreken door naar iets te reiken wat het kader uitdaagt, een of ander referentiekader dat buiten het jouw bekende kader valt. Dus hoe kom je daaraan? Nu, het eenvoudige antwoord is dat je een leraar nodig hebt die zich niet in jouw persoonlijke mentale kader bevindt. Laat ik dit illustreren met een voorbeeld.

Als kind heb je vast wel eens een van die kleine puzzeltjes gemaakt waarin je een lijn moet trekken door een labyrint om de schat in het midden te vinden. Hier volgt een eenvoudig voorbeeld:

Misschien heb je zelfs wel eens door een echt labyrint of doolhof gelopen dat uit hoge heggen bestaat die een complex patroon vormen. Wanneer je eenmaal in het labyrint bent, heb je maar een beperkt perspectief. Je kunt alleen maar groene muren zien die nauwe gangen vormen. Terwijl je door die gangen loopt, loop je tegen een muur aan, maar aan één kant zit een opening. Als je de bocht neemt, kom je in een andere gang, die weer naar een andere leidt. Zo af en toe kom je bij een plek waar twee openingen zijn. Je kiest er één van, maar die loopt dood en dan moet jij op je schreden terugkeren om weer uit te komen bij de plek waar je bent begonnen. Je kunt dan de andere opening kiezen in de hoop dat die ergens heen leidt.

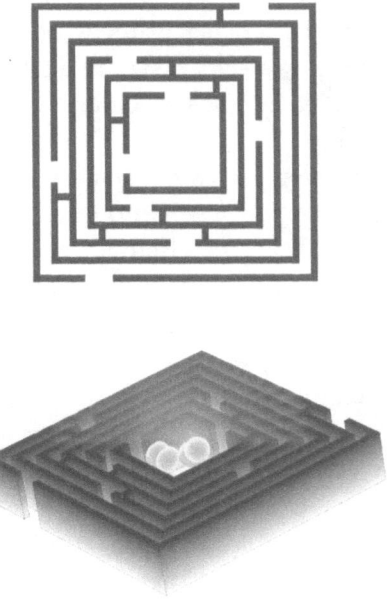

Afbeelding 3 – Doolhof

Is dit niet een geschikte metafoor voor hoe wij allemaal aan ons leven beginnen? Wij hebben een heel beperkt zicht op het leven en alles wat wij kunnen zien, is onze onmiddellijke omgeving. Wij hebben er geen enkel idee van hoe wij in die warboel zijn beland en waar het allemaal toe leidt – als het al ergens toe leidt. En het ware probleem is dat wij, zolang wij in het labyrint zijn, geen kaart hebben, dus hoe weten wij dan waar wij zijn en hoe we bij de uitgang moeten komen?

Stel je nu eens voor dat je, terwijl je zo aan het scharrelen bent, iemand tegenkomt die jou vertelt dat zij een prachtige open plek in het labyrint heeft gevonden met een fontein en verfrissend water. Zij vertelt jou welke richting je op moet en na een paar bochten en hoeken slaag je erin die plek te vinden. Het is een mooie plek en het water is heerlijk, maar na een tijdje besef je dat je nog steeds vastzit in de doolhof en ook nog steeds geen enkel idee hebt waar de uitgang is – of er zelfs wel een uitgang bestaat.

De persoon die jij tegenkwam, staat symbool voor mensen die iets hebben gevonden wat jij nog niet hebt gevonden en dus kunnen die jou zeker goed advies geven. Maar zij zitten zelf ook nog net zo vast in het labyrint als jij. Dus stel je nu eens voor dat jij beseft dat je genoeg in het wilde weg hebt rondgelopen. Je wilt aanwijzingen van iemand die een kaart heeft gevonden en jou kan helpen de koers naar de uitgang uit te zetten.

Dan vind je een opening met een bank, dus je gaat zitten en leunt achterover. Ineens kijk je op en zie je een grote toren boven de doolhof uitsteken. Er is een rond platform bovenop en daarop staan figuren die aanwijzingen geven aan mensen die onder in het labyrint zijn. Je realiseert je dat die figuren het labyrint van bovenaf kunnen zien, dus zij kunnen zien waar jij bent ten opzichte van de uitgang. Je springt van de bank en begint met jouw armen te zwaaien om de aandacht te trekken van één van die figuren bovenop de toren. Eén van hen merkt jou al gauw op en vraagt wat jij wilt. Je zegt hem dat je eruit wil en hij zegt: "Begin maar te lopen!"

Terwijl je de aanwijzingen van jouw 'verheven' leraar begint op te volgen, besef je dat hij een unieke manier van onderricht heeft. Hij maakt geen keuzes voor jou, maar geeft je genoeg hints om het zelf uit te vinden. In feite krijg je na een poosje door dat hij jou, onderweg naar de uitgang, niet de meest directe route geeft. De reden is dat jouw gids zich realiseert dat jij bepaalde ervaringen moet meemaken voor je eraan toe bent de doolhof te verlaten. En hij leidt je kundig naar de plaats waar jij heen moet om de volgende stap te nemen.

Onze universele leraren

Dit boek zal een systematisch pad schetsen dat jou kan helpen om jouw eigen persoonlijke relatie met onze spirituele of geascendeerde meesters en jouw eigen hogere zelf te ontwikkelen. De verheven gidsen op de toren van mijn gefingeerde doolhof staan symbool voor die leraren. Zij waren net als wij vroeger geïncarneerd, dus zij weten ook wat wij meemaken. Maar zij hebben het menselijke enigma opgelost en hebben de weg uit de doolhof gevonden, dus zij kunnen ons een bepaald perspectief bieden dat wij binnenin de doolhof niet hebben.

Wij hebben allemaal één van die leraren toegewezen gekregen en zij leiden ons zó op onze persoonlijke reis dat wij in staat zijn hen te horen en hun aanwijzingen op te volgen. De bedoeling van dit boek is jou bewust te maken van jouw spirituele leraren, zodat jij hun aanwijzingen op een bewustere en nauwgezettere manier kunt opvolgen – wat jouw vooruitgang natuurlijk op een geweldige manier zal versnellen.

Als je gebruik maakt van de leringen in dit boek, houdt al snel het gevoel op dat je in een vijandige omgeving aan het strompelen bent en nergens uitkomt. In plaats daarvan ontstaat het gevoel dat jij precies het pad volgt dat je moet volgen – en altijd al hebt gevolgd – dat jij persoonlijk nodig hebt om daar te komen waar jij in het leven echt naar toe wilt. Dit houdt ook in dat jij ook de plekken vindt die jij moet bezoeken in de doolhof, terwijl je steeds dichter bij de uitgang komt – die eigenlijk de ingang is naar een veel ruimer niveau van de werkelijkheid.

Jij bent toe aan een betere lering

Zoals ik al heb gezegd, is het credo van onze spirituele leraren in principe: "Wanneer de student eraan toe is, verschijnt de leraar." Jij hebt dit boek gevonden, wat betekent dat jij op een bepaald niveau van jouw wezen aan de leringen en hulpmiddelen toe bent die onze geascendeerde meesters ons aanbieden. Maar denk nog eens even aan de metafoor van de doolhof. De waarheid is dat ieder van ons een persoonlijk doolhof heeft waar wij doorheen moeten navigeren om onze weg in het leven te vinden. En die doolhof bestaat in onze gedachten.

Jouw persoonlijke doolhof bestaat uit de overtuigingen en ervaringen die jij op jouw totale reis door het materiële universum hebt verzameld. Het punt is dat, hoewel je op een dieper niveau van jouw wezen zeker aan dit boek toe was, het heel goed kan zijn dat jij bepaalde hordes moest nemen voor je dit boek helemaal kon benutten. Je hebt misschien wel bepaalde overtuigingen of vooroordelen die een blokkade vormen om te accepteren wat dit boek jou leert. Of die jou kunnen blokkeren om de hulpmiddelen die je geboden worden, te benutten.

De manier om hiermee om te gaan, is dat je een simpele waarheid beseft. De belangrijkste sleutel om de kracht van het Zelf te ontsluiten, is dat jij je meer van jouw Zelf bewust moet worden. En de sleutel om je meer bewust te worden van het Zelf, is dat jij de gewoonte kweekt om jezelf te observeren. Laat ik dit op een andere manier formuleren. De kracht van het Zelf ontsluiten, is een kwestie van jouw weg naar het midden – de schatkamer – van jouw persoonlijke doolhof te vinden. Maar jouw doolhof is heel lastig, omdat geen enkel pad rechtstreeks naar het midden leidt. Kijk maar eens wat beter naar de doolhof op afbeelding 3.

De muren in jouw doolhof bestaan uit beperkende en vooroordelen – ze lijken op de planten van de heg in een echt labyrint.

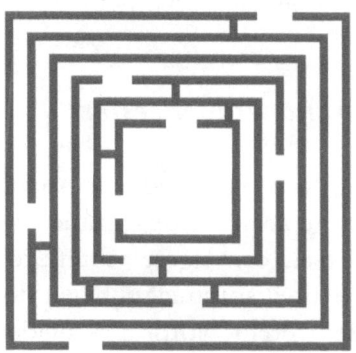

Dus dit is niet een kwestie van een open pad vinden, omdat dit er niet is. Alle paden worden geblokkeerd door de meningen die jou het dierbaarst zijn.

Hoe kraak je het enigma; hoe kom je uit in het centrum van het Zelf? Nu, wanneer je bij een doodlopend stuk komt, moet je het anders aanpakken. Het doodlopende stuk wordt geblokkeerd door een mening of overtuiging waar jij nooit goed naar hebt gekeken, omdat je die altijd als vanzelfsprekend hebt beschouwd. Dus je moet een stap terug doen om daar eens kritisch naar te kijken. Je moet onderzoeken waarom je die overtuiging hebt en hoe die op dit moment jouw vooruitgang in de weg staat. En dan moet je beslissen er dwars doorheen te lopen om het juiste pad te vinden dat achter die niet onderzochte overtuiging verborgen zit.

Stel je eens voor dat je in een echt doolhof bent en als je daar al heel lang in hebt rondgelopen, besef je dat er niet één pad in het midden uitkomt. Maar wanneer je kritisch kijkt, besef je dat er tussen de planten die de heggen vormen, smalle openingen zitten. Dus in plaats van om die muren heen te lopen, moet je het fundamenteel anders aanpakken, je moet er doorhéén lopen. Pas dan boek je de vooruitgang die je bij je persoonlijke schatkamer laat uitkomen.

Wat is een geascendeerde meester?

Zoals wij hebben gezien, wordt de materiële wereld uit hetzelfde materiaal gemaakt als de spirituele wereld, de energie is alleen verlaagd naar een lagere vibratie dan het spirituele rijk. Dit betekent dat het spirituele rijk niet door een of andere barrière van onze wereld wordt gescheiden. De materiële wereld bestaat binnen het grotere geheel van het spirituele rijk. De spirituele wereld bevindt zich hier rondom om ons, deze heeft alleen een hogere vibratie, waardoor wij die niet kunnen zien. Maar wij kunnen die wel met onze intuïtieve vermogens voelen, zoals wij later zullen zien.

Wij hebben ook gezien dat ons bewustzijn iets kan uitwisselen met de kwantumstof en de reden is dat er op het kwantumniveau een vorm van bewustzijn is. Dat bewustzijn is een aantal van zichzelf bewuste wezens die de materiële wereld hebben geschapen. Die wezens zou je creatieve wezens, kwantumwezens, onze geascendeerde meesters of spirituele leraren kunnen noemen, maar ik noem hen het liefst geascendeerde meesters. De term 'geascendeerde meesters' duidt op iets heel belangrijks. Een geascendeerd wezen was ooit in een dichter rijk, zoals wij nu en is vanaf die plek geascendeerd. De geascendeerde meester heeft zich ooit eens voor zijn ascensie gekwalificeerd, omdat hij zijn eigen geest had leren beheersen, waardoor hij zijn creatieve potentieel had ontsloten en meester werd over zijn omgeving. Dit meesterschap heeft hem voor de ascensie gekwalificeerd en van hem een geascendeerde meester gemaakt. Denk eraan dat niet alle geascendeerde meesters van de aarde zijn geascendeerd, maar zij zijn wel uit een situatie geascendeerd die lijkt op die van ons.

Afbeelding 4 – De spirituele wereld is om ons heen

Het proces dat alle geascendeerde meesters hebben doorlopen, is precies hetzelfde proces waar wij nu mee bezig zijn. Wij zijn allemaal geascendeerde meesters in de maak. Dit betekent dat de geascendeerde meesters door ervaringen uit eerste hand weten wat wij meemaken. Zij begonnen, net als wij, met een beperkte bewustzijnsstaat. Vervolgens kregen zij geleidelijk aan steeds meer meesterschap totdat zij het totale meesterschap hebben verworven dat ook ons eigen realistische potentieel is. Dit houdt in dat de geascendeerde meesters de perfecte leraren voor ons zijn. Het zijn geen hooggeplaatste en machtige op een god gelijkende figuren die boven op een roze wolk zitten zonder hun handen ooit vuil te maken. Zij weten precies hoe het voelt om vast te zitten op het macroscopische niveau, maar zij weten ook hoe je systematisch meesterschap van de geest over de materie verwerft.

De geascendeerde meesters hebben geen fysiek lichaam zoals wij en daardoor nemen zij de wereld niet waar door de beperkte zintuigen van het lichaam. Dit houdt in dat zij veel meer zien dan wij; zij hebben een veel completer beeld van de wereld en hoe die werkt. Wat nog een reden is dat zij ons behulpzaam kunnen zijn als wij naar hogere inzichten op zoek zijn.

Waarom heb jij nog nooit van geascendeerde meesters gehoord?

Waarom heb jij nog nooit gehoord dat wij geascendeerde meesters hebben? Nu, dat komt gedeeltelijk omdat de term nog maar iets meer dan honderd jaar wordt gebruikt, maar je hebt vast wel eens iets gehoord over de invloed van universele spirituele leraren op de loop van de geschiedenis.

Onze spirituele leraren hebben maar één doel, namelijk ons helpen onze bewustzijnsstaat te verhogen. Zij proberen niet – en ik herhaal: niet – dit doel te bereiken door de ultieme religie of een ultiem geloofssysteem te ontwikkelen. In plaats daarvan werken zij met mensen op elk niveau en proberen hen op het volgende, hogere, niveau te brengen. De geascendeerde meesters werken met een beschaving op basis van het wereldbeeld dat zij dat moment heeft en proberen dan de mensen te helpen door ideeën te introduceren die de mensen kunnen accepteren en hen kunnen helpen om hun huidige wereldbeeld te transcenderen. De meesters werken vaak incognito door geïncarneerde mensen te inspireren, maar de mensen hebben geen flauw idee waar hun briljante ideeën vandaan komen.

Er zijn altijd universele leraren geweest die assistentie bieden aan mensen die daarvoor openstaan. Door de tijd heen hebben zij geprobeerd met veel verschillende personen te werken door nieuwe ideeën te introduceren die de mensen in een bepaalde cultuur zouden kunnen helpen om hen op een hoger bewustzijnsniveau te brengen. De geascendeerde meesters hebben de mensen geïnspireerd tot alle belangrijke religies op de wereld en ook vele die minder bekend zijn. Zij hebben hen geïnspireerd tot veel filosofische ideeën. Zij hebben hen geïnspireerd in de literatuur, de muziek, het toneel en vele vormen van technologie, omdat dit ons de vrijheid geeft om persoonlijke groei na te streven in plaats van tot 'in het zweet des aanschijns' te moeten werken.

Maar de meesters proberen ook de mensen die ervoor openstaan een samenhangender geheel van universele ideeën te geven en die ideeën worden in dit boek gepresenteerd. Je kunt dan zelf bepalen of zij jou kunnen helpen om de fundamentele vragen over het leven te beantwoorden.

Waarom is er geen bewijs dat de meesters bestaan?

Als de geascendeerde meesters al de hele menselijke geschiedenis bij ons zijn, waarom wordt hun bestaan dan niet algemeen geaccepteerd? De belangrijkste reden is dat planeet Aarde onderworpen is aan de Wet van Vrije Wil. Dit betekent dat de mogelijkheid moet blijven bestaan om hun bestaan te ontkennen en daarom kunnen de meesters geen onweerlegbaar bewijs daarvan leveren.

De geascendeerde meesters onderrichten dat er talrijke planeten in het universum zijn die ook worden bewoond door van zichzelf bewuste wezens net als wij. Een planeet is een soort schoollokaal voor de bewoners, dus je kunt aan een planeet zien in hoeverre de bewoners hun creatieve talenten hebben ontwikkeld. Is het collectieve bewustzijn op het kleuterschoolniveau of zijn de bewoners inmiddels al op het middelbare schoolniveau?

Planeet Aarde zit momenteel op een tamelijk laag niveau; dat betekent dat de meeste bewoners op aarde beneden een bepaald bewustzijnsniveau zitten. Op dat niveau hebben de mensen de wens om te ervaren dat zij aparte wezens zijn die in een aparte wereld leven. Wij kunnen die ervaring alleen maar krijgen, als de materie op aarde zo dicht is dat het feit wordt verborgen dat die uit een fijnere substantie werd geschapen. Met andere woorden, wanneer wij met onze fysieke zintuigen iets zien, lijkt het of de materie vast is en op zichzelf, onafhankelijk van iets anders, bestaat. Die lijkt niet van spirituele energie te zijn vervaardigd en daarom kunnen wij geloven dat de materiële wereld gescheiden van God is, of op zichzelf staat.

De aarde zit momenteel in een overgangsfase, omdat ons collectieve bewustzijn op een hoger niveau komt. Maar op dit moment verordent de Wet van Vrije Wil dat de mensen in staat moeten worden gesteld om het bestaan van God of geascendeerde meesters te ontkennen. De mensen moeten in staat worden gesteld om de illusie in stand te houden dat zij aparte wezens zijn die in een aparte wereld leven. Zodoende komt er in de nabije toekomst geen onweerlegbaar bewijs van het bestaan van God of geascendeerde meesters. Dat betekent dat je het bestaan van geascendeerde meesters alleen op persoonlijk niveau kunt bewijzen, zoals we in het volgende hoofdstuk zullen bespreken.

Dit verklaart ook hoe de leringen in dit boek naar buiten worden gebracht. Omdat de leringen ontkend moeten kunnen worden, kunnen de meesters hun leringen niet uit de lucht laten vallen. Daarom geven zij hun leringen door aan mensen die hun bewustzijn zo hebben verhoogd dat zij rechtstreeks contact met de meesters kunnen maken en daardoor ideeën of zelfs gesproken boodschappen van de meesters kunnen ontvangen. De mensen kunnen gemakkelijk de meesters en hun boodschappen afschrijven door op hen een etiket te plakken dat past bij het geloofssysteem dat zij op dit moment hebben.

We kunnen nu nog een reden zien waarom je nog nooit van geascendeerde meesters hebt gehoord. Wanneer de student eraan toe is, verschijnt de geascendeerde meester. Je kunt het bestaan van de meesters pas echt bevestigen, als je aan hun leringen toe bent. Dit betekent dat jij, omdat jij dit boek leest, er zeker aan toe bent om de geascendeerde meesters en wat zij onderrichten, eens nader te bestuderen.

Waarom zijn de meesters belangrijk?

Waarom is het belangrijk om open te staan voor het bestaan van geascendeerde meesters? De belangrijkste reden is dat je bepaalde antwoorden niet met materialistische middelen of zelfs met een bepaald bewustzijnsniveau kunt krijgen. Als je antwoorden wilt die verder gaan dan jouw huidige bewustzijnsniveau, moet je eerst die antwoorden zoeken bij een bron die jouw niveau ontstijgt. En dan kun jij geleidelijk aan jouw bewustzijn verhogen naar het niveau waarop jij de ideeën rechtstreeks vanuit het Zelf kunt beoordelen.

Denk eens na over een feit dat de moderne beschaving grotendeels over het hoofd heeft gezien, namelijk dat de menselijke geest een gesloten systeem kan worden. Kijk eens naar de middeleeuwen, toen de kerk een doctrine had gemaakt waarin stond dat de aarde het middelpunt van het universum was. Bovendien zei de kerk ook nog dat jij eeuwig in de hel zou branden, als je hieraan twijfelde of verder keek dan die doctrine. Zolang jij de bewering van de kerk accepteerde, kon je het middeleeuwse wereldbeeld op geen enkele manier onderzoeken.

Wij zijn allemaal opgegroeid met het idee dat de wetenschap de wurggreep van de kerk op de menselijke geest heeft verbroken, maar is dat wel helemaal waar? Hoe zou het zijn als de echte waarheid is dat een aantal van de eerste wetenschappers – die zichzelf als zeer spirituele mensen beschouwden – in staat waren om hun geest af te stemmen op de geascendeerde meesters? En dat die vroege onderzoekers door hun afstemming, de inspiratie ontvingen die de mensen op het volgende evolutionaire niveau heeft gebracht.

De geascendeerde meesters zeggen dat de groei in menselijke kennis niet alleen door het vermogen van de geest om kennis op horizontaal niveau te vergaren, tot stand is gekomen. Het kwam ook door het vermogen van het Zelf om kennis op verticaal niveau te vergaren, namelijk door je af te stemmen op een hogere bron. Die hogere bron zijn de geascendeerde meesters.

Zoals ik al zei, waren de geascendeerde meesters ooit ook zelf op aarde geïncarneerd en daarom hebben zij een grondig inzicht in de beproevingen die wij krijgen, terwijl wij naar de wereld zien door het filter dat ons huidige mentale kader vormt. En juist daarom doen zij met zoveel liefde hun werk om ons te helpen onze beperkte inzichten te transcenderen, zodat wij niet alleen ons Zelf kunnen leren kennen, maar de kracht die al van nature aanwezig is in het Zelf, te ontketenen. Waarom doen zij dit? Nu, dat zullen wij nu eens nader bekijken.

Waarom bekommeren de geascendeerde meesters zich om ons?

Waarom zouden de geascendeerde meesters zich om ons bekommeren als zij in een hoger rijk zijn dat de beperkingen van de materiële wereld ontstijgt? Waarom nemen ze het er niet gewoon van, als het spirituele rijk zoveel beter is dan deze wereld en laten zij ons niet voor onszelf zorgen? Hebben zij iets van ons nodig? Hebben zij een geheime agenda?

De meesters onderrichten dat het bewustzijn waarmee de meesten van ons de wereld bekijken, een gescheiden bewustzijn is. Omdat wij ons zijn gaan richten op het oppervlakkige niveau van de verschijnselen, van hoe iets eruit ziet, richten wij ons op de verschillen die alles apart zetten. Het gevolg is dat wij ons van God en het spirituele rijk gescheiden voelen, ons van andere mensen gescheiden beschouwen, we nemen onszelf waar als losstaand van onze omgeving, ook de planeet waarop wij leven. Wij worden verblind door een sluier die bestaat uit een illusie, namelijk de illusie van gescheidenheid.

In tegenstelling tot onze mening, worden de geascendeerde meesters niet verblind door de sluier van gescheidenheid. Zij zien de wereld duidelijk op de manier zoals wij die zouden moeten zien op basis van de relativiteitstheorie en de kwantumfysica. De meesters zien dat er ondanks bepaalde scheidslijnen op de wereld geen onoverkomelijke barrières bestaan.

Alles wordt van één basissubstantie gemaakt die simpelweg verschillende vormen heeft aangenomen. De meesters zien in feite dat alles in zowel het spirituele rijk als het materiële rijk van één grondstof wordt gemaakt, en die noemen zij het Ma-terlicht of Moederlicht. Die substantie heeft geen vorm van zichzelf, daarom kan het niet met materiële instrumenten worden opgespoord. Dit Moederlicht heeft echter de mogelijkheid om elke willekeurige vorm aan te nemen. Later zullen wij bespreken hoe het Moederlicht een vorm aanneemt.

De geascendeerde meesters zien dat gescheidenheid een illusie is die slechts aannemelijk lijkt wanneer je de wereld door het filter van een bepaalde bewustzijnsstaat ziet. Dit dualistische bewustzijn filtert de onderliggende realiteit eruit dat alles wordt gemaakt van dezelfde substantie en uiteindelijk uit dezelfde bron komt.

De geascendeerde meesters zien ons niet apart van hen. De meesters zelf zijn een verlengstuk van wezens op een nog hoger niveau en zij zien dat deze 'keten van zijn' helemaal teruggaat naar de Schepper. De meesters begrijpen ook dat wij de laatste verlengstukken van die 'keten van zijn' zijn en zodoende beschouwen zij ons als hun eigen broeders en zusters. Zij begrijpen dat wij eenvoudig vastzitten achter de sluier van de dualiteit, die ook wel de energiesluier (energy veil afgekort tot e-vil=het kwaad) wordt genoemd. De meesters zien duidelijk dat deze sluier van gescheidenheid voor alle conflicten en het lijden op aarde zorgt en dus hebben zij maar één wens: ons de hulpmiddelen aanreiken om ons bewustzijn te verhogen, zodat wij verder kunnen kijken dan de sluier en ontdekken wie wij werkelijk zijn.

De bedoeling van de wereld van vorm

De meesters onderrichten dat het de bedoeling is dat de wereld van vorm dient als een omgeving waarin van zichzelf bewuste wezens kunnen aanvangen met een zeer beperkt lokaal zelfbewustzijn, weinig gewaarzijn van zichzelf. Dat gewaarzijn van zichzelf kunnen zij dan geleidelijk uitbreiden. De meesters onderwijzen dat God geen Wezen is dat fundamenteel van ons verschilt. De Schepper is een Wezen op het allerhoogste niveau van zelfbewustzijn, maar omdat wij uit het Wezen van de Schepper werden geschapen, bezitten wij het potentieel om ons zelfbewustzijn op hetzelfde niveau te brengen als dat van onze Schepper.

De geascendeerde meesters beschouwen ons niet als anders of lager dan zij. Zij zien ons als wezens die nog niet hun niveau van zelfbewustzijn hebben bereikt en zij hebben aangeboden om de rol van gids of leraar op zich te nemen. Het globale doel van hen is ons te helpen ons zelfbewustzijn te verhogen, maar hun specifieke doel is ons te helpen ons bewustzijn zo te verhogen dat wij totaal bevrijd worden van de illusie van gescheidenheid.

Wanneer wij inderdaad uit die illusie ontsnappen, begrijpen wij dat al het leven één is en dan zijn wij geslaagd voor ons laatste examen in het 'Schoollokaal Terra' wat inhoudt dat wij dan voorgoed naar de hogere energierijken gaan. Dit noemen de meesters het proces van ascensie. Maar hoewel het christendom ook over de ascensie van Jezus spreekt, zijn er bepaalde belangrijke verschillen tussen de christelijke overtuigingen en de leringen van de geascendeerde meesters. Het christendom onderwijst dat Jezus de enige was die is geascendeerd, omdat zelfs zijn moeder slechts in de hemel werd 'opgenomen'. Het christendom beschrijft dit ook als een fysiek proces, waarin het lichaam van Jezus naar de hemel ging.

De geascendeerde meesters onderrichten dat wij allemaal het potentieel hebben om te ascenderen. Maar dit is geen fysiek proces, het gaat erom dat wij ons bewustzijn verhogen tot wij ons fysieke lichaam kunnen achterlaten en naar een hoger niveau van zelfbewustzijn gaan en wij geen fysiek lichaam meer nodig hebben. In plaats daarvan nemen wij een spiritueel lichaam aan, een lichaam dat wordt gemaakt van de hogere frequenties van de energie die het spirituele rijk vormt. En omdat de geascendeerde meesters voor dezelfde uitdagingen hebben gestaan als wij nu, weten zij precies hoe zij ons moeten helpen om die uitdagingen het hoofd te bieden en hoe wij zelfmeesterschap kunnen bereiken.

De geascendeerde meesters en de kracht van het zelf

Tot nu toe hebben wij gezien dat het hele materiële universum wordt gemaakt van spirituele energie die wordt verlaagd naar het materiële frequentiespectrum. Die energiestroom is letterlijk de stuwende kracht die het universum in stand houdt. Wanneer veel leringen over zelfhulp of spirituele leringen zeggen dat jij ook materiële omstandigheden kunt veranderen wanneer jij jouw manier van denken verandert, wat betekent die bewering dan eigenlijk?

Denk eens na over het feit dat alles op het macroscopische niveau van energie wordt gemaakt. Hoe kun je dan een materiële situatie, zoals een ziekte in je lichaam, veranderen? Nu, de beste manier om veranderingen te bewerkstelligen, is door op het energieniveau te werken, het niveau van de oorzaak in plaats van het gevolg. Waarom is jouw lichaam ziek? Omdat jouw cellen zoveel van de laagfrequente energie hebben opgenomen dat jij niet normaal kunt functioneren. Wat is de logische manier om jouw lichaam te genezen? Dat jij je cellen bevrijdt van de last van die lage energie, waardoor je cellen weer normaal gaan functioneren.

Wetenschappers hebben aangetoond dat twee energiegolven een interferentiepatroon vormen, wanneer die elkaar ontmoeten. Een golf met een hoge frequentie kan de vibratie van een golf met een lage frequentie verhogen. Bedenk dat Jezus schijnbaar wonderbaarlijke genezingen van de zieken kon verrichten. Is het mogelijk dat dit geen wonderen waren, maar een consequentie van het feit dat Jezus had geleerd hoe hij de de creatieve vermogens van zijn geest volledig kon gebruiken? Is het mogelijk dat Jezus dat deed om ons het potentieel te tonen dat wij allemaal bezitten?

Opnieuw, alles in het materiële universum wordt van energiegolven gemaakt die naar een bepaald vibratieniveau zijn verlaagd. Hoe kun je die materiële omstandigheden transformeren? Door de vibratie van de energiegolven te verhogen waaruit die omstandigheden werden gevormd. Dit is niet een of andere vergezochte theorie. Het is een solide wetenschap die alleen met zelfhulp in verband is gebracht.

Zoals wij al hebben gezien, heeft de kwantumfysica bewezen dat er een rijk bestaat dat buiten het materiële valt en dat onze geest er iets mee kan uitwisselen. De betekenis is eigenlijk dat wij zijn bestemd om medeschepper te zijn met de intelligente wezens die de materiële wereld hebben geschapen. Hoe kunnen wij iets medescheppen? Nu, een van die aspecten is dat onze geest zó is ontworpen dat die het vermogen heeft om de open deur te zijn voor hogere spirituele energie die naar het materiële spectrum kan worden verlaagd. Momenteel is onze geest een gesloten deur, omdat er iets is wat de natuurlijke energiestroom tegenhoudt. De sleutel om de kracht van het Zelf te ontsluiten, is dat je die creatieve stroom herstelt.

Maar let op waar die creatieve stroom vandaan komt. De geascendeerde meesters leren ons dat de creatieve stroom van oorsprong bij de Schepper vandaan komt. Die zeer hoge energie wordt vervolgens verlaagd, terwijl die door de vele niveaus in de spirituele wereld heen gaat. Wie verlaagt die energie? Dat doen de geascendeerde meesters die een 'keten van zijn' vormen van de Schepper tot op ons niveau. Wanneer wij de kracht van het Zelf ontsluiten, kunnen wij onze rechtmatige rol vervullen als de laatste link in die keten van zijn, wij kunnen onze eigen plek vinden in die creatieve stroom, die de meesters de Rivier van Leven noemen.

Maar vanwaar ontvangen wij onze creatieve energie, wanneer wij die plek vinden? Die krijgen we van de schakel in de keten van zijn die vlak boven ons is. En die schakel vormen de geascendeerde meesters die het nauwst met de aarde samenwerken. Dus de slotconclusie van dit hoofdstuk is dat wij de geascendeerde meesters moeten leren kennen, omdat de sleutel om de kracht van het Zelf te ontsluiten, juist is dat wij leren samenwerken met de meesters die net boven ons staan. Pas als wij rechtstreeks licht van de meesters kunnen ontvangen, kunnen wij de creatieve kracht van het Zelf volledig ontsluiten.

Twee manieren om ons leven te veranderen

Wanneer wij erover nadenken hoe wij onze materiële omstandigheden kunnen veranderen, hebben wij in principe twee opties. Onze eerste optie is dat wij kunnen proberen de energie te gebruiken die al in het materiële spectrum aanwezig is. Dit wordt inderdaad in veel filosofieën over zelfhulp en zelfs bepaalde religieuze en spirituele filosofieën onderwezen. Er zijn echter drie problemen bij deze aanpak:

2 | Hoe de geascendeerde meesters jou kunnen helpen

- Er is een eindige hoeveelheid energie in het materiële spectrum. Dit vormt vanaf het begin af aan een beperking voor onze creatieve vaardigheden.

- Die energie is al naar een bepaald niveau verlaagd. Dit betekent dat je creatieve vermogen wordt beperkt. Je kunt geen probleem dat door materiële energie in het leven is geroepen, met een andere vorm van materiële energie oplossen.

- Er zijn zeven miljard andere mensen op aarde die ook hun deel van de eindige hoeveelheid materiële energie opeisen. Dus als jij probeert je leven te veranderen met materiële energie, moet je die energie van iemand anders afpakken. En dat houdt in dat jij een eeuwigdurende strijd aangaat met andere mensen, zoals wij al de hele menselijke geschiedenis door hebben gezien.

Onze tweede optie is het besef dat onze geest bestemd is om creatieve energie uit een hoger rijk te ontvangen. En wanneer wij van dit vermogen gebruik maken, hebben wij veel meer creatieve energie dan je met materiële energie kunt bereiken. Je kunt die energie ontvangen door met wezens uit dat hogere rijk samen te werken, namelijk de geascendeerde meesters. Maar voor wij eens gaan nadenken over hoe dit werkt, zullen wij eerst bekijken hoe je erachter kunt komen of de geascendeerde meesters echt bestaan. Dit zal ons ook iets belangrijks tonen over hoe jij kunt leren om persoonlijk met de meesters samen te werken.

3 | BESTAAN DE GEASCENDEERDE MEESTERS ECHT?

Hoe kun je te weten komen of de geascendeerde meesters echt bestaan? Als je naar de geschiedenis kijkt, zijn er voor de mensen in het algemeen twee manieren om de vraag te beantwoorden of iets echt of onecht is. De eerste is de benadering die men heeft in de hoofdstromingen van de religie, die het absolute gezag opeisen waaraan de mensen niet mogen twijfelen. De andere is die van de materialistische wetenschap die beweert dat iets alleen echt bestaat wanneer je dat kunt bestuderen en meten met wetenschappelijke instrumenten.

Wanneer het eropaan komt te bewijzen of geascendeerde meesters bestaan, werkt geen van beide methoden. De meesters eisen geen gezag op grond van een traditie of een organisatie op deze wereld. In feite weigeren zij om zich te laten inperken door welk aards gezag of organisatie ook. Men kan hun bestaan ook niet bewijzen door middel van wetenschappelijke methoden (in ieder geval niet in deze tijd). Dus wat houd je dan nog over – is er nog iets anders naast die twee methoden? Jazeker, en dat is jouw vermogen om kennis te ontvangen van het Zelf.

Dit wordt traditioneel de mystieke of intuïtieve benadering genoemd. Historisch gezien is de mystieke benadering het alternatief voor het gezag van een religie en het materialistische bewijs van de wetenschap. De meeste hoofdstromingen in de religie hebben een mystieke tak; in feite waren de grondleggers van een religie vaak mystici.

Je vraagt je misschien af waarom je nooit veel over de mystiek hebt gehoord. Daar zijn twee redenen voor. In de allereerste plaats erkennen noch de hoofdstromingen in de religie noch de materialistische wetenschap de mystiek. In de tweede plaats maakt de mystiek geen reclame voor zichzelf, omdat de mystici weten dat de mensen eerst op een bepaald niveau van spiritualiteit moeten komen, voordat ze aan die mystieke benadering toe zijn.

Wat is de mystieke benadering? In essentie zegt de mystieke benadering dat er een manier is om te weten te komen wat de waarheid is, die niets te maken heeft met het gezag op deze wereld, inclusief materialistisch bewijs. Die manier is een innerlijke weg, namelijk door een intuïtieve, mystieke ervaring te krijgen. Je gelooft niet wat een religieuze of politieke gezaghebber tegen jou zegt; je gelooft niet wat een wetenschappelijke autoriteit aan jou vertelt. Je accepteert alleen maar wat jij door middel van een rechtstreekse innerlijke ervaring bevestigd kreeg.

Vanzelfsprekend zullen de gezaghebbers op deze wereld zeggen dat dit een totaal subjectieve ervaring is, maar dat komt omdat zij de aard van een mystieke ervaring niet begrijpen (wat inhoudt dat zij nog nooit een krachtige mystieke ervaring hebben gehad). Hoewel het zeker waar is dat veel menselijke overtuigingen zeer subjectief zijn, is dat niet het totale beeld, en de wetenschap heeft zelf het beste bewijs hiervoor geleverd. De ontwikkeling van de kwantumfysica heeft ervoor gezorgd dat de materialistische positie, dat wij objectief kunnen zijn als wij onze geest afsluiten, niet meer klopt. In plaats daarvan heeft de kwantumfysica bewezen dat de sleutel tot ware objectiviteit is dat je de aard van je geest begrijpt – en daar zijn mystici nu juist al duizenden jaren naar op zoek.

Een mystieke benadering van objectiviteit

Wat hebben de geascendeerde meesters en de mystiek in het algemeen te zeggen over het probleem met objectiviteit? Al duizenden jaren zeggen mystici dat de menselijke geest het vermogen bezit om in twee duidelijk verschillende bewustzijnsstaten te verkeren. In de ene staat wordt alles wat wij zien, gekleurd door een filter. Dit betekent dat onze ervaring van de wereld helemaal subjectief is. Maar in de andere staat hebben wij een helder of neutraal beeld verworven, dus dan zien wij iets zoals het is, wat betekent dat wij een zuiver objectief beeld van de wereld hebben.

Natuurlijk bestaat er ook nog een derde stadium waarin wij een glimp opvangen van die objectieve geestestoestand, maar daarin wordt onze visie nog steeds – in meerdere of mindere mate – door de subjectieve stemming gekleurd. Dit betekent dat twee mensen allebei een echte, mystieke ervaring kunnen krijgen, maar die heel verschillend interpreteren. Een christen en een moslim kunnen er allebei van overtuigd zijn dat een mystieke ervaring bevestigt dat hun religie de ware religie is.

Het pad dat de meesters schetsen, is een proces waarin je een glimp begint op te vangen van een hogere bewustzijnsstaat. En vervolgens zuiveren wij onze geest geleidelijk aan van alle subjectieve elementen tot wij die zuivere visie zien. Die hogere bewustzijnsstaat heeft vele namen, zoals verlichting, naakt gewaarzijn, of het Christusbewustzijn. De leringen van de geascendeerde meesters zijn bedoeld om ons te helpen die reis naar een hogere bewustzijnsstaat te volbrengen.

In deze tijd zijn de leringen van de meesters ruimschoots beschikbaar in boeken en op websites die iedereen kan vinden. Daardoor is het mogelijk dat mensen de leringen vinden zonder dat zij een intuïtieve ervaring hebben gehad. De mensen erkennen misschien de waarde van de leringen met hun verstand, omdat de leringen inderdaad antwoord geven op veel vragen. Maar om echt de vraag op te lossen of de meesters echt bestaan, moet je een innerlijke ervaring krijgen. Die ervaring geeft je niet wat wij meestal bewijs noemen, maar een subtiel gevoel van 'innerlijk weten', omdat je (h)erkent dat iets overduidelijk echt bestaat.

Dit gezegd hebbende, moeten wij ook een heel grote zorg uiten ten aanzien van persoonlijke ervaringen. Er zijn inderdaad veel mensen – onder wie veel spirituele zoekers – die de meest onwaarschijnlijke dingen geloven. Ieder jaar raakt bijvoorbeeld een aantal mensen dat naar Jeruzalem gaat om in de voetsporen van Jezus te treden, ervan overtuigd dat zij de wederkomst van Christus zijn en dat zij de wereld moeten redden. Wanneer je begrijpt wat mystieke ervaringen zijn, besef je dat die op een heel specifieke manier moet worden benaderd.

De caleidoscoop van de geest

De geascendeerde meesters hebben een paar diepgaande leringen over intuïtie gegeven. Zij vergelijken de menselijke geest met een caleidoscoop. Je weet dat een caleidoscoop een buis is met verschillende tussenschotten waar gekleurde stukjes glas in zitten. Als je die buis draait, worden de glasstukjes opnieuw gerangschikt en vormen dan diverse kleurpatronen.

Die glasstukjes kun je vergelijken met de vele ideeën en overtuigingen die in ons bewustzijn en onderbewuste liggen opgeslagen. Wanneer wij een situatie in ons leven tegenkomen, wordt er op een zodanige manier aan onze geest gedraaid dat er een specifiek kleurschema ontstaat – die vervolgens onze bewuste ervaring van die situatie wordt. Een van de diepgaande implicaties is dat onze ervaring van het leven – de 'Ervaring van het Leven' – wordt bepaald door de ideeën die wij hebben en hoe die door specifieke situaties worden gerangschikt.

De meesters onderrichten dat de meeste mensen op een onbewuste manier door het leven gaan. Een bepaalde situatie roept een bepaald reactiepatroon op en de keuzes van de mensen worden helemaal bepaald door de kleur van de glasstukjes in de caleidoscoop van hun geest. Zij reageren zonder zich ervan bewust te zijn waarom zij zo reageren en denken vaak dat het de enige manier is om op een bepaalde situatie te reageren. Zulke mensen hebben hun reacties niet in de hand, omdat zij de inhoud van hun bewuste en onbewuste geest niet hebben bekeken. Zij wilden niet naar de balk in hun eigen oog kijken.

In tegenstelling tot de meesters, zij bieden een pad naar zelfmeesterschap aan, waarop je geleidelijk aan de baas wordt over jouw reactie op de situaties die je in de materiële wereld tegenkomt. Wij kunnen leren om vrije en objectieve keuzes te maken in plaats van onze reacties door oude patronen in ons onderbewuste te laten bepalen. Maar dit pad begint met één fundamenteel besef.

Wanneer je door een caleidoscoop kijkt, kun jij je gemakkelijk op het ingewikkelde kleurenpatroon concentreren en dat doen de meeste mensen natuurlijk ook. Wanneer wij over onze geest nadenken, concentreren wij ons vaak op de gedachten die onze geest vullen. De meeste mensen zien gewoon niets anders dan de inhoud van hun eigen gedachten. Maar stel jezelf nu eens een eenvoudige vraag: "Hoe komt het dat ik het gekleurde patroon in een caleidoscoop kan zien?" De verklaring is dat er licht aan de andere kant van de caleidoscoop zit en dit licht wordt – in tegenstelling tot de gekleurde patronen – níet door de caleidoscoop gevormd. Dit eenvoudige besef gaat heel diep wanneer je dat op je geest overbrengt.

Mystici zeggen altijd dat juist het feit dat wij bewustzijn bezitten, dat wij ons van onszelf gewaar zijn, bewijst dat er een stroom van spirituele energie en bewustzijn bestaat die vanuit een hogere bron onze geest binnenkomt. Zoals wij hebben gezien, ligt dit helemaal op één lijn met de kwantumfysica. Aangenomen dat onze geest iets met het niveau van subatomaire deeltjes kan uitwisselen, is het overduidelijk dat onze geest als voertuig, als een kelk, kan dienen voor een hogere, spirituele energiestroom.

De meeste mensen zijn zich niet bewust van deze energie, omdat zij zich op de inhoud van het bewustzijn richten in plaats van op het bewustzijn zelf. Zij zien slechts de kleurige patronen in de caleidoscoop zonder het licht in ogenschouw te nemen dat ervoor zorgt dat die patronen ontstaan. Wanneer je een mystieke ervaring krijgt, komt dat doordat jij je spontaan op het licht concentreert dat je achter de kleurige patronen ziet. Je ervaart gewaarzijn in een zuiverder vorm.

Nu komt echter het belangrijkste punt. Alle mensen zijn in staat om een mystieke ervaring te krijgen; veel mensen hebben ook zulke ervaringen gehad. Maar je ervan bewust zijn dat de kleurenpatronen in je geest worden gevormd door licht uit een hogere bron, is niet hetzelfde als een zuiver beeld van dat licht hebben.

Het is heel belangrijk dat jij je realiseert dat er een vorm van gewaarzijn moet zijn dat buiten de gekleurde patronen van dagelijkse gedachten valt, maar dit is nog maar de eerste stap in een geleidelijk proces. Zolang jij het licht via jouw bestaande overtuigingen en ideeën ziet, wordt dit nog steeds gekleurd door de inhoud van jouw gedachten. Dat betekent dat jij de werkelijkheid nog steeds niet ziet zoals die echt is.

Het wezen van de mystiek

Het pad van de mysticus is een proces waarin je geleidelijk de beperkende ideeën, overtuigingen, paradigma's en aannames die aan de materiële wereld ontspringen, in je geest opruimt. Met andere woorden, we werpen geleidelijk aan wat van die glasstukjes eruit en op een dag zien we hoe het licht onze geest binnenkomt zonder dat die ook maar op enige manier wordt gekleurd. Dit zouden we een zuivere mystieke ervaring kunnen noemen, een ervaring van puur gewaarzijn. Maar we zouden ook nog wel een paar beperkende overtuigingen in onze geest over kunnen hebben en de ware mysticus blijft doorgaan met het zuiveringsproces tot de geest van alle beperkende overtuigingen is bevrijd.

Waarom is dit belangrijk? De geascendeerde meesters zeggen dat je het bestaan van een geascendeerde meester pas echt erkent als je een mystieke ervaring hebt gehad. Daarvoor zou je de meesters misschien wel verstandelijk kunnen erkennen en de waarde van hun leringen op een zuiver intellectuele manier begrijpen. Maar wanneer je een directe innerlijke ervaring krijgt, begrijp je pas dat de meesters echt zijn en dan pas begin je volledig te waarderen wat hun leringen voor ons en de wereld kunnen betekenen.

Het allerbelangrijkste is dat er in onze geest nog steeds veel glasstukjes aanwezig zijn op het moment dat wij onze eerste mystieke ervaring krijgen. Daardoor kan de ervaring zelf worden gekleurd door de overtuigingen die wij hebben, wat het gevaar oproept dat een mystieke ervaring zó wordt uitgelegd dat die ervaring de absolute bevestiging vormt van de waarde van bepaalde overtuigingen.

Een ware mysticus erkent dat een mystieke ervaring zeker waarde heeft. De waarde ervan is echter níét dat hij een bepaalde overtuiging bevestigt. De waarde van de mystieke ervaring is dat die bewijst dat er een bewustzijnsstaat is die boven álle overtuigingen staat die er op aarde zijn. De waarde van de mystieke ervaring is dat die bewijst dat er een lichtbron buiten de smalle buis van de caleidoscoop bestaat. En de mysticus maakt het dan tot zijn prioriteit om dat licht zonder enig filter te ervaren.

Waarom is de mystieke benadering zo belangrijk?

De geascendeerde meesters zijn de ware mystici aller tijden. Voor zij ascendeerden, bleven zij al hun gekoesterde overtuigingen steeds weer onderzoeken, tot zij steeds meer zuiver mystieke ervaringen kregen. In plaats van die transcendente ervaringen als bewijs te gebruiken voor een aards geloofssysteem, beschouwden zij die ervaringen als het bewijs dat je altijd verder moet kijken dan de uiterlijke vorm door constant op zoek te gaan naar de zuivere, niet gekleurde ervaring van het spirituele licht. Zij beschouwden het licht als een reddingslijn naar hun bron en zij bleven die reddingslijn volgen tot zij zich daadwerkelijk met hun bron verenigden door middel van het ritueel dat de ascensie is.

De meesters hebben in principe maar één boodschap: "Als één persoon iets heeft gedaan, kan iedereen het." Zij hebben bewezen dat wij alle menselijke beperkingen kunnen transcenderen en zij willen dat wij weten dat wij dat ook kunnen. Maar om dat te kunnen, moeten wij een proces doorlopen dat de tand des tijds heeft doorstaan door alle beperkende overtuigingen te blijven transcenderen tot wij de zuivere bewustzijnsstaat bereiken die ons de werkelijkheid laat ervaren zoals die echt is, zonder filter en gevoel van afstand of gescheidenheid.

Waarom is dit belangrijk? Omdat de waarheid is dat spiritueel licht naar deze wereld wil stromen. De geascendeerde meesters weten dat de sleutel om de aarde echt te transformeren, is dat er meer licht naar deze wereld moet stromen, omdat de mensen, wanneer zij iets beter beginnen te begrijpen, vanzelfsprekend betere keuzes gaan maken. De meesters staan altijd klaar om meer licht over deze wereld uit te gieten, dus waarom overspoelen zij de wereld dan niet gewoon met dat licht tot er geen duisternis meer over is?

Het antwoord hierop is dat er in de Wet van Vrije Wil staat dat de bewoners van de aarde de ervaring mogen krijgen die zij willen. Op dit moment hebben de meeste mensen op aarde ervoor gekozen om te ervaren dat zij van God gescheiden zijn. Die ervaring is alleen maar mogelijk wanneer de wereld niet met spiritueel licht wordt overspoeld. Dus hoe kan er dan meer licht naar het materiële frequentiespectrum toe komen? Dat kan alleen maar door de geest van de mensen die zijn geïncarneerd – mensen zoals jij en ik. Wij hebben het recht ervoor te kiezen dat er licht naar onze geest wordt gebracht, zelfs als de meerderheid in het donker wil leven.

Maar wat is er voor nodig om onze geest te openen voor spiritueel licht? Het licht komt van de geascendeerde meesters die het niveau boven ons in de keten van zijn vertegenwoordigen. De enige manier om licht van de meesters te ontvangen, is dus dat wij onze geest op de meesters afstemmen. En uiteindelijk houdt dit in dat wij het mystieke pad moeten volgen door op zoek te gaan naar eenwording met het niveau van de werkelijkheid dat net boven ons is. Wij hebben allemaal het potentieel om onze geest af te stemmen op de geest van een geascendeerde meester en zelfs op den duur het gevoel te ontwikkelen dat wij één zijn met die meester. Dit pad hebben de wezens die nu al zijn geascendeerd voor ons gevolgd en wij zijn volledig in staat om datzelfde proces te doorlopen.

Maar dit proces van afstemming dat tot een-zijn leidt, moet in jouw geest plaatsvinden. Begin je al te begrijpen waarom dit zo belangrijk is? Er zijn zelfhulp- en spirituele boeken die je zullen vertellen dat je een of andere geheime formule nodig hebt om de kracht te krijgen om jouw leven te veranderen. Maar eigenlijk is het zo dat de kracht van het Zelf de stroom van spiritueel licht door jouw geest is. Dit is een heel natuurlijk proces. Het licht wil stromen en zal onvermijdelijk door elke opening in de sluier heen stromen die de spirituele van de materiële wereld 'scheidt'.

Dus de ware sleutel om de kracht van het Zelf te ontsluiten, is níet een of andere toverformule vinden die het licht forceert. De sleutel is dat jij de elementen die de stroom van licht naar jouw geest blokkeren, opruimt. Naarmate jouw geest wordt gezuiverd, begint er op een spontane en natuurlijke manier licht doorheen te stromen. Maar jouw persoonlijke blokkades zitten allemaal in jouw geest en daarom kunnen die alleen maar daar worden opgelost. En dat kan alleen maar door bewuste keuzes te maken, omdat je inziet waarom bepaalde overtuigingen jou blokkeren en vervolgens besluit om de hogere waarheid te accepteren die jij in een mystiek visioen ontvangt.

De geascendeerde meesters staan voor een moeilijke taak. Zij kunnen ons leringen in de wereld geven, maar die uiterlijke lering zelf verandert jou niet. De enige waarde die de uiterlijke lering heeft, is dat je die kunt gebruiken als katalysator om een mystieke, intuïtieve, ervaring te krijgen. En wanneer jij inderdaad die ervaring krijgt, maak jij een omslag in bewustzijn.

3 | Bestaan de geascendeerde meesters echt?

Dit leidt tot de vraag hoe jij jouw geest zuivert en dat zullen wij in een van de komende hoofdstukken bekijken. Maar eerst zullen wij het kosmologische wereldbeeld schetsen dat de geascendeerde meesters presenteren. Het is heel nuttig om het grote plaatje te kennen voor je te veel in details treedt.

4 | HOE DE WERELD VAN VORM WERD GESCHAPEN

In dit hoofdstuk zullen wij de basale kosmologie van de geascendeerde meesters bekijken, wat betekent hoe en waarom het universum werd geschapen en de basiswetten waar het naar luistert. Ik weet dat dit voor sommige lezers misschien theoretisch en abstract kan klinken, maar ik zal een fundament scheppen dat ons helpt de ware aard van ons Zelf te verklaren en ons potentieel om de open deur te zijn voor een hogere kracht. Het helpt ons ook het praktische pad beter te begrijpen dat in de volgende sectie wordt uitgelegd.

De hiërarchische structuur van het universum

De wetenschap heeft ons getoond dat het universum een hiërarchische structuur heeft. Alles op het macroscopische niveau wordt van moleculen gemaakt en daardoor kan het universum alleen binnen een kader worden geschapen dat is gemaakt door de wetten die de functie van moleculen begeleiden. Moleculen worden echter van atomen gemaakt en zijn dus weer onderworpen aan de wetten die de werking van atomen bepalen – enzovoort tot op diepere niveaus. De geascendeerde meesters zijn het eens met de hiërarchische structuur die de wetenschap heeft ontdekt, maar volgens hen strekt die zich veel verder uit en uiteindelijk komt die structuur uit bij de Schepper die de top van de hiërarchische piramide vormt.

De Schepper wordt door de geascendeerde meesters echter heel anders beschreven dan het traditionele beeld van God. Dat verschilt nogal van het monotheïstische beeld van God dat totaal manlijk is, op een grote witte troon zit en alle menselijke wezens beoordeelt en sommigen naar eeuwige kwellingen in de hel stuurt.

De geascendeerde meesters maken onderscheid tussen de wereld waarin wij leven en wat er achter die wereld ligt. Zij zeggen dat onze wereld 'de wereld van vorm' is, omdat alles erop een vorm heeft die verschilt van andere vormen. Hierdoor kunnen wij met een beperkt zelfbewustzijn beginnen en naar hogere niveaus van zelfbewustzijn toe groeien. We kunnen daardoor zelfs geloven dat wij een apart wezen zijn, wat betekent gescheiden van God, van de materiële wereld en van elkaar.

Maar zelfs dit kan een bron voor onze groei in zelfbewustzijn worden. De reden is dat wij in zelfbewustzijn groeien door bewust te erkennen dat wij in een beperkte staat verkeren, dat wij meer zijn dan die staat, en bewust de keuze maken om naar een hogere staat op te klimmen. Ondanks onze huidige toestand kan die keuze dan nog steeds het fundament voor onze groei vormen.

4 | Hoe de wereld van vorm werd geschapen

Wat er achter de wereld van vorm zit

Eén van de fundamentele problemen voor de geascendeerde meesters is dat wij mensen er zo aan gewend zijn om het leven alleen maar als een wereld van vorm te beschouwen – speciaal het materiële universum – en er erg aan gewend zijn om in woorden te communiceren. Woorden hebben zich duidelijk ontwikkeld door een wereld van gescheiden vormen en die zijn het meest geschikt om vormen te beschrijven die duidelijk anders dan andere zijn. Omdat onze zintuigen ontworpen zijn om met contrasten om te gaan, zijn woorden het meest geschikt om duidelijk een beperkte of lineaire verscheidenheid te beschrijven.

Afbeelding 5 – Non-lineaire leegte

Het is moeilijk om woorden te gebruiken om dat deel van de werkelijkheid te beschrijven dat achter onze wereld van vorm zit. Het gevolg is dat de meesters er weinig over hebben verteld, maar zij hebben het wel een naam gegeven: het 'Al-zijn'. De lineaire geest, het lineaire verstand, wil ogenblikkelijk vragen waar die wereld vandaan komt, wanneer die werd geschapen, wie hem heeft geschapen en waarom. Maar die vragen hebben alleen maar betekenis in een wereld met verschillende vormen, want alleen in die wereld kun je een lineaire tijdlijn maken. Het Al-zijn is er altijd al geweest en dus is er geen begin en geen einde. Het is een non-lineaire wereld en zodoende heel moeilijk te begrijpen voor wezens in een lineaire wereld.

Het is belangrijk om te weten dat er in het Al-zijn geen aparte vormen kunnen bestaan. Dus in het Al-zijn is het niet mogelijk om te doen wat wij nu doen, namelijk beginnen met een beperkt gevoel van gewaarzijn en dan naar een grotere bewustzijnsstaat toe groeien. Dus het wezen dat onze wereld van vorm heeft geschapen, koos ervoor om een wereld te scheppen als manier om zelf te groeien en als manier om ons te laten groeien. Om dat te doen, moest onze Schepper eerst een sfeer scheppen die enigszins andere eigenschappen had dan het Al-zijn.

Hoe onze wereld werd geschapen

Elke specifieke wereld van vorm wordt geschapen door een individueel wezen dat het bewustzijnsniveau van een Schepper heeft. Een Schepper begint aan het proces om een wereld van vorm te scheppen door zichzelf buiten het Al-zijn te plaatsen. Omdat wij lineaire woorden en concepten moeten gebruiken, zouden wij kunnen zeggen dat de Schepper een sferische (bolvormige) grens om zichzelf heen trekt. Hij schept een sfeer die binnen het Al-zijn bestaat, maar niet hetzelfde vibratieniveau als het Al-zijn heeft. Deze staat apart van het geheel.

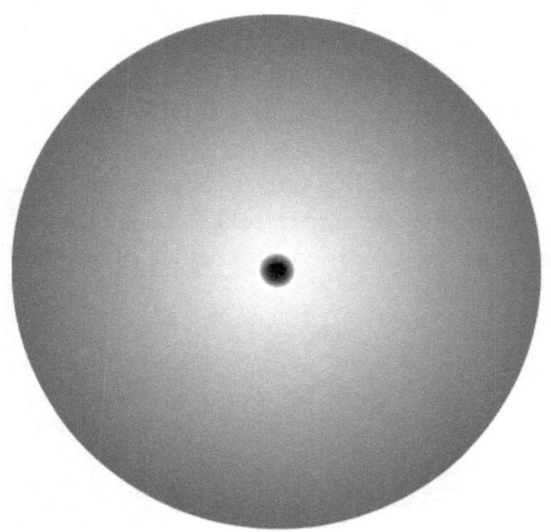

Afbeelding 6 – Eenpuntigheid

De volgende stap is dat de Schepper zich uit de ruimte binnen deze begrenzing terugtrekt. De Schepper trekt zich zover terug totdat hij één enkele stip, één punt, vormt en de rest van de sfeer wordt een leegte. Opnieuw, in lineaire woorden zouden wij kunnen zeggen dat het Al-zijn wordt gevuld met een heel hoge vorm van energie die het onmogelijk maakt om scheidingen aan te brengen of de indruk te wekken dat iets van het Al-zijn apart staat. Om een wereld van schijnbaar gescheiden vormen te scheppen, moet de Schepper eerst een leegte vormen waarin zich geen energie en vormen bevinden. Het is leegte.

De volgende stap is dat de Schepper de basisenergie schept die wordt gebruikt om de vormwereld te scheppen. De meesters noemen dit het Ma-terlicht of het Moederlicht. De reden om daaraan een naam te geven die vrouwelijk klinkt, is dat de Schepper twee aparte krachten of elementen moet maken om een wereld van gescheiden vormen te scheppen.

Om iets te scheppen, moet er een naar buiten gaande of expansieve vorm zijn. Die gebruikt de Schepper om iets vanuit de eenpuntigheid, dat ene punt, in het centrum van de leegte te projecteren. Maar als die naar buiten gaande kracht niet in evenwicht was met een samentrekkende kracht, zou er geen enkele vorm kunnen worden geschapen of in stand kunnen blijven.

Afbeelding 7 – De eerste sfeer in de leegte

Om dat te begrijpen, moet je naar het concept van de Big Bang kijken. De wetenschappers zeggen dat het scheppen van het materiële universum begon toen alle energie tot één punt werd samengetrokken en vervolgens in een gigantische explosie werd ontladen. Maar zoals gezegd, is een explosie

4 | Hoe de wereld van vorm werd geschapen

een naar uitgaande kracht die tot expansie leidt zonder dat er georganiseerde structuren worden gevormd. Dus het model van de Big Bang klopt alleen maar als er een samentrekkende kracht is die de expansieve kracht in evenwicht houdt. Alleen door de expansie in evenwicht te houden, kan er een specifieke vorm worden geschapen en uiteindelijk gehandhaafd.

De meesters zeggen dat de Schepper een verlengstuk van zijn eigen Wezen afbakende, namelijk de kosmische basisenergie die zou worden gebruikt als bouwmateriaal voor de wereld van vorm. Dit vormde de allereerste polariteit, namelijk de polariteit tussen de Schepper, die het manlijke, expansieve element vertegenwoordigde, en het Ma-terlicht dat het vrouwelijke, samentrekkende element vertegenwoordigde. Dit lijkt enigszins op het concept dat je in een aantal religies terugziet, zoals de taoïstische concepten Yin en Yang.

Een andere manier is dat je zegt dat de uitgaande energie bewustzijn voorstelt. Een van zichzelf bewust wezen kan een mentaal beeld formuleren van de vorm die hij wil scheppen. Vervolgens kan hij dit mentale beeld over het Ma-terlicht heen leggen, of erop projecteren, dat dan de matrix van de gevisualiseerde vorm aanneemt. Dus wij zouden kunnen zeggen dat het actieve element van scheppen, bewustzijn is, dat ervoor zorgt dat het passieve element, energie, specifieke vormen aanneemt.

Nadat de Schepper het Ma-terlicht had afgebakend, projecteerde hij het Ma-terlicht buiten de eenpuntigheid en schiep de eerste sfeer in de leegte. De leegte was leeg, maar de eerste sfeer bevatte energie die vibreerde binnen een bepaald spectrum van vibraties.

De schepping van wezens die zich van zichzelf gewaar zijn

Nadat de Schepper die eerste sfeer had geschapen, stelde hij bepaalde structuren binnen die sfeer vast. Hij deed dat door zich in zijn geest een beeld te vormen en dat op het Ma-terlicht te projecteren, of eroverheen te leggen. Om een ruwe schets hiervan te geven: we zouden dit kunnen vergelijken met een filmscherm. Van zichzelf heeft dat geen beeld, maar het is in staat om elk beeld dat erop wordt geprojecteerd, te reflecteren.

De volgende stap was dat de Schepper een aantal van zichzelf gewaar zijnde wezens schiep en die naar de eerste sfeer zond, ofwel hen daar op projecteerde. Die wezens werden uit het Wezen van de Schepper zelf gevormd, daarom konden zij zich van zichzelf bewust zijn. Maar hun zelfbewustzijn was niet het alomtegenwoordige bewustzijn van de Schepper; het was een lokaal zelfbewustzijn. Die eerste wezens beschouwden zichzelf als een individueel wezen. Dit gaf hen de kans om aan te vangen met een lokaal zelfbewustzijn en dat geleidelijk aan uit te breiden tot het niveau van de Schepper, maar toch een individueel wezen blijven. De bedoeling van de Schepper met het scheppen van een wereld van vorm is meer Scheppers te scheppen, waardoor de Schepper zelf ook groeit.

De eerste wezens vingen aan met een lokaal zelfgevoel en richtten zich op de omgeving waarin zij leefden, een omgeving die de Schepper voor hen had geschapen. Het zou tamelijk angstaanjagend zijn om als nieuw wezen in de leegte te moeten beginnen. Hoe zou een pas geschapen wezen in staat zijn om zelf structuren te visualiseren en die zelf te scheppen? Dus een nieuw wezen begint in een van te voren afgebakende omgeving en leert dan geleidelijk wat zijn creatieve vaardigheden binnen die omgeving zijn. Omdat het wezen zich steeds bewuster wordt van de creatieve vaardigheden die hij heeft, kan hij zelfs die omgeving naar eigen goeddunken beginnen te veranderen. Dit principe geldt voor alle van zichzelf bewuste wezens in een wereld van vorm, inclusief wij zelf. Alle wezens beginnen met een lokaal zelfgevoel in een van tevoren afgebakende omgeving. Door op die omgeving te reageren, leren zij geleidelijk aan iets over hun creatieve talenten. Alle van zichzelf bewuste wezens hebben dezelfde creatieve basistalenten als de Schepper – maar niet in dezelfde mate. Zij hebben het vermogen om een mentaal beeld te formuleren en dat beeld vervolgens op het Ma-terlicht te projecteren en deze projectie zorgt ervoor dat het licht de letterlijke of fysieke vorm van het beeld aanneemt.

Alle van zichzelf bewuste wezens hebben totaal vrije wil. Dit betekent dat zij het vermogen hebben om elk mentaal beeld te formuleren dat zij zich maar kunnen verbeelden. Zij hebben ook het vermogen en het recht om elk beeld dat zij maar kunnen bedenken op het Ma-terlicht te projecteren. Omdat wezens echter in een bepaalde omgeving leven, ervaren zij onvermijdelijk de beelden – als hun fysieke omgeving – die zij op het Ma-terlicht projecteren. Juist door het formuleren van beelden, beslissingen te nemen over welke beelden zij op het Ma-terlicht willen projecteren, en daarna de consequenties van dit proces te ervaren, groeien zij in zelfbewustzijn.

Hoe de sferen elkaar opvolgen

Laten we naar de eerste sfeer terugkeren. De wezens in die sfeer begonnen hun creatieve vaardigheden te onderzoeken en kregen geleidelijk aan meesterschap over hun omgeving en begonnen hun eigen omgeving af te bakenen. Maar terwijl zij dit deden, onderzochten zij ook hun aangeboren gevoel dat zij een verlengstuk waren van een groter Wezen. Toen zij zich bewuster werden van hun band met de Schepper, begonnen zij een gevoel van een-zijn met de Schepper op te bouwen.

Omdat elk individueel wezen dit één met de Schepper werd, werd hij zich ervan bewust dat: "Als de Schepper mijn bron is, dan moeten alle andere wezens in mijn sfeer ook uit diezelfde bron voortkomen." Daardoor werd het verticale een-zijn ook horizontaal een-zijn en de wezens in de eerste sfeer begonnen zich één met elkaar te voelen, terwijl ze wel hun eigen individualiteit behielden (in feite kregen zij hun ware individualiteit terug, namelijk dat zij ervoeren dat zij onderdeel van een groter geheel waren).

Toen de wezens in die eerste sfeer dit een-zijn bereikten, waren zij in staat om de energie te accelereren die was gebruikt om de eerste sfeer te construeren (de vibratie te verhogen). In dit proces ascendeerde de hele sfeer naar een hogere staat, waardoor het duidelijk werd dat de sfeer uit het Wezen van de Schepper was geschapen. Toen was het niet meer mogelijk om zichzelf als een apart wezen of van anderen gescheiden te zien, hoewel zij zich nog wel als een individueel wezen beschouwden. Maar het was niet meer mogelijk te geloven dat de eerste sfeer uit een substantie werd gemaakt die van de Schepper gescheiden was of op zichzelf bestond. Die eerste sfeer was toen een permanent onderdeel geworden van wat wij, vanuit ons perspectief, het spirituele rijk noemen.

Nadat de wezens in de eerste sfeer ervoor hadden gezorgd dat hun sfeer ascendeerde, hadden zij een bepaald niveau van meesterschap verworven. Zij hadden niet hetzelfde niveau als de Schepper, maar zij waren veel verder opgeklommen dan het niveau waarop zij waren begonnen. Om die wezens de kans te geven hun meesterschap uit te breiden, bakende de Schepper daarna een tweede sfeer af in die leegte.

4 | Hoe de wereld van vorm werd geschapen

Maar in plaats van structuren in de tweede sfeer aan te brengen, liet de Schepper meteen de geascendeerde meesters de structuren in die tweede sfeer scheppen. En in plaats van verlengstukken van zichzelf naar de tweede sfeer te zenden, liet de Schepper de meesters uit de eerste sfeer verlengstukken van zichzelf scheppen en die naar de omgeving zenden die zij in de tweede sfeer hadden geschapen. Zo werden de meesters in de eerste sfeer de 'goden' of spirituele ouders van de wezens in de tweede sfeer.

Dit proces van een nieuwe sfeer scheppen wanneer de vorige sfeer was geascendeerd, werd voortgezet. De meesters zeggen dat het materiële universum zich in de zevende van die sferen bevindt. Het is belangrijk om te begrijpen dat elke keer dat er een nieuwe sfeer wordt afgebakend, de basisenergie voor die sfeer dichter is dan die van de vorige. Dit betekent dat de energie het voor de wezens in die sfeer aannemelijker maakt dat die sfeer van de Schepper is gescheiden en op zichzelf bestaat. Dit verklaart waarom het momenteel mogelijk is te geloven in de twee klassieke illusies die de mensheid kent:

- De traditionele religie die zegt dat er een God is, maar een God die ver van ons vandaan in de lucht is. De materiële wereld wordt van Gods koninkrijk gescheiden door een barrière en die kunnen wij alleen maar nemen met behulp van een of ander vreemd element dat de religies op de wereld in handen hebben.

- Het materialisme dat zegt dat God niet bestaat en dat de materie op zichzelf kan bestaan; dat betekent dat het niets anders dan zichzelf nodig heeft om te kunnen bestaan. Dus het materiële universum werd niet geschapen door een intelligent wezen volgens een van te voren bedacht plan. Dit ontstond uit een geheel materialistisch proces, gestuurd door toevallige gebeurtenissen en een paar natuurwetten die niemand had bedacht.

Beide illusies zijn opgebouwd uit de grotere illusie die door de beperkte reikwijdte van onze fysieke zintuigen worden gewekt. Wij kunnen slechts de vibraties binnen het spectrum dat de materie vormt, waarnemen. Wij kunnen niet rechtstreeks zien dat de materie deel uitmaakt van een groter continuüm van vibraties waardoor het geloofwaardig lijkt dat de materie al bestond, dat materie op zichzelf bestaat, of dat materie van de Geest is afgescheiden. Het pad van de mysticus is een proces van ons bewustzijn verhogen, totdat wij directe, mystieke ervaringen krijgen die de geloofwaardigheid van die oorspronkelijke menselijke illusie vernietigen.

De spirituele stralen introduceren

We hebben al gezien dat wij op de formule van Einstein een simpele wiskundige formule kunnen toepassen waardoor wij de volgende nieuwe formule krijgen:

$$\frac{E}{c^2} = m$$

Zoals gezegd, toont deze formule ons dat het materiële universum werd geschapen uit energie van een hogere vibratie en die energie werd toen met een bepaalde factor verlaagd. Maar wat Einstein c^2 noemde, was slechts de laatste van diverse reductiefactoren.

De geascendeerde meesters leren dat de sfeer waarin wij leven van spiritueel licht wordt gemaakt dat in totaal zeven

4 | Hoe de wereld van vorm werd geschapen

keer in vibratie is verlaagd. Die zeven reductiefactoren kunnen ook worden beschreven als zeven types spirituele energie die het materiële frequentiespectrum vormen.

Die zeven types energie noemen de geascendeerde meesters de zeven stralen. De meesters leren dat alles in het materiële universum wordt gemaakt van een combinatie van die zeven types energie. Planeet Aarde werd bijvoorbeeld geschapen door zeven spirituele wezens die de Elohim heten. Die wezens kwamen bij elkaar in het spirituele rijk en hebben hun creatieve vaardigheden gecombineerd om een mentale blauwdruk voor onze planeet te maken. Toen die blauwdruk eenmaal vaststond, begonnen zij met het proces om geleidelijk aan van die blauwdruk een afdruk te maken op het Ma-terlicht. En de energie en de eigenschappen van de zeven stralen waren de stuwende kracht bij dit proces. Dit gebeurde gedeeltelijk met de kracht van het geluid, waarbij de Elohim bepaalde geluiden gebruikten om ritmische vibraties te scheppen die ervoor zorgden dat de energie de vorm van hun blauwdruk aannam. (In het begin was het Woord, en het Woord was bij God en het Woord was God.)

Hoewel dit als een lineair proces kan klinken, was het in werkelijkheid veel complexer. Voor ons is echter van belang dat je van de zeven stralen kunt zeggen dat die vibraties in zeven lagen vormden die de energie van de materiële wereld van het spirituele rijk 'scheidt'. Dus wanneer wij een poging doen om naar de spirituele wereld te kijken, lijkt het of zeven sluiers ons ervan weerhouden om een duidelijk beeld van de spirituele wereld te krijgen – wij kijken door zeven ruiten met gekleurd glas. Zolang ons bewustzijn wordt beïnvloed door de illusie van gescheidenheid, kunnen wij niet door de energie van de zeven stralen heen kijken, wat inhoudt dat wij niet een duidelijk beeld van het spirituele rijk kunnen krijgen. Wij zien alleen maar de gekleurde glasstukjes in de caleidoscoop van het Zelf.

Dit betekent dat het pad om ons bewustzijn te verhogen tot meesterschap over het Zelf, het proces is om ons via de zeven stralen op te werken, te beginnen bij de eerste straal en te eindigen bij de zevende.

Nadat wij voor de initiaties van de straal zijn geslaagd, stemmen wij onze geest feitelijk af op de eerste straal en worden wij één met de vibratie ervan (of we zouden ook kunnen zeggen dat onze geest synchroon loopt met de eerste straal). Tijdens die afstemming houdt die straal geleidelijk aan op een sluier te zijn die ons zicht verduistert. In plaats daarvan kunnen wij door de energie van de eerste straal heen zien en een duidelijker beeld krijgen van de spirituele kant van het leven. Wij worden ook de open deur voor de energie van de eerste straal, zodat die door het Zelf heen kan stromen. Dit betekent dat wij de kracht van het Zelf versterken.

Dit proces kan zich zo door alle zeven stralen heen voortzetten tot wij het onderliggende bewustzijn beginnen te begrijpen dat achter alle zichtbare fenomenen verborgen zit. Wij kunnen dan door die sluiers heen zien en dan zien wij het een-zijn dat schuil gaat achter die diversiteit. Dit noemen de meesters het Christusbewustzijn. Dit proces geeft ons geleidelijk aan compleet meesterschap over het materiële rijk. Dit houdt in dat wij inderdaad alles kunnen wat Jezus ook deed. Wij kunnen zuiverder beelden vormen en die over het Ma-terlicht heen leggen, waardoor wij de onzuivere beelden kunnen tenietdoen die wij momenteel als beperkingen op aarde zien uitgebeeld, zoals ziekten en beperkte natuurlijke bronnen.

Het pad van initiatie in de zeven stralen wordt geleid door specifieke geascendeerde meesters, die Chohans heten. Een Chohan is een meester die de 'hoofdmeester' is van een specifieke straal. Wij zullen later de stralen en het pad van initiatie, het Pad van de Zeven Sluiers, nader bekijken.

De vier niveaus van de wereld

Om een beter fundament te kunnen leggen voor de komende hoofdstukken, voegen wij er nog één laag van complexiteit eraan toe. Zoals is uitgelegd, wordt een nieuwe sfeer gemaakt van energie op een bepaald vibratieniveau. Omdat de van zichzelf bewuste wezens die de sfeer bewonen, hun bewustzijn verhogen, verhogen zij ook de vibratie van hun sfeer tot die ascendeert en onderdeel wordt van het spirituele rijk.

Met andere woorden, wanneer een sfeer wordt geschapen, wordt de energie waarmee die begint, vastgesteld. Dit is de laagste of meest dichte energie die je in deze sfeer vindt. Zoals ook is gezegd, is de basisenergie in elke nieuwe sfeer dichter dan die van de vorige. Dit betekent dat er tussen de basisenergie van onze sfeer en de energie van het spirituele rijk een tamelijk grote kloof bestaat.

Het is eenvoudig niet mogelijk om energie rechtstreeks te verlagen van het niveau van vibratie van het spirituele rijk naar het niveau van vibratie van onze basisenergie. Zelfs als dit al mogelijk was, bestond er bovendien geen enkele manier waarop wezens uit het materiële rijk ooit naar het spirituele rijk konden ascenderen, als zij zo'n enorme kloof in vibratie moeten overbruggen. Daarom wordt het proces om energie in vibratie te verlagen in vier fases uitgevoerd. Dit betekent dat er vier indelingen in het materiële universum zijn, die soms octaven worden genoemd. Laten we een ruwe schets geven van de vier niveaus door ze te vergelijken met de constructie van een gebouw.

DE VIER NIVEAUS VAN HET MATERIËLE UNIVERSUM	
1. Het etherische of identiteitsniveau	Dit is het hoogste niveau waarop je de mentale blauwdrukken vindt voor alle vormen in de materiële sfeer. Je kunt dit vergelijken met het niveau van de architect die een beeld heeft van het globale ontwerp van een gebouw.
2. Het mentale niveau	Hier zie je concretere plannen voor hoe je eigenlijk iets kunt manifesteren. Dit komt overeen met het niveau van ingenieurs die concretere en gedetailleerde plannen maken voor hoe je het gebouw eigenlijk moet construeren.
3. Het emotionele niveau	Hier vind je de plannen voor de financiële steun en de eigenaren van het gebouw. Zij besluiten in feite of ze met het bouwproces beginnen en zetten alles in werking.
4. Het fysieke niveau	Hier vind je de werkplannen voor het feitelijke, fysieke werk om het gebouw te construeren.

De korte verklaring is dat de vier niveaus van het materiële rijk corresponderen met de vier niveaus van jouw geest: het identiteitsniveau, het mentale niveau, het emotionele niveau en het fysieke niveau. Om de volledige kracht van het Zelf te

4 | Hoe de wereld van vorm werd geschapen

ontsluiten, moet jij die vier niveaus van je geest zuiveren van de elementen die voorkomen dat spiritueel licht vrij door jouw geest heen kan stromen. Ik zal je later beschrijven hoe je dat doet.

Wij zijn een verlengstuk van de meesters

Wij zijn bestemd om medeschepper te zijn. Onze wereld werd door de geascendeerde meesters geschapen die in het spirituele rijk verblijven dat direct boven ons ligt. Wij zijn een verlengstuk van die meesters en wij zijn hiernaartoe gezonden om onze wereld van binnenuit mede te scheppen en die op den duur zo te verheffen dat ze een onderdeel wordt van het spirituele rijk. Dus, onze geest heeft het vermogen om die missie te volbrengen.

Wij scheppen mede door de basisenergie te gebruiken die deze zeven stralen vertegenwoordigen. Je zou kunnen zeggen dat het pad dat de geascendeerde meesters hebben uitgezet, bestaat uit het weghalen van de sluier die elke straal vormt. Hoe verder wij het pad beklimmen, hoe meer meesterschap wij over de ene na de andere straal verwerven. Wij leren de creatieve energie te gebruiken en wij stemmen onze geest af op die straal. Wanneer wij alle zeven stralen hebben doorlopen, hebben wij de volledige kracht van het Zelf ontsloten.

Het beeld wordt gecompliceerd door de enorme kloof in vibratie tussen het spirituele en materiële rijk. Zodoende vond het proces om spirituele energie te verlagen naar het materiële niveau in vier stappen plaats. Het gevolg is dat wij lagen in onze geest hebben die met die vier niveaus corresponderen: de identiteit, de gedachten, de emoties en het fysieke. Voor de meeste mensen vallen de hogere niveaus van de geest buiten hun bewustzijn. In de onderbewuste lagen hebben wij de blokkades verzameld die onze creatieve talenten verduisteren – de glasstukjes in de caleidoscoop van het Zelf.

Terwijl wij het pad van de zeven stralen bewandelen, ruimen wij de blokkades in de vier lagen van onze geest op. Daardoor is het bewandelen van het pad van de geascendeerde meesters een tweeledig proces: het opruimen van de blokkades in de vier lagen van de geest en meesterschap verwerven over de zeven stralen. Wanneer wij dit proces voltooien, ontsluiten wij de natuurlijke kracht van het Zelf. Wij kunnen dan voldoen aan de reden voor onze komst naar deze wereld, namelijk een wereld mede te scheppen die veel mooier is dan wij momenteel op aarde zien.

5 | FUNDAMENTELE VRAGEN OVER HET ZELF

Als jij openstaat voor dit boek, ben je iemand die men meestal een spirituele zoeker noemt. Ik herinner mij hoe ik zelfs als klein kind altijd antwoorden wilde op de grote levensvragen. Ik wilde weten hoe de wereld echt in elkaar zit en ik wilde weten waarom ik hier ben. Ik kon gewoon niet leven zonder antwoorden op die vragen te krijgen, dus ik bleef zoeken tot ik de leringen van de geascendeerde meesters vond – en ik sta nog steeds open voor verdiepende antwoorden. Jij hebt waarschijnlijk je eigen reis gemaakt die je op dit punt heeft gebracht.

In dit hoofdstuk gaan we kijken hoe de leringen van de geascendeerde meesters antwoorden kunnen geven op grote levensvragen, die men vaak fundamentele vraagstukken noemt. Ik zeg niet dat dit de uiteindelijke antwoorden zijn, omdat er in de komende hoofdstukken nog diepere lagen worden onthuld en nuanceringen aangebracht. Maar wij kunnen wel antwoorden aandragen die verder gaan dan de meeste religies en spirituele leringen.

Wie ben ik? Wat is het zelf?

Zoals wij hebben gezien, heeft de wetenschap ontdekt dat energie een diepere laag van de werkelijkheid is dan materie. Sterrenstelsels en broodroosters worden beide van atomen gemaakt. Maar sterrenstelsels en broodroosters produceren geen atomen; de atomen produceren sterrenstelsels en broodroosters. Atomen worden gemaakt van elementaire deeltjes en die worden van energiegolven gemaakt. Met andere woorden, materie produceert geen energie, energie produceert materie.

Wij weten allemaal dat ons brein van materie wordt gemaakt en onze gedachten worden vanzelfsprekend ook van energiegolven gemaakt. Daardoor is het helemaal niet logisch dat de grijze materie tussen onze oren bewustzijn kan produceren. Bewustzijn kun je bezien als een stroom die vanuit een hoger rijk de materiële wereld ingaat. Onze geest is – min of meer – de open deur voor deze bewustzijnsstroom. Het ligt voor de hand dat ons fysieke brein daadwerkelijk onze bewustzijnsstaat kan veranderen en het brein creëert iets wat wij gewoonlijk gedachten noemen. Het effect van het brein lijkt echter meer op de gekleurde filters die je voor toneellichten plaatst. Zij geven het witte licht niet; zij veranderen alleen maar de kleur ervan.

De geascendeerde meesters maken onderscheid tussen de geest of het bewustzijn en gedachten en gevoelens. De geest is het vat en de gedachten zijn de inhoud. Het brein kan inderdaad onze gedachten beïnvloeden, zelfs bepaalde gedachten produceren, maar het brein produceert geen bewustzijn. Jij bent niet jouw gedachten; jij bent jouw geest, jouw vat van zelf.

Dus je bent geen materieel wezen en jouw zelfbewustzijn is niet het product van de fysieke materie in jouw brein. Jij bent een niet-materieel wezen dat het lichaam en het brein gebruikt met twee bedoelingen, namelijk om de materiële wereld van binnenuit te ervaren en jouw creatieve vaardigheden op deze wereld tot uitdrukking te brengen.

Waar komt het zelf vandaan?

De geascendeerde meesters zeggen dat wij een spiritueel wezen zijn dat naar ons fysieke lichaam is afgedaald. Toch zijn wij geen aparte wezens, wij zijn een verlengstuk van een wezen in het spirituele rijk. De wezens daar hebben de materiële wereld en de basisstructuren van deze wereld geschapen. Maar zij hebben dat scheppen van buitenaf gedaan. Wij zijn hier vervolgens naartoe gezonden om het creatieve proces van binnenuit voort te zetten – wij zijn bestemd om medeschepper te zijn met onze spirituele ouders.

De identiteit die van jou een uniek individu maakt, is het verlengstuk van jouw hogere of spirituele Zelf dat wij in een later hoofdstuk beter gaan bekijken. Onze spirituele ouders zijn natuurlijk de nakomelingen of verlengstukken van spirituele wezens in een hogere sfeer en deze hiërarchische 'keten van zijn' voert helemaal terug tot de Schepper.

De geascendeerde meesters zeggen wat bepaalde mystici al duizenden jaren zeggen, namelijk dat er eigenlijk maar één Zelf is, namelijk het Zelf van de Schepper. Alles wordt uit dit ene Zelf of die ene geest geschapen en daardoor is niets echt gescheiden van die ene geest. Wij hebben een portie of een vonk van die ene geest gekregen. Wij bezitten het potentieel om dit gewaarzijn van ons zelf uit te breiden, terwijl wij onze individualiteit behouden, maar dat kan niet als gescheiden wezen. Dat kan alleen maar als wij inzien dat wij deel zijn van een groter geheel – de ene Geest.

Jij werd geschapen als een geïndividualiseerd verlengstuk van het Wezen van de Schepper. Jij werd geschapen met een lokaal, eenpuntig gevoel van zelfbewustzijn en het is de bedoeling dat jij dat zelfbewustzijn zó vergroot dat jij hetzelfde niveau krijgt als de Schepper die jou heeft geschapen. Op dat punt kun jij óf het Al-zijn binnengaan óf zelf een Schepper worden, die jouw eigen wereld van vorm schept. Dus dit geeft globaal weer waarom jij als individueel wezen met zelfbewustzijn bestaat.

Op een ander niveau kunnen wij nadenken over waarom jij hier op de materiële wereld bent en met welke bedoeling jij hier bent. Op dit niveau ben jij een verlengstuk van jouw spirituele Zelf. Jij werd geschapen om te dienen als medeschepper voor jouw spirituele Zelf en jouw spirituele ouders. Dus het was de bedoeling dat jij zou meehelpen om de vibratie in het materiële rijk te verhogen tot die hele sfeer kan ascenderen en een deel van het spirituele rijk wordt.

Maar de ware bedoeling is eigenlijk dat jij in zelfbewustzijn groeit. De materiële wereld is gewoon een omgeving die ontworpen is als theater of laboratorium, waarin van zichzelf bewuste wezens hun zelfgevoel kunnen vergroten. Onze spirituele ouders hebben een omgeving buiten hen afgebakend en het is de bedoeling dat wij die omgeving gebruiken om ons gewaarzijn van onze creatieve, of liever medescheppende, talenten te vermeerderen.

Dan kunnen wij geleidelijk aan meesterschap verwerven over onze omgeving, zodat wij het fundament kunnen verstevigen dat onze spirituele ouders hebben gelegd. Naargelang wij dit meesterschap verwerven, verwerven wij het meesterschap van geest over materie en wanneer dit proces klaar is, kunnen wij naar het spirituele rijk ascenderen en een geascendeerde meester worden. Vanaf dit punt kunnen wij kiezen of wij verder willen naar andere rijken om ons verder te ontplooien, of dat we bij de aarde blijven om te proberen de wezens die nog niet zijn geascendeerd, te helpen bij hun groeiproces.

Wat is mijn relatie tot god?

Zoals al duidelijk is gemaakt, zeggen de geascendeerde meesters dat er een God is, maar de God van de geascendeerde meesters verschilt nogal van het traditionele christelijke beeld van God. De Schepper lijkt totaal niet op de boze oordelende en ver van ons verwijderde God die ons naar de hel stuurt, als wij het hem niet naar de zin maken. Hoewel de geascendeerde meesters maar zelden over het Oude Testament spreken, zeggen zij wel dat de eerste twee geboden een belangrijke aanwijzing zijn om een beter beeld van God te krijgen.

Het eerste gebod is: "Gij zult geen andere goden voor mijn aangezicht hebben." Dit betekent dat wij nooit een door mensen gemaakte 'god' (of religie) tussen ons en onze directe mystieke ervaring van de hoogste God moeten laten komen. Het tweede gebod sluit hierop aan en dat is: "Gij zult u geen gesneden beeld maken." De meesters zeggen dat dit niet alleen betrekking heeft op een afgodsbeeld van hout, steen of goud. De betekenis is eigenlijk: geen enkel denkbeeld dat aan God een vorm toeschrijft. Volgens de geascendeerde meesters is de Schepper de bron van alle vormen, maar de Schepper zelf staat geheel boven de vorm.

Wij menselijke wezens hebben de neiging om iets wat wij kunnen waarnemen in de fysieke wereld, te gebruiken om te gissen wat er in de onzichtbare wereld is. Waar het God betreft, is dit helemaal niet constructief. Er bestaat letterlijk niets – niet 'íets' – in de wereld van vorm dat de Schepper die boven de vorm staat, nauwkeurig kan beschrijven. Maar als wij onze geest op een specifiek denkbeeld van God fixeren, blokkeert onze geest ons om een mystieke ervaring van de ware Schepper te krijgen. De aard van een mystieke ervaring is dat die ons uit ons huidige mentale kader haalt. Dus als wij erop staan om een mystieke ervaring te krijgen die aan onze beelden en overtuigingen in ons mentale kader voldoet, kan onze geest niet vrij zijn om een ervaring te krijgen die buiten dit kader valt.

Het is heel goed mogelijk om als menselijk wezen een ervaring van het Wezen van de Schepper te krijgen. Maar als iemand zo'n ervaring heeft gehad, wordt het wel duidelijk dat het totaal geen zin heeft om de Schepper in de woorden of beelden van deze wereld te beschrijven.

Wat is jouw relatie tot de Schepper? Nu, jij bent een verlengstuk van de Schepper en daardoor maak jij deel uit van het totale Wezen van de Schepper. Dit houdt in dat de ware Schepper jou niet oordeelt. De Schepper heeft jou een deel van zijn eigen Wezen geschonken en daarna heeft hij jou de complete en totale vrije wil gegeven om met dat deel te doen wat jij maar wilt. Een oordelende en beperkende God die jou aan banden legt, zou je nooit die vrijheid geven. Dus de ware God is een God die jou liefheeft met een liefde die de voorwaardelijke liefde die de meesten van ons hier op aarde kennen, totaal overtreft. En klinkt het niet logisch dat de Schepper die boven alle vormen staat, jou liefheeft met een liefde die alle voorwaarden overstijgt?

Waar ga ik heen; wat gebeurt er na de dood?

Deze vraag kan, opnieuw, op meerdere niveaus worden beantwoord. Op globaal niveau ben jij een Schepper in de maak.

5 | Fundamentele vragen over het zelf

Daardoor ben jij met een proces bezig om jouw zelfbewustzijn uit te breiden tot je het niveau van de Schepper bereikt.

Op direct niveau is het echter jouw taak om meesterschap in een omgeving als het materiële universum, in het bijzonder op planeet Aarde, te bereiken. Als jij dat meesterschap eenmaal hebt, kun je naar het spirituele rijk ascenderen en een geascendeerde meester worden. Dus jouw zorg is eerder hoe jij meester wordt over jouw medescheppende vermogens en hoe jij je voor jouw ascensie kwalificeert. Dit zullen wij in komende hoofdstukken verder toelichten.

Wat houdt het eigenlijk in dat jij meester over jouw omgeving bent? De geascendeerde meesters zeggen dat Jezus en veel andere geascendeerde meesters het potentieel kwamen demonstreren dat wij allemaal hebben. De zogenaamde wonderen van Jezus waren helemaal geen wonderen. Dat waren demonstraties van de beheersing van de geest over de materie die wij allemaal kunnen verwerven, wanneer wij voor het pad naar de ascensie kiezen. Daarom heeft Jezus gezegd dat degenen die in hem geloven, de werken zullen doen die hij heeft gedaan, en zelfs nog grotere.

Op grond hiervan kunnen de meeste van ons waarschijnlijk wel, kijkend naar ons eigen leven, zeggen: "Nu, daar ben ik nog niet." En daaruit vloeit de vraag voort wat er met ons gebeurt wanneer ons fysieke lichaam is gestorven. De geascendeerde meesters zeggen dat wij natuurlijk niet sterven als ons fysieke lichaam sterft. Wij, als van onszelf bewuste wezens, overleven de dood inderdaad en gaan naar een ander rijk. Dit leidt tot de vraag: "Wat gebeurt er dan als jij niet aan de ascensie toe bent, wanneer jouw fysieke lichaam sterft?"

Het antwoord van de geascendeerde meesters is dat je de kans krijgt om terug te keren naar een ander fysiek lichaam en dit proces gaat net zolang door als nodig is om je voor jouw ascensie te kwalificeren. Dit is natuurlijk het proces dat algemeen bekend staat als reïncarnatie.

De meesters zeggen dat de aarde, toen deze net was geschapen, in een hogere en zuiverder staat was dan tegenwoordig. De eerste golf van wezens die hier is geïncarneerd, daalde af met een hogere bewustzijnsstaat dan men tegenwoordig als 'normaal' beschouwt. Het gevolg was dat zij slechts één leven nodig hadden om voor hun ascensie in aanmerking te komen.

Nadat de meerderheid van de mensen op aarde naar de lagere bewustzijnsstaat van tegenwoordig was afgedaald, werden er veel onevenwichtigheden in het leven geroepen en het gevolg was dat het onmogelijk werd om in de oorspronkelijke levensspanne een fysiek lichaam in stand te houden. Hierdoor, en vanwege het feit dat de lagere bewustzijnsstaat het moeilijker maakt om je voor de ascensie te kwalificeren, konden de meeste wezens niet meer in één leven ascenderen. Daardoor werd reïncarnatie noodzaak.

Waarom reïncarnatie belangrijk is

Een van de redenen waarom reïncarnatie belangrijk is, is dat het bepaalde vraagstukken verklaart die je anders maar moeilijk kunt hanteren. De meeste mensen die in spiritualiteit zijn geïnteresseerd, zijn zich er waarschijnlijk wel van bewust dat de menselijke psyche heel complex is, maar hoe is die complexiteit ontstaan?

Volgens de filosofie van het materialisme kon er niets voor het fysieke lichaam bestaan, dus de verklaring die het meest voorkomt, is dat onze psyche een combinatie is van geërfde karaktereigenschappen en omgevingsinvloeden. Maar hoe verklaart dit dat bepaalde mensen een veel complexere psyche hebben dan andere, en dat sommige mensen veel slechter zijn dan anderen?

Kijk bijvoorbeeld eens naar de slechtste mensen in de geschiedenis. Veel van hen hadden geen slechte ouders en geen buitengewone, traumatische ervaringen in hun jeugd. De verklaring die voor de hand ligt, is dat zulke mensen reïncarnaties zijn van oudere wezens die in vele vorige levens psychische problemen hebben ontwikkeld. Dit verklaart ook waarom iemand die aan zijn eigen psychische problemen begint te werken, veelomvattende, complexe patronen met emotionele lading in vele lagen in zijn onderbewuste blootlegt.

Het is veel gemakkelijker voor oprecht spirituele zoekers om het pad naar een hogere bewustzijnsstaat te bewandelen, als je toegeeft dat wij heel complexe wezens zijn, omdat wij ons in vele levens zo hebben ontwikkeld. Dus kunnen wij niet verwachten dat je op het pad vooruit gaat zonder die vele lagen van de psyche op te ruimen. En dit zorgt ervoor dat het veel gemakkelijker wordt om een realistische benadering van het pad voor de lange termijn te ontwikkelen in plaats van te vallen voor de vele kant en klare benaderingen in de spirituele supermarkt. Wij zullen hier later op terugkomen, wanneer wij het pad beter bekijken, maar het is belangrijk om je van reïncarnatie bewust te zijn, wanneer wij de praktische aspecten van het pad gaan bestuderen.

6 | HOE JIJ JE STEVIG OP HET PAD VERANKERT

Zoals ik al zei, waren veel geascendeerde meesters ooit, net als wij op aarde geïncarneerd, dus zij weten dat dit een moeilijke planeet is met een tamelijk dicht massabewustzijn. Hoewel zij zich erop toeleggen om iedereen op aarde te helpen, weten de meesters dat er heel veel verschillende bewustzijnsniveaus zijn, waardoor zij niet iedereen op dezelfde manier kunnen benaderen. In feite weten de meesters dat zij veel mensen eenvoudig niet rechtstreeks kunnen helpen.

Als je naar de mensheid kijkt, is het niet moeilijk om te zien dat sommige mensen een geestesgesteldheid hebben van zich slachtoffer voelen, en het gevoel hebben dat zij altijd tegen iemand anders moeten strijden. Die mensen staan niet open voor de geascendeerde meesters en hun leringen, dus zij moeten simpelweg leren door te begrijpen dat de kosmische spiegel naar hen terugzendt wat zij wegsturen. Dit noemen de meesters "De Harde Leerschool".

Je ziet ook veel mensen die openstaan voor een religieuze lering, maar die niet toe zijn aan wat ik de mystieke benadering noem. De meesters kunnen die mensen helpen door hen een lering in de buitenwereld te geven, maar in de meeste gevallen maken zulke mensen er een formele, kortzichtige religie van die ver naast het ware pad van zelftranscendentie zit. Zo'n religie doet meestal de belofte dat je kunt worden gered als je aan bepaalde eisen in de buitenwereld voldoet, zoals lid zijn van een bepaalde kerk of verklaren dat Jezus jouw verlosser is. Maar pas als de mensen genoeg krijgen van die religie in de buitenwereld en iets meer willen, kunnen de meesters hen op een directere manier helpen.

Het is niet de bedoeling om een elitair waardeoordeel te geven door te zeggen dat sommige mensen verder gevorderd zijn dan andere. Maar je moet wel erkennen dat sommige mensen toe zijn aan een directe relatie met de geascendeerde meesters en andere nog niet. Wat is de scheidslijn? Je moet op het punt gekomen zijn dat je één simpele waarheid wilt toegeven: "Als ik mijn omstandigheden wil veranderen, moet ik beginnen de omstandigheden in mijn eigen innerlijk te veranderen. Als ik de wereld wil veranderen, moet ik eerst mezelf veranderen."

Om zover te komen, moet je de verantwoordelijkheid nemen voor jouw eigen spirituele groei, zelfs jouw eigen verlossing. Je moet de waarheid erkennen die Jezus in feite heeft uitgelegd, maar die de meeste christenen 'over het hoofd hebben gezien'. Zoals we zagen, is het mystieke pad een proces van de illusie overwinnen dat jij van je bron gescheiden bent. Dit is het proces waarin je één wordt met iets wat groter is dan jij. En de sleutel om dat proces af te maken, is jouw zelfgevoel veranderen, jouw bewustzijnsstaat veranderen. Jij moet het zelf transcenderen dat zichzelf als een apart wezen beschouwt en je moet herboren worden als een Zelf dat zichzelf als een verlengstuk van een groter wezen beschouwt.

6 | *Hoe jij je stevig op het pad verankert*

Het komt erop neer dat jouw omstandigheden hier op aarde een reflectie zijn van jouw bewustzijnsstaat. De sleutel om jouw omstandigheden te veranderen, is dat je jouw bewustzijnsstaat verandert. De sleutel om de uitgang te vinden uit de menselijke doolhof en van de aarde te ascenderen, is dat jij je bewustzijnsstaat verandert. Als je eenmaal zover bent, ben jij toe aan een directere manier van les krijgen van de geascendeerde meesters. Als jij niet op dat punt was, zou je dit boek waarschijnlijk niet gevonden hebben en jij zou er al helemaal niet in lezen. Dus laten we dit gewoon vaststellen en dan verder gaan met te zien hoe jij jezelf kunt verankeren op het pad dat de geascendeerde meesters bieden.

De eerste proefperiode

Zoals ik al zei, moet je om de geascendeerde meesters te kunnen vinden, bereid zijn om jezelf, jouw bewustzijnsstaat, te veranderen. Natuurlijk is de bereidwilligheid om te veranderen niet hetzelfde als al veranderd zijn. De geascendeerde meesters zijn leraren, dus zij eisen niet dat hun studenten perfect zijn; zij vragen ons of wij bereid zijn iets te leren. Dit is belangrijk, omdat wij al een bepaald niveau van volwassenheid hebben bereikt, wanneer de meesten van ons iets over de geascendeerde meesters horen, maar wij slepen nog wel veel bagage mee uit dit en vorige levens. Dus moeten wij door een proeftijd heen, waarin wij een poging doen om wat van die bagage te lozen.

Het is dus heel normaal dat je in het begin meerdere problemen moeten afhandelen. Bepaalde aspecten in de leringen van de geascendeerde meesters kunnen we misschien maar moeilijk accepteren, bepaalde aanbevelingen kunnen wij maar moeilijk toepassen en wij kunnen het ook moeilijk vinden om bepaald gedrag en bepaalde gewoonten los te laten.

Als wij wel het pad dat de meesters ons bieden volgen, zullen wij – vaak al na een relatief korte periode – het gevoel krijgen dat wij, hoewel we er nog niet helemaal doorheen zijn, ons steeds steviger op het opwaartse pad verankeren. Wij hebben een duidelijk beeld van waar wij naar toe gaan en wat er voor nodig is om daar te komen en wij weten dat wij ons doel zullen bereiken, als wij dat trouw maar blijven doen. Dus wat is er voor nodig om daar te komen?

De twee 'benen' van het pad

Zoals wij hebben gezien, leven wij in een wereld waarin alles van energie wordt gemaakt die twee specifieke vormen kan aannemen. Dus jouw hogere potentieel, jouw natuurlijke staat, is dat jouw geest, jouw zelf, een open deur voor het licht uit een hoger rijk is. Je gebruikt de kracht van jouw Zelf door een mentaal beeld, een idee, te vormen van wat jij wilt scheppen en dat dan op het licht dat door jouw geest stroomt, te drukken. Het wordt nu natuurlijk wel duidelijk dat jouw creatieve kracht groter wordt naarmate er meer licht door jouw geest stroomt. Maar om je geest open te stellen voor een grotere stroom licht, moet je de elementen die de lichtstroom belemmeren binnen te komen, opruimen.

Er zijn twee elementen die de stroom van licht door jouw geest blokkeren. Dat zijn de beperkende overtuigingen die jij hebt op de vier niveaus van jouw geest en de energie waarvan jij het niveau hebt verlaagd en die zich in die vier niveaus van jouw energieveld heeft verzameld. Dus de twee benen van vooruitgang zijn dat je geschikte (spirituele, psychologische) leringen bestudeert om al die beperkende overtuigingen te doorzien en daarnaast spirituele technieken gebruikt om de vervormde, in niveau verlaagde, energie op te ruimen. Dat is echter niet zo eenvoudig.

Het bestuderen van spirituele leringen houdt niet in dat je die op dezelfde manier bestudeert als een onderwerp op de universiteit. Het interesseert de geascendeerde meesters niet of jij een bolleboos wordt die bepaalde leringen uit het hoofd kan opzeggen. De meesters zijn ernaar op zoek om jou een aha-ervaring te geven die een omslag in jouw bewustzijn zal teweegbrengen. Je kunt heel goed de leringen van de geascendeerde meesters tientallen jaren lang bestuderen zonder dat jij ooit zo'n ervaring krijgt. Maar de studenten die dit doen, krijgen gewoonlijk zoveel intellectueel inzicht in de leringen dat dit ervoor zorgt dat zij er trots op zijn dat zij zoveel weten. Die trots kan de aha-ervaring blokkeren en daardoor je vooruitgang blokkeren.

Daarom is het belangrijk om bij de bestudering van spirituele leringen in het achterhoofd te houden dat het eigenlijk de bedoeling is dat jij een aha-ervaring krijgt. En dat houdt in dat jij vaak je best moet doen om naar je eigen vooroordelen te kijken, de overtuigingen die jouw ego niet wil onderzoeken. Het is heel eenvoudig. Het inzicht dat voor een omslag in jouw bewustzijn zorgt, zit níét in het mentale kader van jouw huidige overtuigingen – als dat zo was, zou je bewustzijn die omslag allang hebben gemaakt.

Dus je kunt dat inzicht alleen maar verwerven als jij verder kijkt dan het kader van jouw huidige overtuigingen. En dat betekent dat jij je moet openstellen voor ideeën die jou uitdagen of jouw huidige overtuigingen ontstijgen. Als je de leringen van de geascendeerde meesters bestudeert met de bedoeling dat bepaalde overtuigingen worden bevestigd, krijg jij dus geen aha-ervaringen. En dat betekent dat het eigenlijk geen zin heeft om de leringen te bestuderen. Dat wil zeggen dat jij in plaats van te blijven studeren, iets anders moet doen.

Het belang van licht oproepen

Er zijn miljoenen mensen in de moderne wereld die al een of andere spirituele lering hebben bestudeerd. Er zijn miljoenen mensen in de moderne wereld die al een of andere spirituele techniek hebben gebruikt. Hoe kunnen de mensen profiteren van wat de geascendeerde meesters aanbieden? Wat is er aan de geascendeerde meesters anders dan anders?

Nu, veel van de technieken die moderne spirituele mensen gebruiken, komen uit het oosten, zij gebruiken vaak een vorm van meditatie, yoga en soms ook chanten. De geascendeerde meesters zeggen in geen geval dat die oefeningen geen waarde hebben, maar zij opperen dat veel mensen in de moderne wereld enorm veel voordeel kunnen halen uit een techniek waar de geascendeerde meesters pionierswerk mee hebben verricht. Die techniek bestaat uit het oproepen van spiritueel licht met de kracht van het heilige woord, het gesproken woord.

Ik heb al eerder gezegd dat de zeven Elohim een ritmische toepassing van geluid gebruikten om het Ma-terlicht de vorm te laten aannemen van de fysieke aarde. Het is de bedoeling dat wij allemaal medeschepper worden met de Elohim en hoe moet dat als wij niet dezelfde techniek gebruiken als de Elohim toen zij de aarde schiepen?

Natuurlijk is het mogelijk om het Ma-terlicht een vorm te laten aannemen met gedachtekracht. Maar tegenwoordig is er zoveel vervormde energie en zijn er zoveel beperkende ideeën op de wereld dat het voor een student heel moeilijk is om door meditatie alleen een heldere geest te krijgen. In feite kan het veel westerlingen die hun geest proberen te stillen, openstellen voor vervormde energie en onzuivere gedachten uit het massabewustzijn. Dit is de voornaamste reden dat sommige mensen die een poosje de positieve effecten van meditatie hebben ervaren, afgleden naar negatieve resultaten en zelfs negatieve ervaringen.

De geascendeerde meesters leggen uit dat het heel erg belangrijk is om het krachtigste hulpmiddel te gebruiken dat tot onze beschikking staat onder de intense, energetische omstandigheden van dit moment, en dat middel is onze stem, het gesproken woord. Wanneer je door lagere energie wordt omgeven, is het in de eerste plaats jouw taak om een beschermde sfeer rondom jouw gedachten en energieveld te scheppen, zodat je niet wordt overdonderd door jouw omgeving. En er bestaat gewoon geen efficiëntere manier dan het gesproken woord te gebruiken met behulp van decreten en invocaties die wij rechtstreeks van de geascendeerde meesters ontvangen.

Het massabewustzijn

Tot dusver hebben wij het niet over het massabewustzijn gehad, maar wij hebben wel gezien dat al het leven met elkaar verbonden is. Die verbinding is natuurlijk een verbinding in bewustzijn. Wij hebben zelfs gezien dat je een bewustzijnsveld ingaat als je in de diepere lagen van de subatomaire wereld komt. Dus is het niet zo moeilijk om je voor te stellen dat alle menselijke wezens door een gemeenschappelijk bewustzijn, of een collectief energieveld, met elkaar verbonden zijn. En wanneer je naar de bloedige geschiedenis van de mensheid kijkt – zelfs de korte tussenpoos die wij de gearchiveerde, overgeleverde geschiedenis noemen – zie je dat er zich wel een substantiële hoeveelheid vervormde energie in het collectieve veld zou kunnen – wel móét – hebben verzameld.

In het collectieve veld bevinden zich ook alle illusies die uit het bewustzijn van gescheidenheid en dualiteit voortkomen.

En als jij wat van die illusies hebt geaccepteerd – waar in principe niemand aan kan ontkomen – dan vormen die illusies als het ware open deuren in jouw persoonlijke energieveld waar de vervormde energie uit het collectieve bewustzijn door naar binnenkomt.

Die beïnvloeding door het collectieve bewustzijn kan veel fenomenen in ons persoonlijke leven verklaren. Waarom voelen wij ons op bepaalde dagen uit ons humeur of depressief, vaak zonder een duidelijke reden? Komt dat omdat wij op die dagen worden blootgesteld aan een intensere invasie van energie uit het massabewustzijn? Is het mogelijk dat de energie uit het collectieve veld mensen kan overweldigen en depressies, verslavingen of mentale ziekten veroorzaakt? Is het mogelijk dat die energie ervoor kan zorgen dat er mensen zijn die zich ontmoedigd voelen, zodat zij het spirituele pad, of zelfs hun leven, opgeven?

De geascendeerde meesters onderrichten dat de meeste spirituele mensen zeer sensitief zijn. De goede kant is dat wij ons daardoor openstellen voor de spirituele kant van het leven. Maar de slechte kant is dat dit ons ook meer kan openstellen voor de energie uit het massabewustzijn. Totdat jij dat onderscheidingsvermogen bezit, zoals de geascendeerde meesters het noemen, sta jij open voor zowel hogere als lagere energie – gevoeligheid is gevoeligheid. Daarom is het heel erg belangrijk om goede technieken te gebruiken om jouw energieveld af te sluiten voor het massabewustzijn, zodat jij een beschermde sfeer kunt scheppen die het jou mogelijk maakt om je eigen gedachten te horen in plaats van de 'ruis' van het massabewustzijn. Veel mensen hebben ervaren dat de meest effectieve manier om spirituele bescherming te creëren juist het gesproken woord is. Veel spirituele mensen zullen wel één of meer van de volgende scenario's herkennen:

6 | Hoe jij je stevig op het pad verankert

- Je voelt een staat van innerlijke chaos, omdat jouw gedachten verward zijn of voor nervositeit zorgen, waardoor jij je niet kunt ontspannen of wat rustig te worden.

- Je voelt je ontmoedigd, misschien wel depressief, omdat je het gevoel hebt dat jij niets kunt doen om het verschil te maken, of dat iets een hogere bedoeling heeft.

- Je voelt je verward en hebt het gevoel dat jij geen duidelijk beeld krijgt van wat de bedoeling met jou is.

- Je hebt het gevoel dat een kracht van buitenaf jouw geest probeert binnen te dringen om jouw gedachten of emoties over te nemen.

- Je hebt het gevoel dat bepaalde mensen proberen jou aan banden te leggen en je voelt je te machteloos om er weerstand aan te bieden. Of je hebt het gevoel dat jij voortdurend al je energie nodig hebt om jezelf te verdedigen.

Denk er eens over na dat al die – en veel soortgelijke – fenomenen een gezamenlijke oorzaak kunnen hebben: jouw energieveld wordt niet beschermd tegen de energie die van andere mensen of het massabewustzijn komt. Die energie van buitenaf maakt dat jij je nerveus, overweldigd of depressief voelt. Dus het belangrijkste wat een nieuwe richting aan jouw leven zou kunnen geven, is dat jij twee dingen leert:

- Jouw energieveld effectief af te sluiten van het energieveld van andere mensen en het massabewustzijn.

- De vervormde energie te verwijderen die zich al in jouw energieveld heeft opgehoopt.

We zouden dit kunnen beschouwen als energetische hygiëne en voor veel studenten van geascendeerde meesters is het oproepen van spiritueel licht voor bescherming en het transmuteren van die energie onderdeel van hun dagelijkse routine geworden, een onderdeel dat net zo belangrijk is als een douche nemen. Je kunt op dezelfde manier voor je energielichaam zorgen als voor jouw fysieke lichaam, je gebruikt alleen andere technieken om voor de verschillende lichamen te zorgen. Je gebruikt bepaalde vormen van licht om een verdedigingslinie rondom jouw energielichaam te vormen en je gebruikt andere vormen van energie om een douche te nemen in de violette vlam.

Begrijpen wat duistere krachten zijn

Hoewel dit boek niet dieper ingaat op duistere krachten, is het belangrijk te beseffen dat er naast het massabewustzijn ook bepaalde krachten op deze planeet zijn die proberen invloed op jou uit te oefenen; zij willen op een agressievere manier grip op jou krijgen. De geascendeerde meesters vertellen ons dat wij niet bang hoeven te zijn voor de duistere krachten, maar ook niet blind voor hun bestaan. De meesters hebben het over twee soorten duistere krachten:

- Wij hebben al eerder naar het feit gekeken dat sommige wezens tot het dualiteitsbewustzijn zijn vervallen, te beginnen bij het vierde niveau. Enkele van die gevallen wezens mochten op aarde komen en sommige van hen zijn fysiek geïncarneerd, terwijl andere met de aarde verbonden zijn vanuit het emotionele, mentale en lagere identiteitsrijk.

• Duistere krachten die in de materiële wereld werden geschapen door negatieve energie zo te concentreren dat die een rudimentaire vorm van bewustzijn kreeg.

Er zijn twee redenen waarom het belangrijk is dat je iets van het bestaan van duistere krachten afweet. De eerste is dat het verklaart waarom mensen de inhumane en gruwelijke daden kunnen plegen waar de geschiedenis van getuigt en waar wij zelfs tegenwoordig nog getuige van zijn. Een jonge man die naar een school toegaat en op mensen begint te schieten, handelt bijvoorbeeld niet vanuit zijn normale bewustzijnsstaat. Zijn geest is overgenomen door duistere krachten en de bedoeling ervan is het licht van alle mensen te stelen die bij een dergelijke gruweldaad betrokken zijn.

Dit gezegd hebbende, is het ook belangrijk om te beseffen dat duistere krachten de mensen niet tegen hun vrije wil kunnen beïnvloeden. Dus moeten zij ons op een of andere manier om de tuin leiden, zodat wij hen in ons energieveld uitnodigen. Veel mensen doen dit zonder te weten wat zij aan het doen zijn, maar voor een spirituele student is het vanzelfsprekend belangrijk dat hij zich bewust wordt van het bestaan van duistere krachten, zodat jij je tegen die invloed kunt beschermen.

De tweede reden waarom het belangrijk is dat jij je bewust bent van duistere krachten, is dat jij daardoor spiritueel licht kunt oproepen om jouw energieveld af te sluiten voor zulke krachten en de energie die op jou wordt geprojecteerd. Je kunt ook spiritueel licht oproepen om je los te snijden van alle krachten die zich al toegang tot jouw geest en energieveld hebben verschaft. Meer informatie hierover kun je op mijn websites en ook in een paar van mijn andere boeken vinden. Het belangrijkste voor dit boek is dat het perspectief wordt toegevoegd dat het oproepen van spiritueel licht jou zowel zal beschermen als lossnijden van de krachten die jou op een agressieve manier proberen in te palmen.

Invocaties en decreten

De geascendeerde meesters hebben twee belangrijke hulpmiddelen gegeven om spiritueel licht op te roepen, namelijk invocaties en decreten. Een decreet is een ritmische affirmatie van verscheidene coupletten en die rijmen meestal. Je zegt hem meerdere malen op. Een invocatie is een langer ritueel waarin affirmaties tussen de coupletten staan die steeds worden herhaald. In bepaalde gevallen wordt een invocatie gemaakt met coupletten uit een decreet met affirmaties.

We zouden kunnen zeggen dat het belangrijkste verschil is dat een decreet de krachtigste manier is om het licht van een specifieke straal op te roepen, terwijl een invocatie zowel het licht van een bepaalde straal oproept als jou helpt om beperkende overtuigingen op te ruimen. Een decreet wordt vaak met veel kracht opgezegd, en kan ook heel snel worden opgezegd. Dit heeft een heel krachtig effect dat zeer veel licht oproept. Een invocatie wordt meestal langzamer opgezegd, zodat jij de tijd krijgt om de affirmaties in je op te nemen en op te merken hoe die jou helpen om beperkende overtuigingen aan te vechten en meer bekrachtigende overtuigingen te accepteren. Een decreet richt zich op het oproepen van licht van een specifieke straal, terwijl een invocatie erop gericht is om jou een specifiek probleem te laten oplossen, zoals een spirituele crisis, meer overvloed, het zuiveren van jouw vier lagere lichamen, leren om het verleden los te laten, van jezelf te houden en veel andere onderwerpen.

Wat decreten en invocaties gemeenschappelijk hebben, is dat jij die hardop moet uitspreken. Veel spirituele mensen hebben even wat tijd nodig om daaraan te wennen. Velen van ons hebben in dit leven en vorige levens veel tijd in stilte en meditatie doorgebracht. Wij voelen ons op ons gemak als wij naar binnen gaan, maar het gesproken woord is een uitgaande beweging. In het begin voelen wij vaak enige weerstand om hardop te spreken, deels omdat wij hier niet aan gewend zijn, deels omdat ons ego ons eigenlijk probeert te ontmoedigen om spiritueel licht op te roepen. Ons ego weet dat hij het alleen maar in de schaduw van onze geest kan overleven, dus hoe meer licht jij oproept, hoe kleiner de schaduwen worden en dan kan het ego zich niet meer goed verbergen.

Decreten kunnen voor veel mensen juist datgene zijn wat eraan ontbreekt om spiritueel te kunnen groeien. Je kunt het gesproken woord gebruiken om de banden te verbreken die jou op een bepaald punt van het pad vasthouden. Maar de kunst is dat je beseft dat diezelfde banden jou ervan weerhouden om het gesproken woord te gebruiken en dan moet je wel enige vastbeslotenheid bezitten om die weerstand te kunnen overwinnen. Als je eenmaal door die weerstand heen bent, voel jij hoe de lichtstroom die jij oproept, jou een nieuw gevoel van helderheid en energie schenkt en op den duur zelfs een gevoel van innerlijke vrede en kalmte. Het mag ironisch klinken dat heel erg actief iets doen de sleutel tot innerlijke vrede is, maar wanneer je begrijpt hoe chaotische energie in jouw persoonlijke energieveld je van innerlijke rust kan beroven, begrijp je dat het licht van boven aanroepen inderdaad een onschatbaar hulpmiddel is.

Hoe begin je het gesproken woord te gebruiken? De eenvoudigste manier is de website www.transcendencetoolbox.

com/www.askrealjesus.nl te gebruiken. Hier vind je een groot aantal decreten en invocaties en instructies. (Alleen op www.transcendencetoolbox.com staan ook opnames in het Engels waarop je kunt horen hoe je ze moet gebruiken.)

Een woord van waarschuwing. Zoals wij hebben gezien, zijn er zeven spirituele stralen. Voor elke straal zijn er geascendeerde meesters die speciale functies hebben: Het niveau van de Elohim, dit zijn de meesters die het materiële rijk hebben geschapen, waaronder deze planeet. Het volgende niveau is dat van de Aartsengelen, die dienen om ons specifieke spirituele eigenschappen, zoals bescherming, te geven. Dan komt het niveau van de Chohan, de belangrijkste meester van elke straal. Dus je ziet dat je in totaal 21 geascendeerde meesters kunt oproepen voor de zeven stralen – en dit kan je in het begin nogal eens overdonderen.

Dus om te voorkomen dat je wordt overweldigd, volgt er nu een eenvoudige aanbeveling. Om aan de slag te gaan, moet je drie vormen van spiritueel licht oproepen:

- Jij hebt de eerste straal nodig om bescherming te krijgen en dit kan het best met decreten aan Aartsengel Michaël of invocaties aan Aartsengel Michaël.

- Jij hebt de vierde straal nodig om je los te snijden van alle banden met het massabewustzijn en de duistere krachten en voor dat doel is het decreet aan Elohim Astrea het krachtigst.

- Jij moet de violette vlam oproepen om de vervormde, in niveau verlaagde, energie te transmuteren die zich al in jouw energieveld heeft verzameld. Hiervoor kun je elk decreet van de zevende straal gebruiken, zoals de decreten aan Saint Germain. Of je kunt een van de vele invocaties opzeggen die zich op een specifiek probleem richten, zoals vergeving, dankbaarheid, of het loslaten van het verleden.

Door een eenvoudig programma te doen waarin je de eerste, vierde en zevende straal oproept, begin jij afhankelijk van de hoeveelheid tijd die je daaraan besteedt, al relatief snel het gevoel te krijgen dat jij niet meer in negatieve energie verdrinkt. Je kunt dan het hoofd boven water houden en om je heen gaan kijken, of liever naar binnen kijken, omdat jij ontdekt dat jij nu duidelijker innerlijke leiding van jouw hogere Zelf kunt ontvangen of van de geascendeerde meester die met jou persoonlijk werkt. En juist die innerlijke leiding helpt jou om een hoger niveau op jouw pad te bereiken.

Die aanwijzingen worden jou altijd aangeboden; de vraag is alleen of er genoeg stilte in jouw energieveld is om die bewust te ontvangen. Een van de belangrijkste voordelen van het gesproken woord is juist dat jouw innerlijke aanwijzingen veel gemakkelijker de energie in jouw onderbewuste kunnen passeren, zodat die jouw bewuste geest bereiken. En dit kan je leven echt in een opwaartse spiraal veranderen.

Een praktisch programma

Het pad is natuurlijk individueel. Jouw situatie is uniek, dus het is moeilijk om een algemene aanbeveling te doen die bij alle lezers past. Bepaalde mensen weten dat de hulpmiddelen om licht op te roepen precies de middelen zijn die zij nodig hebben en zij zullen die standvastig gebruiken. Ik persoonlijk heb dat ook gedaan toen ik ongeveer 30 jaar geleden voor de eerste keer van de decreten hoorde.

In het begin aarzelde ik een beetje, omdat ik jarenlang had gemediteerd. Maar nadat ik mijn aanvankelijke weerstand had overwonnen, kreeg ik al snel het gevoel dat de tijd die ik besteedde aan het oproepen van licht, enorme vruchten begon af te werpen. De effecten die ik voelde, kunnen in drie categorieën worden ingedeeld:

- Ik kreeg het gevoel dat spirituele bescherming van Aartsengel Michaël oproepen, erin resulteerde dat mijn energieveld werd verzegeld. Ik werd kalmer en overwon het gevoel dat ik mij verward, nerveus en gespannen voelde. Het voelde alsof mijn gedachten meer van mij waren en dat ik niet meer heel erg geneigd was om mijn gedachten in cirkeltjes te laten ronddraaien en probeerde het ene probleem na het andere op te lossen.

- Ik had het gevoel dat het licht van Elohim Astrea mij lossneed van alle banden met lagere energie of zelfs duisterder krachten. Hierdoor voelde ik mij in het algemeen ook kalmer, maar het effect dat bij mij de meeste verbazing opriep, was dat ik veel sneller in slaap viel. Het grootste deel van mijn leven had ik problemen gehad met in slaap vallen, omdat mijn gedachten altijd maar bleven doormalen. Dan lag ik 2 tot 3 uur te woelen totdat ik zo uitgeput was dat ik in slaap viel. Het gevolg was dat ik niet genoeg rust kreeg en mij de volgende dag slaperig voelde. Toen ik serieus met het decreet van Astrea aan de slag ging, duurde het maar een paar weken voor ik binnen 15 minuten in slaap viel. Het effect op mijn leven was wonderbaarlijk.

- Door de energie van de zevende straal op te roepen, de violette vlam genaamd, voelde ik hoe oude emotionele wonden begonnen op te lossen. Een paar situaties uit mijn tienerjaren kwamen soms naar boven en dan voelde ik in gedachten helemaal de oorspronkelijke emotionele pijn weer. Maar nadat ik een paar weken lang oprecht de violette vlam had opgeroepen, realiseerde ik mij op een dag dat ik zonder emotionele pijn aan die situaties terug kon denken. Omdat ik niets anders had gedaan om die verandering tot stand te brengen, was de logische verklaring dat de violette vlam die energie in mijn emotionele lichaam had getransmuteerd. Dus wanneer ik aan die oude situaties dacht, was er niet meer een reservoir van vervormde energie die mijn gevoelens kon overmannen.

Op grond van mijn persoonlijke ervaringen zou ik een simpel maar effectief programma willen aanbevelen voor de mensen die een goede start willen maken met het oproepen van spiritueel licht. Hieronder staan drie decreten die ik rechtstreeks van de geascendeerde meesters heb ontvangen: één decreet aan Aartsengel Michaël voor bescherming, één aan Elohim Astrea om je los te snijden van het massabewustzijn en één aan Saint Germain om vervormde energie te transmuteren.

Ik stel voor dat jij het ferme besluit neemt om die drie decreten in ieder geval drie maanden lang op te zeggen en daarna de resultaten te evalueren. Ik stel voor dat je het decreet aan Aartsengel Michaël 's morgens 15 minuten opzegt, gevolgd door het decreet aan Saint Germain, ook 15 minuten. 's Avonds zeg je het decreet aan Astrea 15 minuten op, gevolgd door dat van Saint Germain, ook weer 15 minuten. Ik weet dat een uur per dag veel lijkt, maar als je het echt probeert, ben ik ervan overtuigd dat jij zulke goede resultaten boekt dat je ermee door wilt gaan. Het is echt de efficiëntste manier om jouw spirituele groei te versnellen en je stevig op het pad te verankeren dat de meesters aanbieden.

Dus ik voeg de decreten toe, maar ik raad je ook aan om de website *www.transcendencetoolbox.com* te bezoeken, waar je een (Engelstalige) opname van de decreten kunt horen. Dit is belangrijk om de juiste uitspraak en het ritme in de vingers te krijgen. Daar vind je ook een link naar onze online winkel, waar je opnames van de decreten, die meerdere malen worden opgezegd, kunt kopen en downloaden. De decreten samen met een opname opzeggen, is de beste manier om te leren hoe je de kunst van het heilige woord meester wordt. Ik denk dat het één van de beste investeringen is die jij in je spirituele groei kunt doen.

Denk erom dat ik niet suggereer dat je alleen maar het programma dat ik hier voorstel, nodig hebt. De bedoeling is dat het jou een goede start geeft om een paar van de ergste blokkades in jouw spirituele visie en de energiestroom te zuiveren. Naarmate je meer ervaring krijgt, ga je vanzelf ook experimenteren met invocaties die jouw beperkende overtuigingen aanvechten en tegelijkertijd licht oproepen. En natuurlijk kun je ook de leringen van de geascendeerde meesters bestuderen, die je rijkelijk via mijn websites in je op kunt nemen. (Kijk op de achterkant van het boek.)

Ik raad je sterk aan om nu al met de decreten te beginnen, terwijl je de rest van het boek nog lezen moet. Zoals ik al diverse malen heb gezegd, studie op zich is niet genoeg. Tot jij spiritueel licht begint op te roepen, is dit boek slechts een intellectuele oefening die jouw bewustzijn niet echt verandert en de gewenste resultaten oplevert. Onthoud dat de twee benen van vooruitgang het bestuderen en het oproepen van spiritueel licht zijn.

DECREE TO ARCHANGEL MICHAEL

In the name I AM THAT I AM, Jesus Christ, I call to my I AM Presence to flow through the I Will Be Presence that I AM and give these decrees with full power. I call to beloved Archangel Michael and Faith to shield me in your wings of electric blue light, and shatter and consume all imperfect energies and dark forces, including...

[Make personal calls]

> 1. Michael Archangel, in your flame so blue,
> there is no more night, there is only you.
> In oneness with you, I am filled with your light,
> what glorious wonder, revealed to my sight.
>
> **Michael Archangel, your Faith is so strong,**
> **Michael Archangel, oh sweep me along.**
> **Michael Archangel, I'm singing your song,**
> **Michael Archangel, with you I belong.**

2. Michael Archangel, protection you give,
within your blue shield, I ever shall live.
Sealed from all creatures, roaming the night,
I remain in your sphere, of electric blue light.

**Michael Archangel, your Faith is so strong,
Michael Archangel, oh sweep me along.
Michael Archangel, I'm singing your song,
Michael Archangel, with you I belong.**

3. Michael Archangel, what power you bring,
as millions of angels, praises will sing.
Consuming the demons, of doubt and of fear,
I know that your Presence, will always be near.

**Michael Archangel, your Faith is so strong,
Michael Archangel, oh sweep me along.
Michael Archangel, I'm singing your song,
Michael Archangel, with you I belong.**

4. Michael Archangel, God's will is your love,
you bring to us all, God's light from Above.
God's will is to see, all life taking flight,
transcendence of self, our most sacred right.

**Michael Archangel, your Faith is so strong,
Michael Archangel, oh sweep me along.
Michael Archangel, I'm singing your song,
Michael Archangel, with you I belong.**

Coda:

With angels I soar,
as I reach for MORE.
The angels so real,
their love all will heal.
The angels bring peace,
all conflicts will cease.
With angels of light,
we soar to new height.

The rustling sound of angel wings,
what joy as even matter sings,
what joy as every atom rings,
in harmony with angel wings.

Sealing:

In the name of the Divine Mother, I fully accept that the power of these calls is used to set free the Ma-ter light, so it can outpicture the perfect vision of Christ for my own life, for all people and for the planet. In the name I AM THAT I AM, it is done! Amen.

Noot: De vertaling van het decreet volgt hieronder. Probeer het decreet wel in het Engels op te zeggen, in het Nederlands duurt het echt veel langer, omdat het niet op rijm is en ook niet het ritme van het Engelse decreet bezit.

DECREET AAN AARTSENGEL MICHAËL

In de naam IK BEN DIE IK BEN, Jezus Christus, roep ik mijn Ik BEN Aanwezigheid op door de IK ZAL ZIJN Aanwezigheid die IK BEN heen te stromen en deze decreten uit alle kracht op te zeggen. Ik roep geliefde Aartsengel Michaël en Geloof op een schild rondom mij te plaatsen met jullie vleugels van elektrisch blauw licht en alle onvolmaakte energie en duistere krachten te vernietigen en te verteren, waaronder...

(Doe je persoonlijke oproepen)

1. Michaël Aartsengel, in jouw vlam zo blauw
zie ik geen nacht meer, ik zie alleen jou.
Door één met jou te zijn, word ik gevuld met jouw licht.
Wat een heerlijk wonder onthuld aan mijn zicht.

Aartsengel Michaël, jouw Geloof is zo krachtig,
Aartsengel Michaël, sleep mij mee, waarachtig.
Aartsengel Michaël, ik zing het lied van jou,
Aartsengel Michaël, ik hoor bij jou.

2. Aartsengel Michaël, door de bescherming die jij geeft
met jouw blauwe schild, komt het dat ik eeuwig leef.
Verzegeld tegen schepselen die zwerven door de nacht,
blijf ik in jouw sfeer van elektrisch blauw licht.

Aartsengel Michaël, jouw Geloof is zo krachtig,
Aartsengel Michaël, sleep mij mee, waarachtig.
Aartsengel Michaël, ik zing het lied van jou,
Aartsengel Michaël, ik hoor bij jou.

3. Aartsengel Michaël, wat een kracht breng jij,
terwijl miljoenen engelen lofliederen zingen
die alle demonen van twijfel en angst verzengen.
Ik weet dat jouw Aanwezigheid altijd nabij is.

Aartsengel Michaël, jouw Geloof is zo krachtig,
Aartsengel Michaël, sleep mij mee, waarachtig.
Aartsengel Michaël, ik zing het lied van jou,
Aartsengel Michaël, ik hoor bij jou.

4. Aartsengel Michaël, jij houdt van Gods wil.
Jij brengt iedereen Gods licht van Boven.
God wil graag dat al het leven een grote vlucht neemt,
transcendentie van het zelf, ons meest heilige recht.

Aartsengel Michaël, jouw Geloof is zo krachtig,
Aartsengel Michaël, sleep mij mee, waarachtig.
Aartsengel Michaël, ik zing het lied van jou,
Aartsengel Michaël, ik hoor bij jou.

Coda:

Ik zweef met de engelen,
omdat ik reik naar MEER.
De engelen zo echt,
hun liefde heelt alles.
De engelen brengen vrede,
alle conflicten verdwijnen.
Met de engelen van licht
zweven we naar grote hoogten.

Het ruisende geluid van engelvleug'len,
wat een vreugde, omdat zelfs de materie zingt.
Wat een vreugde, omdat elk atoom
in harmonie met de engelvleug'len klinkt.

Verzegeling:

In naam van de Goddelijke Moeder accepteer ik volledig dat de kracht van deze oproepen wordt gebruikt om het Ma-terlicht te bevrijden, opdat de volmaakte visie van Christus wordt geopenbaard in mijn eigen leven, bij alle mensen en op de planeet. In naam van de IK BEN DIE IK BEN, het is klaar! Amen.

DECREE TO ELOHIM ASTREA

In the name I AM THAT I AM, Jesus Christ, I call to my I Will Be Presence to flow through my being and give these decrees with full power. I call to beloved Mighty Astrea and Purity to cut me free from all imperfect energies and all ties to any dark forces or conditions not of the Light, including…

[Make personal calls]

> 1. Beloved Astrea, your heart is so true,
> your Circle and Sword of white and blue,
> cut all life free from dramas unwise,
> on wings of Purity our planet will rise.
>
> **Beloved Astrea, in God Purity,**
> **accelerate all of my life energy,**
> **raising my mind into true unity**
> **with the Masters of love in Infinity.**

2. Beloved Astrea, from Purity's Ray,
send forth deliverance to all life today,
acceleration to Purity, I AM now free
from all that is less than love's Purity.

**Beloved Astrea, in oneness with you,
your circle and sword of electric blue,
with Purity's Light cutting right through,
raising within me all that is true.**

3. Beloved Astrea, accelerate us all,
as for your deliverance I fervently call,
set all life free from vision impure
beyond fear and doubt, I AM rising for sure.

**Beloved Astrea, I AM willing to see,
all of the lies that keep me unfree,
I AM rising beyond every impurity,
with Purity's Light forever in me.**

4. Beloved Astrea, accelerate life
beyond all duality's struggle and strife,
consume all division between God and man,
accelerate fulfillment of God's perfect plan.

**Beloved Astrea, I lovingly call,
break down separation's invisible wall,
I surrender all lies causing the fall,
forever affirming the oneness of All.**

Coda:

Accelerate into Purity, I AM real,
Accelerate into Purity, all life heal,
Accelerate into Purity, I AM MORE,
Accelerate into Purity, all will soar.

Accelerate into Purity! (3X)
Beloved Elohim Astrea.

Accelerate into Purity! (3X)
Beloved Gabriel and Hope.

Accelerate into Purity! (3X)
Beloved Serapis Bey.

Accelerate into Purity! (3X)
Beloved I AM.

Sealing:

In the name of the Divine Mother, I fully accept that the power of these calls is used to set free the Ma-ter light, so it can outpicture the perfect vision of Christ for my own life, for all people and for the planet. In the name I AM THAT I AM, it is done! Amen.

(Noot: zie de opmerking bij het decreet aan Aartsengel Michaël.)

DECREET AAN ELOHIM ASTREA

In naam van de IK BEN DIE IK BEN, Jezus Christus, roep ik mijn Ik Zal Zijn Aanwezigheid op door mijn wezen heen te stromen en deze decreten uit alle kracht op te zeggen. Ik roep geliefde Machtige Astrea en Zuiverheid op mij los te snijden van alle onvolmaakte energie en alle banden door te snijden met alle duistere krachten of omstandigheden die niet uit het Licht komen, waaronder...

(Doe je persoonlijke oproepen)

> 1. Geliefde Astrea, jouw hart is zo trouw,
> jouw Cirkel en Zwaard van wit en blauw,
> snijd al het leven los van dwaze drama's.
> Op vleug'len van Zuiverheid klimt onze planeet verder omhoog.
>
> **Geliefde Astrea, in Godzuiverheid,**
> **accelereer al mijn levensenergie,**
> **die mijn geest verheft tot ik helemaal één ben**
> **met de Meesters van liefde, tot in het Oneindige.**
>
> 2. Geliefde Astrea, stuur vandaag bevrijding
> naar al het leven vanaf de Straal van Zuiverheid.
> Door te accelereren naar Zuiverheid BEN IK nu bevrijd
> van alles wat minder is dan de Zuiverheid van liefde.

**Geliefde Astrea, één met jou,
je cirkel en zwaard van elektrisch blauw,
en het Licht van Zuiverheid dat er dwars doorheen snijdt
en alles in mij verheft wat echt is.**

3. Geliefde Astrea, accelereer iedereen,
omdat ik zo hartstochtelijk roep dat ik door jou bevrijd wil worden.
Bevrijd al het leven van onzuivere visies,
boven elke twijfel en angst verheven, klim ik steeds verder.

**Geliefde Astrea, IK BEN bereid om alle leugens
te zien die ervoor zorgen dat ik niet vrij kan zijn,
Ik ontstijg iedere onzuiverheid,
met het Licht van Zuiverheid eeuwig in mij.**

4. Geliefde Astrea, accelereer het leven tot het boven alle strijd en worstelingen van de dualiteit wordt verheven.
Verteer elke scheiding tussen God en de mens,
accelereer de uitvoering van Gods volmaakte plan.

**Geliefde Astrea, ik roep liefdevol op:
Breek de onzichtbare muur van gescheidenheid af.
Ik geef elke leugen op die voor de val heeft gezorgd,
ik bevestig dat iedereen eeuwig één is.**

Coda:

Accelereren naar Zuiverheid, IK BEN echt,
Accelereren naar Zuiverheid, dat al het leven hele,
Accelereren naar Zuiverheid, IK BEN MEER,
Accelereren naar Zuiverheid, iedereen zal op grote hoogten zweven.

Accelereren naar Zuiverheid! (3x)
Geliefde Elohim Astrea.

Accelereren naar Zuiverheid! (3x)
Geliefde Gabriël en Hoop.

Accelereren naar Zuiverheid! (3x)
Geliefde Serapis Bey.

Accelereren naar Zuiverheid! (3x)
Geliefde IK BEN.

Verzegeling:

In naam van de Goddelijke Moeder accepteer ik volledig dat de kracht van deze oproepen wordt gebruikt om het Ma-terlicht te bevrijden, opdat de volmaakte visie van Christus wordt geopenbaard in mijn eigen leven, bij alle mensen en op de planeet. In naam van de IK BEN DIE IK BEN, het is af! Amen.

DECREE TO SAINT GERMAIN

In the name I AM THAT I AM, Jesus Christ, I call to my I AM Presence to flow through the I Will Be Presence that I AM and give these decrees with full power. I call to beloved Saint Germain and Portia, the other Chohans and the Maha Chohan to release flood tides of light, to consume all blocks and attachments that prevent me from becoming one with the eternal flow of the seventh ray of creative freedom and ever-transcending oneness, including...

[Make personal calls]

> 1. Saint Germain, your alchemy,
> with violet fire now sets me free.
> Saint Germain, I ever grow,
> in freedom's overpowering flow.
>
> **O Holy Spirit, flow through me,**
> **I am the open door for thee.**
> **O mighty rushing stream of Light,**
> **transcendence is my sacred right.**

2. Saint Germain, your mastery,
of violet flame geometry.
Saint Germain, in you I see,
the formulas that set me free.

**O Holy Spirit, flow through me,
I am the open door for thee.
O mighty rushing stream of Light,
transcendence is my sacred right.**

3. Saint Germain, in Liberty,
I feel the love you have for me.
Saint Germain, I do adore,
the violet flame that makes all more.

**O Holy Spirit, flow through me,
I am the open door for thee.
O mighty rushing stream of Light,
transcendence is my sacred right.**

4. Saint Germain, in unity,
I will transcend duality.
Saint Germain, my self so pure,
your violet chemistry so sure.

**O Holy Spirit, flow through me,
I am the open door for thee.
O mighty rushing stream of Light,
transcendence is my sacred right.**

5. Saint Germain, reality,
in violet light I am carefree.
Saint Germain, my aura seal,
your violet flame my chakras heal.

**O Holy Spirit, flow through me,
I am the open door for thee.
O mighty rushing stream of Light,
transcendence is my sacred right.**

6. Saint Germain, your chemistry,
with violet fire set atoms free.
Saint Germain, from lead to gold,
transforming vision I behold.

**O Holy Spirit, flow through me,
I am the open door for thee.
O mighty rushing stream of Light,
transcendence is my sacred right.**

7. Saint Germain, transcendency,
as I am always one with thee.
Saint Germain, from soul I'm free,
I so delight in being me.

**O Holy Spirit, flow through me,
I am the open door for thee.
O mighty rushing stream of Light,
transcendence is my sacred right.**

8. Saint Germain, nobility,
the key to sacred alchemy.
Saint Germain, you balance all,
the seven rays upon my call.

**O Holy Spirit, flow through me,
I am the open door for thee.
O mighty rushing stream of Light,
transcendence is my sacred right.**

Sealing:

In the name of the Divine Mother, I fully accept that the power of these calls is used to set free the Ma-ter light, so it can outpicture the perfect vision of Christ for my own life, for all people and for the planet. In the name I AM THAT I AM, it is done! Amen.

(Noot: zie de opmerking bij het decreet aan Aartsengel Michaël.

DECREET AAN SAINT GERMAIN

In de naam IK BEN DIE IK BEN, Jezus Christus, roep ik mijn IK BEN Aanwezigheid op door de Ik Zal Zijn Aanwezigheid die IK BEN heen te stromen en deze decreten uit volle kracht op te zeggen. Ik roep geliefde Saint Germain en Portia, de andere Chohans en de Maha Chohan aan om vloedgolven licht uit te zenden om elke blokkade en gehechtheid te verteren die mij beletten om één te worden met de eeuwige stroom van de zevende straal van creatieve vrijheid en steeds verder transcenderend een-zijn, waaronder...

(Doe je persoonlijke oproepen)

1. Saint Germain, jij bevrijdt me nu
door de alchemie van jouw violette vuur.
Saint Germain ik groei steeds verder in de
overweldigende stroom van vrijheid.

O Heilige Geest stroom door mij,
Ik ben de open deur voor gij.
O machtige snellende stroom van Licht,
transcendentie is mijn heilige recht.

2. Saint Germain, jouw meesterschap
over de geometrie van de violette vlam.
Saint Germain, bij jou zie ik
de formules die mij bevrijden.

**O Heilige Geest stroom door mij,
Ik ben de open deur voor gij.
O machtige snellende stroom van Licht,
transcendentie is mijn heilige recht.**

3. Saint Germain, in Liberty,
ik voel de liefde die jij voor mij hebt.
Saint Germain, ik bewonder de
violette vlam die van iedereen meer maakt.

**O Heilige Geest stroom door mij,
Ik ben de open deur voor gij.
O machtige snellende stroom van Licht,
transcendentie is mijn heilige recht.**

4. Saint Germain, samen met jou
zal ik de dualiteit transcenderen.
Saint Germain, mijn zelf zo puur,
jouw violette chemie werkt zo goed.

**O Heilige Geest stroom door mij,
Ik ben de open deur voor gij.
O machtige snellende stroom van Licht,
transcendentie is mijn heilige recht.**

5. Saint Germain, de waarheid is dat ik
in de violette vlam vrij van zorgen ben.
Saint Germain, verzegel mijn aura,
jouw violette vlam heelt mijn chakra's.

**O Heilige Geest stroom door mij,
Ik ben de open deur voor gij.
O machtige snellende stroom van Licht,
transcendentie is mijn heilige recht.**

6. Saint Germain, door de mysterieuze werking
van jouw violette vuur verander jij,
Saint Germain, alle atomen van lood in goud.
Ik neem het met mijn transformerende blik waar.

**O Heilige Geest stroom door mij,
Ik ben de open deur voor gij.
O machtige snellende stroom van Licht,
transcendentie is mijn heilige recht.**

7. Saint Germain, transcendentie,
omdat ik altijd één met jou ben.
Saint Germain, ik ben bevrijd van mijn ziel,
ik geniet zo van wie ik ben.

**O Heilige Geest stroom door mij,
Ik ben de open deur voor gij.
O machtige snellende stroom van Licht,
transcendentie is mijn heilige recht.**

8. Saint Germain, edelheid,
de sleutel tot de heilige alchemie.
Saint Germain jij brengt alles in evenwicht,
ook de zeven stralen als ik daar om vraag.

**O Heilige Geest stroom door mij,
Ik ben de open deur voor gij.
O machtige snellende stroom van Licht,
transcendentie is mijn heilige recht.**

Verzegeling:

In naam van de Goddelijke Moeder accepteer ik volledig dat de kracht van deze oproepen wordt gebruikt om het Ma-terlicht te bevrijden, opdat de volmaakte visie van Christus wordt geopenbaard in mijn eigen leven, bij alle mensen en op de planeet. In naam van de IK BEN DIE IK BEN, het is af! Amen.

Lees meer over invocaties en decreten en hoe je die gebruikt om spiritueel licht op te roepen op:

www.transcendencetoolbox.com/www.askrealjesus.nl

7 | JOUW REACTIES MEESTER WORDEN

Laten wij eens zien hoe jij je leven nu ervaart. Laten we zeggen dat er bepaalde omstandigheden in jouw leven zijn die je het gevoel geven dat zij jou inperken, omdat die jou in hun macht lijken te hebben. De vraag wordt dan: "Hoe kan ik die omstandigheden transcenderen?"

De conventionele wijsheid en dagelijkse ervaringen vertellen ons dat de enige manier om een beperking te transcenderen, is door de situatie in de buitenwereld die ons beperkt, te veranderen. Met andere woorden, de enige manier om jouw 'Ervaring van het Leven' te veranderen, is door iets buiten ons te veranderen.

Het probleem met deze aanpak is dat er heel veel omstandigheden op de wereld zijn waar wij schijnbaar maar beperkt of helemaal geen invloed op hebben. Met andere woorden, het enigma van het leven is: Hoe kunnen wij onze Ervaring van het Leven veranderen, als wij geen controle hebben over de externe omstandigheden waar wij van denken dat die onze Ervaring van het Leven bepalen?

Wat kan die impasse, die catch-22 doorbreken? Wat nu, als ik jou nu eens een andere vraag stelde: "Hebben externe dingen echt macht over jouw Ervaring van het Leven of hebben die alléén maar zoveel macht omdat wij dat denken? Met andere woorden, waar is dat machtscentrum? Ligt dat buiten ons (wat inhoudt dat wij er niets aan kunnen doen?) of zit dat in onze geest, wat inhoudt dat wij er wél iets aan kunnen doen?"

Zoals ik al zei, niet iedereen is toe aan de directe leringen van de geascendeerde meesters. Eraan toe zijn, betekent dat jij een cruciale drempel overgaat als je het feit erkent dat jij inderdaad jouw omstandigheden in de buitenwereld kunt veranderen als jij de omstandigheden in jouw innerlijk verandert. Maar wat moet jij dan doen om die innerlijke omstandigheden te veranderen? Jij moet je Ervaring van het Leven veranderen.

De geascendeerde meesters onderrichten dat er een cruciaal verschil bestaat tussen uiterlijke en innerlijke omstandigheden; er bestaat verschil tussen jouw leven en jouw Ervaring van het Leven. Zij onderrichten ook dat de sleutel om je omstandigheden in de buitenwereld te veranderen, is dat jij eerst moet veranderen wat er zich in jouw geest afspeelt. De reden is dat niet de omstandigheden in de buitenwereld van echt belang voor jou zijn, maar hoe jij op die omstandigheden reageert. Jouw Ervaring van het Leven wordt níet bepaald door de dingen van de wereld, maar door jouw réactie op die dingen van de wereld. En die reactie vindt plaats ín jouw geest. Jouw reactie wordt exclusief – of zou exclusief moeten worden – bepaald door factoren in jouw geest, de factoren waar jij macht over uit kunt oefenen.

De geascendeerde meesters onderrichten dat de sleutel om de kracht van jouw Zelf te ontsluiten, is dat je de leiding neemt over hoe jij reageert op alles in de buitenwereld. Zij onderrichten ook dat jij, als je eenmaal je eigen reacties beheerst, in principe de kracht hebt ontdekt om veel omstandigheden

7 | Jouw reacties meester worden

in de buitenwereld te veranderen. De enige beperking is de Wet van Vrije Wil en dat betekent dat jij je niet met de vrije wil van andere mensen bemoeit, wanneer jij zelfmeesterschap hebt gekregen. En jij verandert dan geen omstandigheden in de buitenwereld waar zij niet voor hebben gekozen.

Volgens de meesters zijn wij allemaal geprogrammeerd – gebrainwasht – om een gigantische leugen te geloven. Die leugen bestaat uit twee componenten. De eerste is dat jij gewoon wel moet reageren op situaties in de buitenwereld. De tweede is dat jouw reactie moet worden bepaald door de externe situatie. De meesters onderrichten dat de waarheid is eigenlijk dat jij een spiritueel wezen bent. Zoals wij in een komend hoofdstuk zullen zien, kan de kern van jouw wezen niet worden aangetast door wat ook maar uit de materiële wereld. Dus er bestaat geen natuurlijke wet die zegt dat jij moet reageren op de dingen van deze wereld en er bestaat ook geen wet die zegt dat jouw reactie moet worden bepaald door de situaties die jij tegenkomt.

Eén van de mooiste leringen hierover heeft Jezus gegeven, maar helaas heeft het merendeel van de christenen de ware betekenis hiervan over het hoofd gezien. Denk eens na over het hele concept de andere wang toekeren. Stel dat iemand naar jou toekomt en jou hard op je wang slaat. Wat zou jouw 'normale' reactie hierop zijn? Dat zou 'vlucht of vechtgedrag' zijn, wat betekent dat jij óf zo bang wordt dat je maakt dat je weg komt, óf boos wordt en terugslaat. Dus wat is er voor nodig om te doen wat Jezus zei, namelijk rustig blijven staan en je door de ander ook nog op jouw andere wang te laten slaan? Jij moet dan totaal jouw reactie op de situatie beheersen.

Om te vermijden dat je reageert zoals de meeste mensen, zou je de menselijke geneigdheid moeten overwinnen om te reageren met vechten of vluchten. Je zou je geest zo moeten beheersen dat jij in principe geen enkele reactie toont, in ieder geval geen menselijke reactie wanneer jij een klap in je gezicht krijgt. Je moet je geest zo beheersen dat jij het gewoon niet toestaat dat iemand anders jou dwingt te vechten of op de vlucht te slaan. Je zou iets in de buitenwereld niet moeten laten bepalen wat er in jouw geest omgaat. Dit is in essentie de sleutel tot zelfmeesterschap en de mystici hebben dat in alle tijden onderwezen. Laten we dit eens nader bekijken.

De essentiële sleutel tot zelfmeesterschap

Jij bent een spiritueel wezen. Zoals gezegd is het je hoogste potentieel dat jouw geest de open deur wordt voor de energie uit het spirituele rijk. Laten we nog eens terugkomen op iets waar wij in de vorige hoofdstukken over hebben gesproken en kracht eens nader bekijken. Wat is kracht precies? Welnu, omdat wij leven in een wereld waarin alles energie is, is kracht energie. Om kracht uit te oefenen, heb je energie als stuwende kracht nodig. Maar wij kunnen spreken van twee soorten kracht: spirituele en materiële.

Zoals wij al hebben besproken, is de allerhoogste kracht van het Zelf, de energie die van de meesters komt. Maar er bestaat een cruciaal verschil tussen de meeste religies en de leringen van de geascendeerde meesters. De meeste belangrijke stromingen in de religie schilderen jou in principe af als een krachteloos/machteloos wezen dat een of andere verlosser in de buitenwereld nodig heeft die iets voor jou moet doen. Het christendom is het belangrijkste voorbeeld, omdat zij Jezus hebben veranderd in een mix van de Kerstman en Superman. Als je goed je best doet en braaf bent, krijg jij cadeautjes op deze wereld en dan neemt hij jou uiteindelijk in zijn armen en zal hij met jou naar de hemel vliegen. In werkelijkheid kwam Jezus

7 | Jouw reacties meester worden

om het voorbeeld te zijn van iemand die het potentieel dat wij allemaal bezitten, de Kracht van het Zelf, heeft ontsloten.

Dus de kern van het verhaal is: Ware kracht komt niet van buitenaf. De geascendeerde meesters zijn géén wonderwezens die alles voor jou doen. In plaats daarvan geven de geascendeerde meesters jou de spirituele kracht om zelf iets te doen. De truc is dat jij beseft dat de kracht die jij van de meesters krijgt, niet van een bron zal en kan komen die jij buiten jou ziet. Die kan en zal en móét van jou komen. Dat betekent dat jij die kracht niet kunt ontvangen zolang jij die nog buiten jou zoekt.

Denk hier nog eens op een andere manier aan. Wij hebben gezien dat jouw hoogste potentieel is dat jij de open deur wordt voor kracht uit het spirituele rijk. Maar hoe word jij die open deur? Door elke neiging te overwinnen om op iets in de buitenwereld te reageren en je bij jouw reacties te laten leiden door de dingen van deze wereld.

Neem nog eens het voorbeeld van iemand die jou op je wang slaat. Als jij hier met boosheid of angst op reageert, sluit jij jezelf voor jouw hogere kracht af. Jij zegt dan in principe: "Ik snap het. Ik weet zelf wel hoe ik hier mee om moet gaan, dus ik heb geen kracht van jullie daarboven nodig." Jezus vertelde ons in essentie dat wij, wanneer wij onze menselijke reactiepatronen transcenderen, kunnen vermijden om op een lagere manier om te gaan met situaties. In plaats daarvan kunnen wij neutraal, er niet aan gehecht, open, blijven. En door die openheid kan er spirituele kracht door ons heen stromen.

Je denkt misschien dat het toekeren van de andere wang wel een heel passieve maatregel is, maar in werkelijkheid is dit het krachtigste wat je maar kunt doen. Beschouw het als een uitwisseling van energie. De persoon die jou slaat, heeft duidelijk een zeer menselijke geestesgesteldheid, dus hij richt lagere energie – dit is de energie die al in het materiële spectrum aanwezig is – op jou. Als jij reageert met vechten of vluchten, probeer je zijn materiële energie te neutraliseren met jouw eigen materiële energie. Dus dan is het een kwestie van wie het sterkst materiële energie kan projecteren. Maar als jij onbeweeglijk blijft, laat jij spirituele kracht door jou heen stromen. Dit betekent dat zijn materiële energie de veel krachtiger spirituele energie tegenkomt. Dus wie denk je dat het dan wint bij zo'n uitwisseling van energie?

Jezus heeft ons 2000 jaar geleden de oplossing gegeven. Hij zei: "Ikzelf kan niets doen." Dit betekent dat hij besefte dat hij, zolang hij dacht dat hij een gescheiden wezen was, geen kracht bezat. Hij zei ook dat de vader in hem het werk deed. Dit betekent dat hij (h)erkende dat de kracht van een hogere bron komt, maar dat de deuropening binnenin ons zit.

Jezus heeft ook een ongelooflijk diepgaande uitspraak gedaan: "Het koninkrijk van God is binnenin jou." Als je deze ene uitspraak echt begrijpt, kun jij de volledige kracht van het Zelf ontsluiten. Om volledig te begrijpen wat Jezus hiermee bedoelde, kan het heel handig zijn om het Zelf en de verschillende componenten daarvan te kennen. Dit gaan wij in de komende hoofdstukken onderzoeken. Wanneer jij begrijpt wie of wat het zelf is, begrijp jij ook hoe jij de ware kracht kunt ontsluiten.

8 | HET ZELF IN HET SPIRITUELE RIJK

Laat ik nog eens samenvatten wat ik heb gezegd over het scheppen van de wereld van vorm. De geascendeerde meesters onderrichten dat het materiële universum bestaat uit de laatste van een serie sferen die in de oorspronkelijke leegte werden geschapen. Elke sfeer werd geschapen met een dichtere vibratie dan de vorige. Dit betekent dat wij in de dichtste sfeer leven die tot nu toe is geschapen. Het belang ervan is dat wanneer spirituele wezens een fysiek lichaam aannemen op aarde, wij een drastische omslag moeten maken in hoe wij onze omgeving ervaren.

Neem bijvoorbeeld de gebruikelijke waarneming dat wij in een wereld leven die uit vaste materie bestaat. Zoals wij eerder al hebben gezegd, is de materie helemaal niet vast; die wordt gemaakt van vibrerende energie. Maar het waarnemingsapparaat van ons fysieke lichaam kan de vibraties niet opmerken en dus lijkt het of de 'materie' vast en moeilijk te veranderen is.

Zoals we hebben gezegd, dalen wij af om te helpen de vibratie in onze sfeer te verhogen, totdat die ook deel uitmaakt van het spirituele rijk. En naarmate een sfeer wordt verheven, wordt de vibratie van de 'materie' steeds minder dicht. Dat betekent dat de materie minder dicht, vluchtiger, lijkt. Op dit moment heeft planeet Aarde een vrij lage vibratie, maar naarmate die wordt verhoogd, wordt het mogelijk om, zelfs met de lichamelijke zintuigen, op te merken dat de materie niet op zichzelf bestaat. Die wordt inderdaad van fijnere energie gemaakt en dit betekent dat deze wereld een verlengstuk is van een hogere wereld die niet een op zichzelf staande eenheid is.

Wanneer wij in een fysiek lichaam komen, gaan wij onvermijdelijk door een zekere mate van 'vergeten' heen, omdat wij ons niet meer bewust zijn van wie wij echt zijn: een spiritueel wezen. Hier is niets verkeerd of sinister aan, omdat dit daadwerkelijk deel uitmaakt van het ontwerp. Zoals wij hebben gezien, is het de bedoeling van de wereld van vorm dat individuele verlengstukken van de Schepper in zelfbewustzijn groeien, zich meer gewaar worden van wie zij zijn. Wij groeien door aan te vangen met een beperkt zelfgevoel en dat geleidelijk aan uit te breiden.

Afdalen naar deze dichte materiële wereld is inderdaad een geweldige kans om te groeien. Het is de bedoeling dat wij ons er hier niet meer van bewust zijn dat wij een spiritueel wezen zijn. In het ideale geval verliezen wij echter nooit het gevoel dat wij met iets verbonden zijn buiten het zelf dat wij op deze wereld bezitten. Wij vergeten nooit dat wij een verlengstuk van een groter geheel zijn en wij blijven ook altijd terugverlangen naar het grotere zelf dat wij hadden voor wij afdaalden.

Afdalen naar een beperkt zelfgevoel is vanzelfsprekend een kans om het grotere Zelf uit te breiden. Wanneer wij afdalen, nemen wij een zelfgevoel aan dat is aangepast aan de omstandigheden die wij op deze wereld tegenkomen. Zoals gezegd, nemen de zintuigen van ons fysieke lichaam de materie

8 | Het zelf in het spirituele rijk

waar als vast en moeilijk te veranderen, en daardoor lijkt het geloofwaardig dat wij worden beperkt door de omstandigheden in de materiële wereld. Door geleidelijk aan te ontwaken uit dit beperkte zelfgevoel – en meesterschap te verwerven over het materiële rijk – groeien wij in zelfbewustzijn.

Zoals ik later gedetailleerder zal uitleggen, is groei in zelfbewustzijn alleen maar mogelijk, omdat wij vrije wil bezitten. Dit Zelf dat naar de materiële wereld afdaalt, heeft dus inderdaad een vrije wil. Maar wij moeten onze vrije wil gebruiken op grond van de waarneming die wij op dit moment hebben. Dus als wij eenmaal in het materiële rijk zijn, beginnen wij beslissingen te nemen op grond van ons zelfgevoel en de waarneming die wij op deze wereld hebben – in tegenstelling tot het veel grotere perspectief dat wij als spiritueel wezen hadden.

Hierdoor ontstaat de mogelijkheid om beslissingen te nemen op grond van onze waarneming of overtuiging dat materie macht over ons heeft. Wij kunnen daarom geleidelijk aan een zelfgevoel vormen dat ervoor zorgt dat wij het gevoel verliezen dat wij met iets groters verbonden zijn. Wij kunnen geleidelijk aan ons verlangen naar een ander rijk dan het materiële vergeten en we kunnen zelfs gaan ontkennen dat wij een spiritueel wezen zijn, en accepteren dat wij van onze macht beroofd zijn, en bijvoorbeeld het gevoel dat wij van nature een zondaar of een geëvolueerde aap zijn, accepteren. Wij kunnen óf gaan geloven dat wij deze wereld niet kunnen ontstijgen met de kracht van het Zelf, óf dat wij geen kracht van het Zelf bezitten, omdat wij een product zijn van de materiële wereld en er dus geen macht over kunnen uitoefenen.

De ingebouwde risicofactor

Afdalen naar een fysiek lichaam op aarde is niet zonder risico. De mogelijkheid bestaat dat het wezen dat afdaalt, verdwaalt of vast komt te zitten in een zelfgevoel dat het onmogelijk maakt om onze beperkingen te transcenderen en weer te ascenderen naar het spirituele rijk.

Zoals we hebben gezegd, werd alles in de wereld van vorm geschapen door spirituele wezens in een hoger rijk. Het wezen dat jij bent, het wezen dat de unieke individualiteit bezit die jou tot jou maakt, wordt geschapen als een verlengstuk van de geascendeerde meesters in het spirituele rijk. Geascendeerde meesters hebben dit proces van afdalen naar een dichte sfeer en dan het beperkte zelf ontstijgen, al ondergaan. Dus zij weten uit ervaring hoe moeilijk het kan zijn als je eenmaal binnen dat waarnemingsfilter van een niet-geascendeerde sfeer zit. Wanneer een geascendeerde meester een verlengstuk van zichzelf schept, zal die deze ervaring natuurlijk in zijn ontwerp meenemen.

Wij beseffen allemaal dat wij een bepaald risico lopen wanneer wij onze kinderen naar school sturen. Als het kon, zouden wij onze kinderen zeker beschermen, zodat er niets ergs met hen kan gebeuren – wij zouden het risico zo klein mogelijk maken. Wanneer geascendeerde meesters een verlengstuk van zichzelf maken, vormen zij dat uit hun eigen wezen. Een geïndividualiseerd wezen scheppen is een heel complexe taak, het is een mengsel van grote wetenschappelijke berekeningen en een kunstwerk. Als de geascendeerde meesters gewoon wezens zouden maken en die wezens naar de materiële wereld zenden om daar te incarneren, zouden die wezens dus een groot risico lopen om te verdwalen en dan zouden de meesters een deel van zichzelf kwijtraken.

8 | Het zelf in het spirituele rijk

Om het risico zo klein mogelijk te maken, hebben de geascendeerde meesters een ingenieus ontwerp bedacht. Wanneer zij een geïndividualiseerd wezen scheppen, maken zij eerst een Zelf dat altijd in het spirituele rijk blijft. Wij zouden dit een spiritueel Zelf kunnen noemen, maar de meesters noemen dit meestal de 'IK BEN Aanwezigheid'.

Jouw IK BEN Aanwezigheid bevat de blauwdruk voor het zeer complexe en ingewikkelde ontwerp dat jou een individualiteit geeft die verschilt van de zeven miljard andere mensen op aarde en ook verschilt van de zelfs nog talrijkere levensstromen die het materiële universum bewonen.

De IK BEN Aanwezigheid is eigenlijk een bewust wezen, maar hij verzamelt zelf ook energie, namelijk het Materlicht. Het licht van de IK BEN Aanwezigheid heeft echter een veel hogere vibratie dan wat ook maar in het materiële universum. Dit betekent dat jouw IK BEN Aanwezigheid op geen enkele manier kan worden beïnvloed door de energie op aarde. Wat er ook met jou op aarde zou kunnen gebeuren, er is niets wat jouw IK BEN Aanwezigheid op wat voor manier ook zou kunnen aantasten. Dit sluit het risico totaal uit dat het oorspronkelijke deel van jouw wezen verdwaalt, verandert of wordt vernietigd door iets wat er met jou hier op aarde gebeurt.

Natuurlijk kan dit alleen maar, omdat de IK BEN Aanwezigheid van hogere energie wordt gemaakt en dit betekent ook dat de IK BEN Aanwezigheid niet naar een fysiek lichaam kan afdalen op een planeet die zo dicht, zo laag in frequentie, is als de aarde. Een IK BEN Aanwezigheid kan zeker groeien in het spirituele rijk en velen doen dat ook. Maar de IK BEN Aanwezigheid kan alleen maar maximaal groeien door uit vrije wil te beslissen dat hij een verlengstuk van zichzelf naar de laatste niet geascendeerde sfeer wil zenden. Dan moet de IK BEN Aanwezigheid een verlengstuk van zichzelf creëren dat daadwerkelijk kan afdalen en hoe dat gaat, bespreek ik in het volgende hoofdstuk. In de rest van dit hoofdstuk zal ik bepaalde eigenschappen van je IK BEN Aanwezigheid bespreken. De relatie tussen de IK BEN Aanwezigheid en het wezen dat afdaalt, kun je afbeelden zoals in het volgende plaatje.

Begrijpen wat jouw hogere zelf is

De IK BEN Aanwezigheid is de binnenste sfeer boven jou, omgeven door de gekleurde ringen die jouw causale lichaam voorstellen (wordt nog uitgelegd). Het wezen dat afdaalt, is het figuur daaronder en je bent verbonden met jouw IK BEN Aanwezigheid door een buis van wit licht, ofwel een kristallen koord. Jouw Christuszelf staat er tussenin (wordt ook later uitgelegd), die de bemiddelaar is, een link die jouw Aanwezigheid met jouw lagere wezen verbindt.

Het is belangrijk dat je beseft dat deze afbeelding maar één illustratie is die je van jouw Aanwezigheid kunt schetsen en dus is die nogal lineair. Vanzelfsprekend bouwt dit het traditionele beeld verder op dat de hemel of het spirituele rijk geografisch boven jou ligt.

In de middeleeuwen geloofden de christenen dat jij door een membraan heen zou breken en Gods koninkrijk ingaan, als je vanaf de aarde omhoog reisde. Moderne raketten hebben aangetoond dat dit onjuist is, dus het helpt als je een ruimer beeld van de Aanwezigheid aanneemt. Nogmaals, de volgende illustratie is weer een – en ook enigszins lineaire – manier om de relatie tussen jou en jouw IK BEN Aanwezigheid te symboliseren.

Deze afbeelding beeldt de IK BEN Aanwezigheid en het causale lichaam helemaal om jou heen af, wat niet gescheiden in ruimte betekent. Dit wordt gebaseerd op een inzicht in de hiërarchische structuur van de wereld van vorm.

8 | *Het zelf in het spirituele rijk*

Abeelding 8 – Jouw IK BEN Aanwezigheid en jouw Christuszelf

Zoals eerder uitgelegd, schiep de Schepper de eerste sfeer uit zijn eigen Wezen. Dit betekent dat Gods wezen in alles zit ingebed. Nadat de eerste sfeer was geascendeerd, schiepen de wezens in die sfeer de tweede sfeer uit hun eigen wezen. Dit proces is zo doorgegaan tot aan de huidige sfeer, waar het materiële universum een deel van vormt. Met andere woorden, het traditionele concept van een ver verwijderde God hoog boven ons, is gewoon niet juist. Er bestaat een hiërarchie van spirituele wezens die zich vanuit de Schepper door zeven niveaus heen uitstrekt.

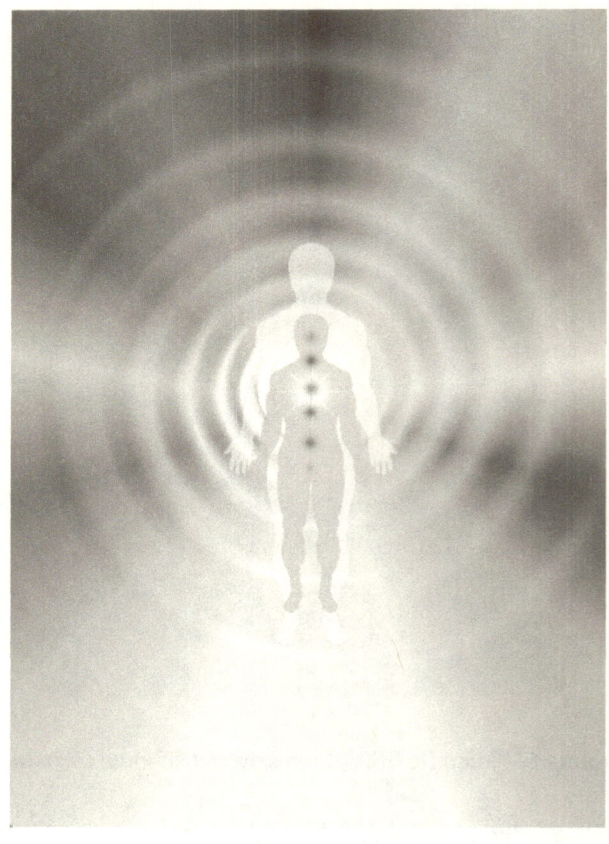

Afbeelding 9 – De open deur zijn voor de energie van jouw IK BEN Aanwezigheid

8 | Het zelf in het spirituele rijk

Elk niveau is niet gescheiden van het niveau erboven; het is een verlengstuk van het rijk daarvoor. Elk nieuw niveau wordt gemaakt uit het 'materiaal' van het vorige niveau dat in vibratie is verlaagd. Er bestaat geen ondoordringbare barrière, slechts een gradatie verschil in vibratie.

Dit betekent dat er eigenlijk geen scheiding bestaat. Jouw IK BEN Aanwezigheid is een verlengstuk van een wezen in het spirituele rijk en het Zelf dat afdaalt, is een verlengstuk van jouw IK BEN Aanwezigheid. Jij bent dus niet echt van jouw IK BEN Aanwezigheid gescheiden. Jij bestaat in die ruimte, de sfeer, de bol, van jouw Aanwezigheid.

Gescheidenheid is een product van je huidige waarnemingsfilter. Als jij denkt dat jouw waarnemingsfilter je de werkelijkheid toont, dan zul jij vereenzelvigen met de persoon die jij door dat filter ziet: een gescheiden wezen. Maar naarmate jij dat waarnemingsfilter (jouw zelfgevoel) transcendeert, zul je een staat van zuiver gewaarzijn verwerven. Jij ervaart dan een zich steeds verdiepend een-zijn met de IK BEN Aanwezigheid tot jij net als Jezus kunt zeggen: "Ik en mijn Vader zijn één." Op dat moment voldoe jij ook nog aan een andere uitspraak van Jezus, namelijk: "Ik ben de open deur die geen mens kan sluiten." Jij bent dan de open deur voor jouw IK BEN Aanwezigheid die zich vrij op deze wereld tot uitdrukking kan brengen. Zolang jij je nog vereenzelvigt met jouw uiterlijke zelf, blokkeert (filtert eruit) jouw waarnemingsfilter nog iets van de stroom van jouw IK BEN Aanwezigheid.

Het punt is dat jij eigenlijk niet van jouw IK BEN Aanwezigheid gescheiden bent en dus hoeft er ook geen barrière te worden doorbroken of genomen. Jouw IK BEN Aanwezigheid is nu op dit moment bij jou en dus is het slechts een kwestie van je afstemmen op het vibratieniveau van jouw Aanwezigheid.

Dit betekent dat er stadia zijn in de relatie tot jouw IK BEN Aanwezigheid, van laag naar hoog:

- Stadium 1: Je hebt geen bewust contact met jouw Aanwezigheid. Je weet er niets van af, of het is een theoretisch concept zonder enig innerlijke, intuïtieve, verbinding.

- Stadium 2: Je hebt enigszins contact met jouw Aanwezigheid, maar je ziet die nog steeds van jou gescheiden door een afstand of een barrière. Je bent bezig dat contact te versterken, maar het idee dat er een verbinding tussen die twee delen bestaat, houdt onherroepelijk in dat die twee door ruimte worden gescheiden. In dit stadium hebben wij vaak intuïtieve ingevingen, mystieke ervaringen of het gevoel dat wij contact maken met iets groters – en dat stelt ons open voor het spirituele pad. Maar ons waarnemingsfilter beperkt nog steeds de vooruitgang die wij op het pad boeken.

- Stadium 3: Je begint te begrijpen dat jij je moet losmaken van dat waarnemingsfilter om een staat van zuiver gewaarzijn te krijgen. Daardoor begin je systematisch jouw waarnemingsfilter te onderzoeken, ernaar te streven de wereld te zien zonder enig filter. Je begint te beseffen dat ruimte jou niet van jouw Aanwezigheid kan scheiden; het gevoel van gescheidenheid is een verdichtsel van jouw verbeeldingskracht.

- Stadium 4: Jij beschouwt jezelf één met jouw Aanwezigheid, als het verlengstuk van jouw

Aanwezigheid. Dit betekent dat jij weet dat jij niet jouw lagere wezen of lichaam bent, hoewel jij je lichaam nog wel als voertuig kunt gebruiken om je in het materiële rijk tot uitdrukking te brengen. Jij weet dat jij niet de uiterlijke persoonlijkheid, het ego of het gescheiden zelf bent. Jij bent eenvoudig de open deur, een helder vensterglas.

De twee aspecten van jouw ik ben aanwezigheid

Eén van de basisleringen die de geascendeerde meesters hebben gegeven, is dat alles in de wereld van vorm een uitdrukkingsvorm is van de ene, ondeelbare Schepper. Maar om een wereld met gevarieerde vormen te scheppen, heeft de Schepper zich eerst in twee complementaire polariteiten uitgedrukt. Die kun je Yin en Yang, manlijk en vrouwelijk, uitbreidend en samentrekkend, Alpha en Omega noemen.

Elke vorm die duurzaam is, wordt gevormd uit een evenwichtige combinatie van die twee krachten. Dus zie je die twee aspecten terug in elke vorm die wordt geschapen als je één bent met de spirituele hiërarchie.

De naam 'IK BEN Aanwezigheid' verwijst naar de naam die God aan Mozes heeft gegeven. In de meeste Bijbels wordt het vertaald als 'IK BEN DIE IK BEN'. Maar Bijbelkenners zijn zich ervan bewust dat een correctere vertaling van het oorspronkelijke Hebreeuws 'IK ZAL ZIJN DIE IK ZAL ZIJN' zou zijn. Jouw Aanwezigheid heeft beide aspecten:

- De IK BEN DIE IK BEN is het Alpha-aspect van jouw Aanwezigheid: dit is het onveranderlijke, onbeweeglijke centrum dat jou met de spirituele hiërarchie en uiteindelijk de IK BEN DIE IK BEN van de Schepper verbindt.

- Het IK ZAL ZIJN DIE IK ZAL ZIJN-aspect geeft jouw Aanwezigheid de motivatie om zichzelf in de materiële wereld tot uitdrukking te brengen. Dat betekent dat jij uit het IK ZAL ZIJN-aspect afdaalt.

Het is belangrijk dat je erover nadenkt dat het IK BEN-aspect, de onveranderlijke, nooit veranderende kern van jouw Aanwezigheid is, terwijl jouw IK ZAL ZIJN-aspect constant verandert, of beter, dat jij dat constant transcendeert. Dit kan je helpen om je te realiseren dat jij daadwerkelijk elke beperking of elke 'fout' uit jouw verleden kunt transcenderen in de materiële wereld.

De manier om echt iets te transcenderen, is je aansluiten op de voortdurende stroom van het IK ZAL ZIJN-aspect, zodat je niet ten prooi valt aan de leugen – die jouw ego en de valse leraren op deze wereld vertellen – dat jij vastzit aan de materiële omstandigheden of nooit kunt ontsnappen aan de fouten die jij hebt gemaakt. Jezus noemt dit de 'prins van deze wereld', en die wil dat jij – als Geest – vastzit aan de voorwaarden en fouten op deze wereld. Het Zelf dat afdaalt, is een verlengstuk van het IK ZAL ZIJN-aspect van jouw Aanwezigheid en als je dat hebt geaccepteerd, kun jij daadwerkelijk elke situatie transcenderen. De prins van deze wereld is een heel krachtige en subtiele programmering, die al heel lang op het collectieve bewustzijn wordt geprent en wij worden er allemaal door beïnvloed. De enige manier om er vanaf te komen, is de wetenschap dat jouw Geest nooit aan iets op deze wereld gebonden kan worden en zich op elk moment tot uitdrukking zal brengen zoals hij dat wil.

8 | Het zelf in het spirituele rijk

Dit is niet de motivatie van je ego om te doen wat jij wilt zonder de consequenties daarvan te dragen. Het is de wens van de Geest om de beperkte omstandigheden op deze wereld te transformeren in de hoogst mogelijke. En je kunt deze wereld eenvoudig niet transformeren als je denkt dat jouw uitdrukkingsvorm rekening moet houden met de huidige omstandigheden. Pas wanneer het Zelf de open deur wordt, ben jij in staat om mee te gaan met de onvoorwaardelijke – en dus niet aan banden gelegde – creatieve stroom van jouw IK Zal Zijn Aanwezigheid.

Je kunt het ook zo bekijken: het IK BEN-aspect van jouw Aanwezigheid verandert niet, terwijl jouw Ik Zal Zijn-aspect constant mee moet met de stroom van zelftranscendentie van het leven zelf. Dus het Zelf dat afdaalt, heeft de vrije wil om elke situatie, ervaring, of identiteitsgevoel op aarde aan te gaan, maar kan er nooit permanent aan vast blijven zitten. Er is niets wat jij niet kunt transcenderen, jij kunt onder geen enkele omstandigheid vast komen te zitten. Omdat het Zelf echter vrije wil heeft, kun je inderdaad wel geloven dat jij vastzit aan de materiële omstandigheden of vroegere fouten. En in gedachten zul je in die val blijven zitten tot jij je weer met jou Ik Zal Zijn-aspect verbindt en besluit om jouw beperkingen te transcenderen.

Het Zelf zou nooit mogen denken of zeggen 'ik ben' over een situatie in de materiële wereld. Wanneer jij denkt: "ik ben dat lagere zelf", geef jij je kracht weg om dit zelf en de situaties die daar aanleiding toe geven, te kunnen transcenderen. In plaats daarvan zou het Zelf altijd moeten denken: "Ik zal zijn." Als jij denkt: "Ik ben dit beperkte zelf", is jouw enige optie om aan dat zelf te ontsnappen, dat je hem in iets anders verandert. Als jij denkt: "Ik zal zijn", hoef jij het zelf niet te veranderen, je zegt gewoon: "Ik zal meer dan dit zelf zijn" of "Ik zal dit nieuwe zelf zijn dat ik mij verbeeld." In het volgende hoofdstuk zullen we het Zelf dat afdaalt, nader bekijken.

9 | HET ZELF DAT NAAR DE MATERIËLE WERELD AFDAALT

We hebben gezien dat de geascendeerde meesters de IK BEN Aanwezigheid tevens als reservoir voor jouw unieke individualiteit creëren. Dit doen ze om zich ervan te vergewissen dat jouw individualiteit nooit verloren kan gaan of wordt vervormd door wat jij ook maar op de materiële wereld meemaakt. Maar wij hebben ook gezien dat de IK BEN Aanwezigheid hierdoor niet zelf naar een fysiek lichaam kan afdalen. Dit houdt in dat hij een extensie van zichzelf moet zenden. Die extensie, dit verlengstuk, bekijken wij in dit hoofdstuk.

Laten we beginnen te begrijpen hoe de IK BEN Aanwezigheid het proces om een verlengstuk van zichzelf te laten incarneren, beschouwt. De IK BEN Aanwezigheid heeft twee doelen om dit te willen doen:

- Hij wil in zelfbewustzijn groeien.

- Hij wil meehelpen om de laatste sfeer te verheffen, totdat die kan ascenderen en onderdeel van het spirituele rijk worden.

Hoe kan de Aanwezigheid aan die doelen beantwoorden? Hij heeft twee belangrijke doelstellingen:

- Hij wil het materiële rijk van binnenuit ervaren. Vanzelfsprekend zit er verschil tussen de wereld bekijken als spiritueel wezen in een hoger rijk en het bekijken vanuit het perspectief van een wezen dat op deze wereld leeft en enigszins wordt beïnvloed door de beperkingen van die wereld. De IK BEN Aanwezigheid wil dit perspectief uit eerste hand, want als hij dit begrijpt en transcendeert, helpt dit de Aanwezigheid om zijn zelfgevoel uit te breiden.

- De Aanwezigheid wil zijn creatieve potentieel op deze wereld tot uitdrukking brengen. Dit brengt een tweeledige handeling met zich mee, namelijk het spirituele licht door het prisma van jouw unieke individualiteit tot uitdrukking brengen. En het gaat ook om het brengen van het spirituele perspectief van de Aanwezigheid, zoals die in jouw individualiteit wordt geconcentreerd. We zouden ruwweg kunnen zeggen dat een niet-geascendeerde sfeer maar een kleine hoeveelheid licht heeft, die kun je vergelijken met een donkere kamer. Een sfeer wordt dichter bij het moment van ascensie gebracht, wanneer een IK BEN Aanwezigheid zijn spirituele licht naar die sfeer straalt. Maar dit kan alleen maar wanneer de aanwezigheid een focus binnen die sfeer heeft en wanneer dat zelf zichzelf als de open deur voor de Aanwezigheid beschouwt.

Een zelf scheppen dat niet verloren kan gaan

Zoals wij hebben gezien, kan alleen de IK BEN Aanwezigheid de bovenstaande doelstellingen ten uitvoer brengen als hij een verlengstuk van zichzelf schept en dat naar de materiële wereld zendt. Maar er bestaat ook nog de zorg hoe dit kan zonder dat dit Zelf dat afdaalt, voorgoed komt vast te zitten op deze wereld. En nu komen wij bij een moeilijk punt dat het lineaire, analytische verstand maar moeilijk kan begrijpen. Een van de manieren om dit uit te leggen, is dat je zou kunnen zeggen dat de IK BEN Aanwezigheid uit twee aspecten bestaat:

- Bewustzijn, gewaarzijn van zichzelf of Aanwezigheid. Dit aspect is vormloos.

- Individualiteit. Het aspect dat vorm heeft en zich in de wereld van vorm tot uitdrukking wil brengen.

Zoals wij al hebben besproken, beginnen sommige wetenschappers te beseffen dat het hele universum op een reusachtig brein lijkt. Mystici zeggen al heel lang dat het hele universum slechts één groot brein is, namelijk dat van de Schepper, maar dat dit ene brein zichzelf in veel individuele wezens tot uitdrukking kan brengen. Het punt dat belangrijk is voor deze bespreking, is dat de IK BEN Aanwezigheid een verlengstuk van dat eerste aspect schept. Hij schept een verlengstuk van zijn zelfbewustzijn, zijn gewaarzijn van zichzelf, en deze extensie daalt naar het materiële universum af, terwijl de individualiteit veilig en onaangetast in het spirituele rijk achterblijft.

We kunnen ook zeggen dat zelfbewustzijn buiten de wereld van vorm valt. Het heeft geen vorm, geen eigenschappen die door een vorm kunnen worden beïnvloed. Maar individualiteit heeft vorm en daardoor kan die inderdaad door andere vormen worden beïnvloed, en daardoor groei je in zelfbewustzijn. Het punt is dat jouw individualiteit niet afdaalt, maar veilig in het spirituele rijk is. Een verlengstuk van jouw zuivere gewaarzijn van jezelf daalt af. Dit Zelf heeft daarom geen aangeboren individualiteit; het is slechts de open deur voor je IK BEN Aanwezigheid.

Om dit grof te illustreren: bedenk eens dat politieteams een flexibele buis met een lens aan het eind hebben die zij in een kamer kunnen schuiven. De buis staat in verbinding met een videocamera, dus men kan zien wat er in die kamer gebeurt. De IK BEN Aanwezigheid – opnieuw als ruwe visuele schets – verlengt een 'buis van licht' tot in het materiële universum met aan het eind daarvan een heldere glazen lens. De lens werkt naar beide kanten. De IK BEN Aanwezigheid kan door de lens licht naar de materiële wereld zenden en de materiële wereld van binnenuit bekijken als hij door die lens heen kijkt. De lens zelf bestaat eenvoudig uit zuiver gewaarzijn en dit kan dus nooit verloren gaan of worden vervormd door iets wat dit in de materiële wereld tegenkomt. Maar de lens kan worden uitgebreid en dit gebeurt wanneer je naar een hogere bewustzijnsstaat toe groeit. Je wordt een uitdijende open deur.

Iets weten door een mystieke ervaring: gnosis

De geascendeerde meesters realiseren zich dat jij alleen maar kunt weten of een lering waar is als jij, wat wij eerder mystieke ervaringen hebben genoemd, krijgt. Gewoonlijk richt de geest van een menselijk wezen zich slechts op, of gaat op in, concrete gedachten, gedachten die een of andere vorm hebben. De gedachten kun je vergelijken met de inhoud van een vat, maar wat is het vat zelf dan? Het vat is bewustzijn in haar zuiverste vorm. Mystici uit alle tijden hebben gezegd dat wij, als wij de geest kunnen stillen, het opgaan in onze gedachten kunnen ontstijgen en dat wij een ervaring van het bewustzijn in haar zuivere vorm kunnen krijgen. De filosoof René Descartes is beroemd vanwege de uitspraak: "Ik denk en daarom ben ik." Een mysticus zou nog een stap verder kunnen gaan en zeggen: "Ja, maar wat stelt ons in staat om te denken? Dit is dat jij Aanwezigheid hebt, je bent je gewaar van jezelf." Dus zouden wij ook kunnen zeggen: "IK BEN, dus ik ben mij bewust van mijzelf en dat stelt mij in staat om te denken."

De geascendeerde meesters zijn zich er terdege van bewust dat dit idee van een Zelf dat geen individualiteit of vorm bezit, voor veel mensen het tegenovergestelde is van wat zij vroeger hebben geleerd. En zulke mensen zouden zelfs het analytische verstand argumenten kunnen laten bedenken die voor of tegen dit Zelf zijn. Maar de meesters onderrichten ook dat het analytische verstand bepaalde beperkingen heeft, namelijk dat die alleen maar over iets kan redeneren wat vorm heeft.

Juist deze eigenschap van het analytische verstand zorgt ervoor dat wij kunnen geloven dat wij materiële wezens zijn die bepaalde beperkingen niet kunnen transcenderen. Het analytische verstand moet alles vergelijken met iets wat hij in zijn eigen database kan terugvinden. Maar hoe kun je iets wat je kent transcenderen door te gebruiken wat je kent? Zoals Albert Einstein zei: "Je kunt een probleem niet oplossen met dezelfde bewustzijnsstaat als de bewustzijnsstaat die het probleem heeft geschapen."

Zoals wij later gedetailleerder zullen bespreken, is het mogelijk om een zelf in het leven roepen dat wordt gebaseerd op de beperkingen van de materiële wereld. Als het Zelf dat afdaalt, zich begint te vereenzelvigen met het gescheiden wezen, wordt alles wat hij ziet, gekleurd door beperkingen en dat zal hij die beperkingen schijnbaar bevestigen. Dit is een andere manier om het menselijke dilemma, de existentiële catch-22, te beschrijven.

Er is maar één uitweg, namelijk een directe ervaring die aantoont dat jij meer bent dan dit wereldse, gescheiden zelf. En dat kan alleen maar wanneer jij ervaart dat jij jouw dagelijkse gedachten ontstijgt, terwijl jij nog steeds bij bewustzijn bent en leeft. Jij bent bewust zonder je bewust te zijn van, of geïdentificeerd met, jouw dagelijkse zelfgevoel. De mystieke ervaring wordt juist het fundament om aan het proces te beginnen, waardoor jij je geleidelijk dis-identificeert van jouw gescheiden zelf. Het Zelf dat is afgedaald kan dus naar de oorspronkelijke staat terugkeren, waarin hij beseft dat hij de open deur is voor de IK BEN Aanwezigheid – niets meer, niets minder.

Veel spirituele mensen hebben al van die mystieke ervaringen gekregen en jij kunt daar ook wel één van zijn. Heb jij ooit het gevoel gehad dat jij verbonden was met iets groters, dat jij één was met een grotere realiteit, misschien alles of zelfs God? Heb jij ooit ervaren dat jij je bewust gewaar van jezelf was zonder je van jouw omgeving of gedachten bewust te zijn die normaal gesproken jouw hoofd vullen? Heb jij ooit visioenen gehad van een wereld of een niveau van werkelijkheid die boven de materiële wereld staat? Heb jij ooit het gevoel gehad dat 'jij' veel groter bent dan jouw lichaam of dat jij een cel in een groter lichaam bent? Er zijn veel soorten van die mystieke ervaringen en die komen in diverse gradaties van zuiverheid. Maar het gaat erom dat elke ervaring die het wat wij noemen 'normale' menselijke bewustzijn ontstijgt, aantoont dat de kern van jouw wezen, het Zelf dat is afgedaald, eigenlijk een vorm van zuiver, puur, gewaarzijn is.

Wanhoop niet als jij die ervaringen niet hebt gehad. Zoals wij al hebben besproken, hebben de geascendeerde meesters ons veel hulpmiddelen geschonken om ervaringen van een

9 | Het zelf dat naar de materiële wereld afdaalt

hogere bewustzijnsstaat te krijgen. Wanneer jij de vier niveaus van jouw geest zuivert van vervormde energie, begin je op een natuurlijke en moeiteloze manier mystieke ervaringen te krijgen. Dat komt omdat zuiver gewaarzijn de natuurlijke staat is van het Zelf dat afdaalt.

Het is belangrijk dat je nadenkt over het punt dat het Zelf dat afdaalt, uit zuiver gewaarzijn bestaat. Dit betekent dat het geen vorm heeft. Dus kan het ook niet worden vernietigd of gedood door iets uit de materiële wereld. Het kan niet permanent vast blijven zitten of gevangen blijven in welke vorm ook. En wat voor zelfgevoel jij op dit moment ook hebt, het zuivere Zelf dat jij werkelijk bent, heeft het potentieel om ieder aspect daarvan te transcenderen. Wat jij ook hebt ervaren of op dit moment ervaart, jij hebt het potentieel om een nieuwe versie van jouw zelfgevoel te vormen, zodat jij de open deur wordt, waardoor jouw ware individualiteit zich vrij door de lens van het Zelf dat op deze wereld is, tot uitdrukking kan brengen.

Dan blijft natuurlijk de vraag over hoe het kwam dat jij vergat dat jij een spiritueel wezen bent en dat bespreken wij in de rest van dit hoofdstuk. Laten wij eerst een praktischer naam geven aan 'het Zelf dat afdaalt'. Hoewel je veel namen kunt gebruiken, hebben de geascendeerde meesters voor de naam 'Bewuste Jij' gekozen om aan te geven dat dit het Zelf is dat het jou mogelijk maakt om op de hoogste manier bewust of gewaar te zijn. Jij verwerft dit wanneer jij je ervan bewust bent dat jij daadwerkelijk de Ik Zal Zijn Aanwezigheid bent, terwijl jij je van de materiële wereld en jouw potentieel om een hogere vorm op deze wereld mede te scheppen, bewust bent.

Hoe drukt het zelf zich uit?

Nogmaals, de Bewuste Jij wordt geschapen om het risico zo klein mogelijk te maken om op deze wereld te verdwalen. En nogmaals, dit betekent dat de Bewuste Jij vanwege het tamelijk grote verschil in vibratie tussen het spirituele rijk en de materiële wereld niet rechtstreeks iets kan uitwisselen met een fysiek lichaam. Om te kunnen incarneren, begint de Bewuste Jij zich te projecteren naar een zelfgevoel dat uit de energie en vormen wordt geschapen die je momenteel op aarde ziet. En dan kan dit zelf iets met het fysieke lichaam uitwisselen.

Het slimme van dit ontwerp is dat er niets met de Bewuste Jij gebeurt, zelfs als het materiële zelf wordt beschadigd of vernietigd. De lagere energie van de materiële wereld kan het zuivere zelfbewustzijn van de Bewuste Jij niet aantasten. Het is niet moeilijk om je dit voor te stellen wanneer je in reïncarnatie gelooft. Je weet dat je ziel niet wordt vernietigd wanneer het fysieke lichaam sterft. En de Bewuste Jij kan ook niet worden vernietigd als het uiterlijke zelf sterft.

Het proces van hoe wij incarneren, is complex en wij zullen nu de verkorte versie bekijken. In het oorspronkelijke ontwerp zouden we beginnen met afdalen naar een beschermde omgeving, die wij eerder het identiteitsrijk hebben genoemd en die de hoogste van de vier rijken in het materiële universum is. Wij zouden dan enige tijd doorbrengen in een leeromgeving die men een mysterieschool noemt.

Hier zouden wij dan beginnen te leren hoe je een materieel zelf aanneemt en dat transcendeert zonder je ermee te vereenzelvigen. Zolang wij ons niet met het materiële zelf vereenzelvigen, kunnen wij dat zelf transcenderen en door dit proces van een zelf aannemen en vervolgens dat zelf te transcenderen, groeien wij in bewustzijn. Naarmate wij meer ervaring kregen, zouden wij zelfs ons zelf kunnen definiëren en dat zou dan de basis vormen om naar een fysiek lichaam af te dalen.

Opnieuw, er bestaat een substantieel verschil in vibratie tussen het identiteitsrijk en het materiële rijk. Het materiële rijk is veel dichter, dus op het moment dat wij naar een fysiek lichaam afdalen, verandert ons perspectief drastisch. Het menselijke lichaam wordt vanzelfsprekend veel meer beperkt door fysieke omstandigheden. Dat betekent dat het heel aannemelijk lijkt dat de materiële omstandigheden ons in de macht hebben, als wij ons met ons lichaam vereenzelvigen.

Waarom is het zelf vergeten wie hij is?

We zien nu dat de Bewuste Jij een zelf aanneemt in de vorm van, en met de energie van, de materiële wereld om af te dalen naar de dichtheid van de materiële wereld. Dit zelf lijkt op een waarnemingsfilter dat we zouden kunnen vergelijken met een gekleurde bril. Bedenk eens wat er zou gebeuren als iemand rode contactlenzen in jouw ogen had gezet toen jij werd geboren. Je zou opgegroeid zijn in de vaste overtuiging dat de lucht paars is en dat je de lucht niet op een andere manier kunt ervaren.

We zien nu dat de omstandigheden in de buitenwereld macht over ons hebben als wij de overtuiging hebben dat wat wij door het filter zien, een werkelijkheid is die niet van onze waarneming afhangt. Dit hebben wij eerder geïllustreerd door onze geest met een caleidoscoop te vergelijken. De gekleurde stukjes glas in de caleidoscoop corresponderen met de vele overtuigingen die in je geest zitten en die overtuigingen laten het geloofwaardig lijken dat jij een beperkt wezen bent en dat de materiële wereld macht over jou heeft.

Als jij op een bepaald moment doorkrijgt dat de manier waarop jij naar het leven kijkt, het product is van een specifiek zelf, een specifiek waarnemingsfilter, ontstaat er een kans om van te watertanden. Wij kunnen dan een vraag stellen die ons leven zou kunnen veranderen: "Is mijn huidige zelf de enige manier waarop ik de wereld zou kunnen bekijken of is er ook op een ander manier mogelijk – een manier die mij zou kunnen helpen om mijn huidige beperkingen te transcenderen?"

Vanzelfsprekend zien wij allemaal wel dat veel andere mensen niet op dezelfde manier als wij naar het leven kijken. De logische verklaring is dat zij de wereld door heel veel verschillende andere zelven, andere waarnemingsfilters, ervaren. Dit idee verklaart waarom het zo moeilijk is om het met anderen eens te zijn, of zelfs maar met anderen te communiceren. Als de ene persoon een bril met gele glazen draagt en een andere één met rode glazen, zijn zij niet in staat om het eens te worden over de kleur van de lucht, omdat zij allebei iets anders zien.

Dus wat moeten wij nu doen? Wel, we kunnen beginnen onze waarnemingsfilters te verfijnen of uit te breiden door ons inzicht in het leven en spirituele onderwerpen te vergroten. Velen van ons hebben dat gedaan door spirituele leringen of leringen over zelfhulp te bestuderen. Wij krijgen meer inzicht in de spirituele aspecten van het leven en dit helpt inderdaad om onze waarneming van het leven te wijzigen.

Maar wij kunnen wel begrijpen dat deze aanpak wat beperkingen met zich meebrengt. Veel spirituele mensen hebben bijvoorbeeld nog wel bepaalde karaktertrekken of gewoonten die zij niet kunnen transcenderen. Een aantal mensen heeft zelfs een spirituele lering gebruikt om een nieuw waarnemingsfilter te maken dat hen op veel manieren net zo beperkt als de filters die zij hadden voor zij een spirituele lering vonden. Een aantal spirituele mensen worstelt met het idee dat zij andere mensen ervan moeten overtuigen dat 'mijn waarnemingsfilter correct is en dat van jullie niet'. Deze strijd is al heel lang op deze planeet gaande. Een aantal heeft zelfs een superioriteitsgevoel, omdat zij het gevoel hebben dat hun spirituele goeroe of lering hen een waarneming verschaft die superieur is aan die van alle anderen.

Dit wil niet zeggen dat het bestuderen van een spirituele lering niet goed is, of dat het verkeerd is om jouw waarnemingsfilter uit te breiden. Maar de geascendeerde meesters zeggen dat het slechts een stadium is en dat er zelfs nog een hoger niveau op het spirituele pad bestaat. Wat zou dat niveau kunnen zijn?

Als wij nu eens een andere vraag zouden stellen: "Is het ook mogelijk om het leven te ervaren zonder één enkel waarnemingsfilter?" Met andere woorden, is het ook mogelijk om alle waarnemingsfilters te transcenderen in plaats van ze alleen maar uit te breiden? En zoals wij al eerder hebben gezien, is de Bewuste Jij eigenlijk bestemd om de open deur te zijn voor de IK BEN Aanwezigheid. De open deur zijn betekent dat jij geen enkel waarnemingsfilter hebt; het betekent dat jij de materiële wereld niet ziet door een filter dat van de energie en vormen van deze wereld is gemaakt. In plaats daarvan bezie jij de materiële wereld zoals jouw IK BEN Aanwezigheid die beziet; je hebt een zuivere waarneming.

Dit concept vind je bij veel mystieke leringen terug. Bijvoorbeeld de stichter van het Tibetaans boeddhisme PadmaSambahava noemde het 'puur gewaarzijn' of 'naakt gewaarzijn'. Het zenboeddhisme noemt het de 'beginnersgeest' en Jezus zei dat wij als kleine kinderen moesten worden om het koninkrijk der hemelen binnen te gaan. Wanneer je een zuivere waarneming van de wereld hebt, zie je ook dat alles in deze wereld van vorm wordt gemaakt van een lagere vorm van energie dan de energie die van jouw IK BEN Aanwezigheid komt. Daardoor zul je letterlijk ervaren dat 'met God alles mogelijk is'. Energie wordt eenvoudig van golven gemaakt en een golf met een lagere vibratie kan worden gewijzigd door een golf met een hogere vibratie. Zodoende is alles mogelijk voor degenen die de open deur zijn voor spirituele energie.

Het waarnemingsfilter onderzoeken

Wij kunnen nu zien dat het concept spirituele groei dat tot een hogere bewustzijnsstaat leidt, eigenlijk het proces is waarin wij ons ontdoen van de waarnemingsfilters die wij hebben. Zolang je de wereld ziet door het waarnemingsfilter dat jouw huidige zelfgevoel heeft gemaakt, bestaat er absoluut geen enkele andere manier om te onderzoeken of de materiële omstandigheden echt bestaan en macht over jou hebben. De énige manier waarop je misschien die omstandigheden zou kunnen transcenderen, is juist het waarnemingsfilter te betwijfelen waardoor ze echt lijken. Dit hebben we eerder het menselijke enigma, de existentiële catch-22, genoemd. De Bewuste Jij kan zijn waarneming niet onderzoeken, zolang hij zichzelf door dat waarnemingsfilter van het materiële zelf bekijkt.

De enige uitweg is een mystieke ervaring, waardoor je beseft dat jij níet jouw huidige zelfgevoel bent. In werkelijkheid ben jij een wezen dat uit het spirituele rijk is afgedaald en daardoor kun je niet permanent door iets op aarde worden beïnvloed. Dit wezen heeft eenvoudig een beperkt zelf aangenomen, en zolang jij jezelf door het filter van dit zelf bekijkt, denk je dat jij daadwerkelijk die persoon bent. Maar wat jouw huidige waarneming ook is, jij blijft altijd hetzelfde wezen dat is afgedaald.

Als visuele illustratie: stel je voor dat iemand jou een verrekijker geeft. Zolang jij daardoor kijkt, kun je inderdaad bepaalde dingen duidelijker zien dan met het blote oog. Maar de prijs die je daarvoor betaalt, is dat die verrekijker jou een beperkt zicht geeft. Dus om het totale perspectief terug te krijgen, moet jij je ogen van de verrekijker losmaken en de wereld met het 'blote oog' bekijken. Zo kun je ook geleidelijk aan leren om de Bewuste Jij bij de verrekijker die het uiterlijke zelf is, weg te trekken.

De volgende stap is eens na te denken over hoe de Bewuste Jij jouw huidige zelf heeft aangenomen. Dat deed hij door zichzelf in dat zelf te projecteren, te vergelijken met een acteur die een bepaald kostuum aantrekt en make-up aanbrengt om een rol te spelen in een toneelstuk of film. Jouw huidige zelf is gewoon de rol die jij hebt gekozen te spelen in het theater van het leven. Maar als jij genoeg krijgt van die rol, kun je dat kostuum weer uittrekken.

Hoe transcendeer je dat huidige zelf? Door je te realiseren dat de Bewuste Jij zich naar dat zelf toe heeft geprojecteerd, wat inhoudt dat hij zich er ook weer uit kan terugtrekken. Dit doe je door het besef dat de Bewuste Jij het potentieel heeft om een staat van zuiver gewaarzijn te verwerven, wat betekent dat jij géén waarnemingsfilter meer hebt. Jij kijkt gewoon naar de omstandigheden in het materiële rijk zonder er een etiket op te plakken of er een oordeel over te vellen. Dit labelen en oordelen is het product van jouw waarnemingsfilter.

Als je eenmaal ziet dat jouw uiterlijke zelf een waarnemingsfilter is en dat niets wat jij ziet met dat waarnemingsfilter uiteindelijk echt is, wordt het gemakkelijker voor jou om je er niet meer mee te identificeren. In feite kun jij je nooit meer helemaal met jouw uiterlijke zelf identificeren, als je eens een ervaring van zuiver gewaarzijn hebt gehad, hoewel je misschien wel even tijd nodig hebt om van dat gevoel van identificatie af te komen.

Het is essentieel dat je beseft dat de Bewuste Jij niet voorgoed is veranderd door jouw huidige zelfgevoel – niet meer dan jouw ogen zouden veranderen wanneer jij een bril met gele glazen opzet. De Bewuste Jij is heel goed in staat om een zuivere bewustzijnsstaat te verwerven, omdat jij niet één van de waarnemingsfilters hebt die op aarde worden gedefinieerd. Je ziet de dingen zoals ze echt zijn.

Hier had Jezus het over toen hij zei: "Wanneer jouw oog één (eenpuntig, of op één punt gericht en daardoor helder) is, zal jouw hele lichaam vol licht zijn." Wanneer jouw visie 'eenpuntig' is, wat betekent, niet verdeeld door waarnemingsfilters, dan zie je dat alles in het materiële universum van spiritueel licht wordt gemaakt. Hoe helpt dit je om jouw beperkingen te transcenderen?

De waarnemingsfilters ontmantelen

Zoals al eerder uitgelegd, wordt alles in het materiële universum van spiritueel licht gemaakt dat eenvoudig een tijdelijke verschijningsvorm heeft aangenomen. Maar zolang jij de wereld door het waarnemingsfilter van het materiële zelf ziet, zullen die verschijningsvormen echt lijken.

Het is belangrijk dat je dit principe goed begrijpt. Ons waarnemingsfilter heeft feitelijk geen macht over ons, maar het kan ons wel onze macht ontnemen, omdat wij naast dit filter geen referentiekader hebben. Waarom geloofden de mensen in de middeleeuwen in de onfeilbaarheid van de katholieke doctrine dat de aarde het centrum van het universum was? Omdat zij niet het referentiekader hadden dat de vroegste astronomen hadden, die zeiden: "Sorry, maar de objecten in de lucht gedragen zich niet volgens die doctrine, dus waarom zouden wij dat dan wel moeten?"

9 | Het zelf dat naar de materiële wereld afdaalt

Laten we nog eens naar het voorbeeld van de doolhof van hoge heggen kijken. De doolhof inlopen, lijkt op het aannemen van een waarnemingsfilter, omdat je alleen maar groene muren ziet en jij er geen idee van hebt hoe de doolhof er van bovenaf uitziet. Je kunt op geen enkele manier aan de weet komen wat jouw positie is ten opzichte van de uitgang.

Dus wat doe jij dan? Welnu, je kunt wat ronddolen en hopen dat je er bij toeval uitkomt. Of je kunt het vermogen van de geest gebruiken om mentaal uit die situatie te stappen, waardoor jij jouw bewegingen observeert en je probeert je een kaart van de doolhof voor te stellen op grond van wat jij om je heen ziet. Maar een derde optie is dat je ziet dat er touwen van boven naar beneden hangen en als jij in een touw klimt, kun jij de doolhof van bovenaf zien. In het touw klimmen, is het vermogen van de Bewuste Jij gebruiken om mentaal uit jouw huidige waarnemingsfilter te stappen.

Het principe is eenvoudig. Onze waarneming verblindt ons voor de werkelijkheid; die toont ons een verdraaid en foutief beeld van de werkelijkheid. Maar zolang wij nog door dat filter kijken, kunnen wij op geen enkele manier aan de weet komen hoe ons beeld wordt vervormd. Om ons van ons waarnemingsfilter te bevrijden, hebben wij een referentiekader nodig dat ons toont dat er nog een andere werkelijkheid naast dit filter bestaat.

Als je de geschiedenis bekijkt, zie je dat alle religies ons nog een ander referentiekader naast ons eigen referentiekader moesten geven. Zowel Jezus als de Boeddha probeerde ons zelfbeeld dat wij een machteloos wezen zijn, uit te dagen. Helaas hebben wij, mensen het vermogen om de religie te gebruiken om ons huidige waarnemingsfilter te bevestigen en daarom hebben heel veel religies de mensen nog meer in de overtuiging vastgezet dat wij machteloze menselijke wezens zijn die iemand van buitenaf nodig hebben.

In de middeleeuwen zaten de mensen stevig in het waarnemingsfilter dat de katholieke kerk had geschapen, vast. De wetenschap werd het referentiekader om de mensen te tonen dat er nog een andere werkelijkheid buiten de doctrines om bestond. En de wetenschap fungeert nog steeds zo, maar het materialisme heeft de bevrijdende kracht van de wetenschap ingeperkt. Daarom keren heel veel mensen in de moderne tijd zich tot de spiritualiteit of de mystiek, die de ingebouwde kracht van onze geest wel erkent. Wat is die kracht?

Nu, wanneer wij het concept de Bewuste Jij nemen, bestaat je ware kracht eruit dat jij een spiritueel wezen bent dat zichzelf naar jouw huidige zelf heeft geprojecteerd. En het vermogen dat je naar jouw huidige waarnemingsfilter heeft geprojecteerd, kan juist worden gebruikt om jou buiten jouw huidige waarnemingsfilter te projecteren. Wij hebben eerder al gezegd dat een directe, mystieke ervaring de enige manier is om aan de weet te komen of de geascendeerde meesters echt bestaan. Een dergelijke ervaring is het product van de Bewuste Jij die zichzelf buiten jouw huidige waarnemingsfilter projecteert.

Zoals al eerder is gezegd, zijn mystieke ervaringen een directe demonstratie van het feit dat de Bewuste Jij meer is dan jouw huidige zelf. Die mystieke ervaringen komen wanneer de Bewuste Jij zich niet meer volledig herkend in het uiterlijke zelf en in plaats daarvan een glimp opvangt van wat hij eigenlijk is. Naargelang jij verder komt op het spirituele pad, begin je meer van dat soort ervaringen te krijgen en die worden geleidelijk aan duidelijker. Op den duur kun jij ervaringen krijgen van een bewustzijnsstaat waarin jij geen gedachten of waardeoordelen hebt. Je ervaart de wereld simpelweg zonder waarnemingsfilter. En zo'n ervaring is het ultieme bewijs dat dit nooit het Zelf permanent kan beïnvloeden, waar de Bewuste Jij zichzelf ook naar toe heeft geprojecteerd.

Dan ga je de belangrijkste boodschap van de geascendeerde meesters geloven: Waar het Zelf ook in is beland, hij kan er ook weer zelf uitkomen. En dit betekent dat je niet naar een verlosser in de buitenwereld op zoek moet die alles voor jou doet. Het is gewoon een kwestie van bewust gebruik maken van precies dezelfde vaardigheden als de vaardigheden die jou je huidige zelfgevoel hebben gegeven. De geascendeerde meesters hebben nooit beloofd dat zij ons zouden redden, of dat zij zelfs maar iets voor ons zouden doen. Wat zij wel doen, is ons helpen de kracht te ontdekken die wij altijd al tot onze beschikking hadden: de kracht van het Zelf. Die kracht wordt vanzelfsprekend geblokkeerd door het waarnemingsfilter dat zegt dat materiële omstandigheden macht over ons hebben. Dus door die waarnemingsfilters te transcenderen, worden wij de open deur voor de volledige kracht van ons hogere Zelf.

Hoe wij hier op aarde een beperkt zelf scheppen

Wij zijn ons er allemaal van bewust dat planeet Aarde momenteel niet op haar best is. De onmenselijkheid van de mens tegen de mens is één van de omstandigheden waar wij mee worstelen. Het resultaat is dat wij, toen wij voor de eerste keer incarneerden, allemaal werden beïnvloed door de onzuivere omstandigheden op deze planeet en de meesten van ons begonnen een nieuw zelf te scheppen als reactie op de situaties die wij meemaakten. Dit zelf werd vanzelfsprekend gebaseerd op de veel beperktere waarneming die wij kregen nadat wij waren geïncarneerd. In feite namen wij in veel gevallen een van te voren bedacht zelf aan om met de omstandigheden op aarde om te kunnen gaan.

Vergelijk dit eens met een theater. Stel je een nieuwe acteur voor die middenin een galavoorstelling een leeg toneel wordt opgeduwd en te horen krijgt dat hij zijn eigen rol moet bedenken. Dit zou vanzelfsprekend zeer beangstigend zijn, dus een nieuwe acteur zou liever een klein rolletje hebben en zich achter een kostuum en make-up verbergen. Als de acteur meer vertrouwen krijgt, kan hij of zij complexere rollen gaan spelen. En in sommige gevallen kan een acteur zelfs de moed vatten om het toneel op te lopen zonder een van te voren verzonnen rol te spelen.

Toen de Bewuste Jij voor het eerst incarneerde, heeft hij één van de vele van te voren bedachte rollen genomen die je in het theater Aarde tot je beschikking hebt. Maar de aarde is momenteel in een veel lagere staat dan toen hij door de geascendeerde wezens werd geschapen. Bijna iedere religie en spirituele leer hebben het concept dat er in het verleden een hogere staat was en dat wij, de mensen, zijn afgedaald of naar beneden gevallen. Het gevolg is dat er nu veel van te voren bedachte rollen zijn die je in het oorspronkelijke ontwerp niet tot je beschikking had.

De geascendeerde meesters onderrichten dat die 'val' gebeurde, omdat een aantal mensen besloot een zelf te creëren of aan te nemen op grond van de illusie van gescheidenheid. Dit maakt het mogelijk om als een gescheiden wezen te handelen zonder dat je hoeft na te denken over de consequenties die jouw handelen voor andere mensen, het geheel of voor jou zelf op lange termijn heeft. Momenteel handelen de meeste mensen vanuit een dergelijk gescheiden zelf en daarom bestaan er zoveel conflicten. Er zijn twee belangrijke redenen om zo'n zelf aan te nemen:

- In het verleden besloot jij dat je de wereld door een beperkt zelf wilde ervaren of dat je bepaalde dingen wilde doen die je alleen maar kunt doen wanneer jij denkt dat je een gescheiden wezen bent. En hoewel dit helemaal in overeenstemming is met de Wet van Vrije

9 | Het zelf dat naar de materiële wereld afdaalt

Wil, is het gewoon een feit dat jij, als je eenmaal een rol hebt genomen die wordt gebaseerd op de illusie van gescheidenheid, vergeet dat jij een Bewuste Jij bent die een extensie is van de IK BEN Aanwezigheid. En dat betekent dat het waarnemingsfilter van het gescheiden zelf veel echter lijkt dan de waarneming van een verbonden wezen.

- Het is mogelijk dat jij niet bent afgedaald omdat je als een gescheiden wezen wilde handelen. Je hebt misschien een beperkt zelf aangenomen om aan anderen te demonstreren dat wij meer zijn dan een menselijk wezen en dat wij ons niet hoeven te laten beperken door materiële omstandigheden. In plaats daarvan kunnen wij elk zelfgevoel ontstijgen en meehelpen met het scheppen van een nieuwe wereld die boven de huidige beperkingen staat.

Wat de reden ook moge zijn om een gescheiden zelf aan te nemen, de leringen van de geascendeerde meesters bieden jou een manier om je huidige waarnemingsfilter te ontstijgen en de staat van zuiver gewaarzijn te verwerven die jouw hoogste potentieel is. Dan kun jij aan de reden om te 'zijn' voldoen, namelijk de open deur voor jouw IK BEN Aanwezigheid zijn.

Wij kunnen nu zien wat de grootste uitdaging is op het spirituele pad. Die is dat wij alle voorbarige meningen en overtuigingen moeten loslaten – al onze waarnemingsfilters los te laten. Dus gaan velen van ons door een fase heen waarin wij denken dat wij een ware spirituele lering hebben gevonden en nu niet meer bepaalde overtuigingen hoeven los te laten, omdat die vanzelfsprekend worden bevestigd wanneer wij naar de hemel gaan. Maar elke lering die in woorden wordt geuit, is minder dan de spirituele waarheid. Dus de ware uitdaging is alles los te laten – vooral datgene waarvan wij geloven dat wij het niet hoeven te onderzoeken.

Niet door vast te houden aan iets – je aan jouw ideeën vastklampen, zoals de boeddhisten zeggen – krijg je de geascendeerde staat. Slechts door elk 'ding' los te laten en de staat van zuiver, naakt gewaarzijn te verwerven waarin geen menselijke waardoordelen, geen oordelen over verschijnselen in de buitenwereld, bestaan. Pas wanneer je niet meer op de aardse schijn afgaat, hebben de huidige verschijnselen op aarde geen macht meer over jou.

10 | HET 'ZELF' DAT IN DE MATERIËLE WERELD WORDT GEVORMD

Er zijn bepaalde woorden die door verschillende mensen zo anders worden gebruikt dat ze bijna nutteloos worden. Eén van die woorden is 'ziel'. Dat wordt al eeuwenlang in verschillende betekenissen gebruikt door verschillende religies en spirituele leringen. En het wordt dan ook nog heel vaag gebruikt, omdat men veronderstelt dat de mensen weten wat het betekent. De geascendeerde meesters bieden ons een genuanceerder inzicht door de ziel, of het lagere wezen, in verschillende componenten uiteen te laten vallen.

Zoals eerder al is gezegd, accepteren veel mensen het concept reïncarnatie en het wordt algemeen aangenomen dat de ziel reïncarneert. Dit leidt ook tot de gebruikelijke veronderstelling dat de ziel in een hoger rijk werd geschapen en daarna naar het materiële rijk is afgedaald. Dat betekent dat de ziel ook terugkeert naar het spirituele rijk. Dit leidt vervolgens tot twee algemene ideeën over wat je moet doen om zover te komen dat jouw ziel zich kwalificeert voor toegang tot de hemel:

- De ziel is naar een lagere staat 'gevallen' of afgedaald, dus zij kwalificeert zich niet voor de hemel. Dus je moet de vergissingen die jij hebt gemaakt, compenseren en de ziel zuiveren of verheffen.

- De ziel moet vervolmaakt worden, dus is het jouw taak om je ziel in een staat van perfectie te brengen (hoe men ook denkt dat die eruit ziet).

Wat een revolutie kan teweegbrengen in jouw begrip van wat de ziel is, is het concept van de Bewuste Jij. De kern van de zaak is dat de Bewuste Jij oorspronkelijk is afgedaald en die heeft het proces van jouw incarnatie in de materiële wereld in gang gezet. Daardoor heeft de Bewuste Jij het potentieel om weer naar het spirituele rijk te ascenderen.

Maar dit proces van ascensie vindt níet plaats doordat de Bewuste Jij de onvolmaakte staat compenseert of probeert een staat van perfectie te bereiken op grond van criteria die de mensen op aarde hebben gesteld. In tegenstelling tot de Bewuste Jij, die kan alléén maar ascenderen als hij aan zijn hoogste potentieel voldoet, en dat is dat hij in een staat van zuiver gewaarzijn verkeert, waardoor hij als de open deur voor de Aanwezigheid kan fungeren. Dit heeft twee aspecten:

- De IK BEN Aanwezigheid kan zichzelf tot uitdrukking brengen door de open deur die de Bewuste Jij is; door zijn licht en individualiteit door de Bewuste Jij naar het materiële rijk te laten stromen.

10 | Het 'zelf' dat in de materiële wereld wordt gevormd

- De Aanwezigheid kan de materiële wereld door de Bewuste Jij ervaren, die een helder vensterglas is zonder waarnemingsfilter.

Met andere woorden, de Bewuste Jij heeft in zijn hoogste staat niet het zelfgevoel dat hij een gescheiden wezen is. Hij beschouwt zichzelf als niets meer en minder dan de open deur voor de Aanwezigheid die zich op de wereld tot uitdrukking brengt en eveneens als een helder vensterglas om de Aanwezigheid deze wereld te laten ervaren. De Bewuste Jij beschouwt zichzelf in deze staat als het Ik Zal Zijn-aspect van de IK BEN Aanwezigheid.

De Bewuste Jij heeft in zijn hoogste staat geen waarnemingsfilter. Zodoende blokkeert hij niet een uitdrukkingsvorm van de Aanwezigheid of hij houdt ook niet een uitdrukkingsvorm van de Aanwezigheid achter. Hij blokkeert ook niets van wat hij ervaart, zodat het niet bij de Aanwezigheid terechtkomt. De Bewuste Jij beoordeelt niet de uiterlijke schijn, maar laat de Aanwezigheid zijn ervaringen evalueren en ervan leren en slaat de resultaten op in het causale lichaam (wordt later uitgelegd). Vergelijk dit eens met hoe vaak wij onze intuïtieve inzichten evalueren om te zien of die kloppen met de aardse maatstaven. Denk er dan eens over na hoe vaak wij iets voor God proberen te verbergen.

Het is belangrijk dat je nu begrijpt dat de Bewuste Jij oorspronkelijk niet in een staat van zuiver gewaarzijn is afgedaald. Laten we eens kijken waarom.

Hoe de bewuste jij is afgedaald

De materiële wereld wordt gevormd van spiritueel licht dat in vibratie werd verlaagd door de reductiefactoren die door de zeven stralen worden vertegenwoordigd. Dit betekent dat de materiële wereld oorspronkelijk op een bepaald vibratieniveau zat. Dit houdt in dat die werd gemaakt van energie die een grotere dichtheid bezat dan het spirituele rijk. Daardoor kunnen wij het spirituele rijk niet met onze fysieke zintuigen ervaren. De zintuigen zijn afgestemd op de vibraties in het materiële frequentiespectrum en die frequenties zijn momenteel zo veel lager dan de spirituele vibraties dat onze zintuigen de kloof tussen het spirituele rijk niet kunnen overbruggen en 'zien'. (Veel mensen kunnen spirituele energie intuïtief voelen en ervaren, maar in het algemeen niet met de fysieke zintuigen.)

Het materiële rijk werd met een hogere dichtheid geschapen, omdat dit de groei van van zichzelf bewuste wezens, voor ons dus, vergemakkelijkt. Door af te dalen naar een rijk waarin je de spirituele wereld niet direct kunt waarnemen, krijgen wij de kans om geleidelijk ons bewustzijn te verhogen tot wij de open deur kunnen vormen tussen het spirituele en materiële rijk. Door dit proces te ondergaan, kunnen wij ook meehelpen om de vibraties van het materiële rijk te verhogen tot die op hetzelfde niveau als het spirituele rijk vibreren.

Deze bespreking moet het belangrijkste punt duidelijk maken, namelijk dat de Bewuste Jij niet met zijn hoogste zelfbewustzijn is afgedaald. De Bewuste Jij wordt geschapen met een zelfgevoel dat tot één punt is gecomprimeerd en hij heeft het potentieel om zich door vele niveaus te verheffen en zichzelf uit te breiden. Let op wat er nu wordt gezegd. De taak van de Bewuste Jij is níet een perfect zelf op deze wereld te scheppen. De taak van de Bewuste Jij is zijn sfeer van gewaarzijn uit te breiden. Maar dat doet hij door een beperkt zelf aan te nemen en dat zelf te transcenderen door zich te realiseren: "Ik ben meer dan dat zelf." Iedere keer dat de Bewuste Jij door dit vergeten en ontwaken gaat, wordt de sfeer van zijn gewaarzijn grote

10 | Het 'zelf' dat in de materiële wereld wordt gevormd

Om af te dalen naar de dichtere vibraties van het materiële universum, heeft de Bewuste Jij een voertuig nodig, een zelfgevoel dat uit dezelfde vibraties bestaat als het materiële rijk. Het is belangrijk dat je het volgende beseft: De Bewuste Jij neemt een voertuig; hij wordt níet het voertuig. De Bewuste Jij verandert níet tijdens dit proces; slechts het zelfgevoel – zijn waarneming – wordt veranderd. Opnieuw, het is te vergelijken met een acteur die een kostuum aantrekt en make-up aanbrengt om een rol op te voeren in een theatervoorstelling – wat betekent dat de acteur het kostuum net zo gemakkelijk uit als aan kan trekken.

De Bewuste Jij daalde oorspronkelijk af naar een zelfgevoel dat werd gemaakt van dezelfde vibraties als het materiële universum waaruit hij werd geschapen. Dit zelf, dit voertuig, kunnen wij – vanuit het hogere perspectief – de ziel noemen.

Maar denk erom dat die ziel níet in het spirituele rijk werd geschapen en ook niet van de vibraties van het spirituele rijk werd gemaakt. Zoals in Genesis staat, werd die uit stof geschapen – wat materiële energie betekent. De ziel is – volgens deze definitie – dus niet afgedaald uit het spirituele rijk en kan dus ook niet ascenderen. De Bewuste Jij kan ascenderen, maar alleen wanneer hij ophoudt zich te vereenzelvigen met, of te beschouwen als, de ziel en in plaats daarvan zijn hoogste potentieel verwerft – de staat van zuiver gewaarzijn waarin hij zichzelf één met de Aanwezigheid ziet.

Let op een mogelijk punt van verwarring. De ziel daalt wel af naar het fysieke lichaam wanneer je incarneert en in veel gevallen komt zij ook uit een hoger rijk. Dat komt omdat het voertuig, jouw ziel, de dood van het fysieke lichaam overleeft en de Bewuste Jij draagt de ziel mee naar zijn volgende incarnatie. Afhankelijk van jouw bewustzijnsniveau kan het voertuig van de ziel daadwerkelijk tussen incarnaties in naar een hoger niveau van de materiële wereld gaan – wij hebben de vier niveaus al genoemd – en dan vanaf dat niveau afdalen naar de volgende incarnatie. Die niveaus zijn echter niet het spirituele rijk, dus de ziel kan niet ascenderen en een spiritueel wezen worden.

Waarom de ziel niet kan ascenderen

We moeten een subtiel onderscheid maken. De ziel heeft wat de meeste mensen individualiteit of een persoonlijkheid noemen. Maar die werd geschapen vanwege de omstandigheden die je in het materiële universum tegenkwam toen de Bewuste Jij voor het eerst afdaalde. De persoonlijkheid en de individualiteit die je tegenwoordig bezit, is het product van de ervaringen die je had tijdens jouw verblijf op de materiële wereld. Er zijn waarschijnlijk veel elementen aan de oorspronkelijke ziel waarin de Bewuste Jij is afgedaald, toegevoegd.

Maar die hele uiterlijke persoonlijkheid en individualiteit is níét wie jij bent. Jij bent in wezen de individualiteit die in jouw IK BEN Aanwezigheid verankerd zit. Die individualiteit kan in potentie door de Bewuste Jij worden uitgedrukt, maar de uiterlijke persoonlijkheid die jij hebt geschapen als reactie op omstandigheden in de materiële wereld, zal die uitdrukkingsvorm blokkeren of kleuren.

Ascenderen is géén kwestie van je uiterlijke persoonlijkheid perfectioneren; je moet die transcenderen. De ziel wordt uit bepaalde overtuigingen geschapen en die zorgen ervoor dat de spirituele energie een lagere vibratie krijgt. We zouden kunnen zeggen dat de ideeën of overtuigingen die bepalen hoe jouw ziel eruit ziet, een matrix of netwerk vormen en de energie die jij een bepaalde kwaliteit geeft met die overtuigingen, zorgt ervoor dat in die 'kooi' de energie steeds dichter wordt. Hoe dichter die energie wordt, hoe meer de Bewuste Jij zich

10 | Het 'zelf' dat in de materiële wereld wordt gevormd

vereenzelvigt met de ziel en dan wordt het steeds moeilijker om je daar niet meer mee te vereenzelvigen. Je kunt eenvoudig niet verder kijken dan de energie en overtuigingen van je ziel, omdat die energie een magnetische kracht vormt waardoor jouw aandacht zich richt op je lagere zelf, jouw ego.

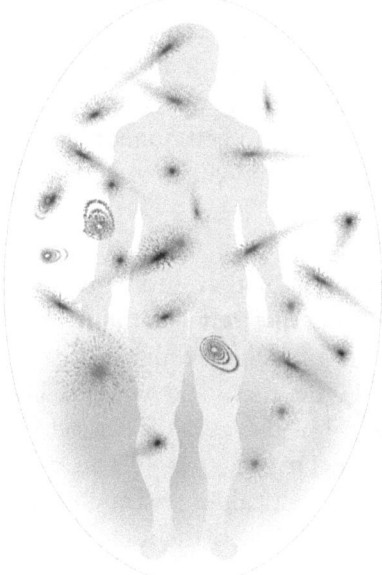

Afbeelding 10 – De ziel gevuld met dichte energie

De sleutel tot spirituele groei is dat je de vibratie van de energie die in jouw ziel ligt opgeslagen, begint te verhogen. Naarmate die minder dicht wordt, zal de Bewuste Jij een glimp beginnen op te vangen van een hogere bewustzijnsstaat. In het begin zullen dat intuïtieve flitsen zijn of het gevoel dat er meer in het leven moet zijn. Dan zal het gevoel ontstaan dat je verbonden bent met iets groters. En uiteindelijk ga je glimpen van zuiver gewaarzijn opvangen, waardoor je rechtstreeks ervaart dat de Bewuste Jij méér is dan jouw lagere individualiteit.

Dan begin je serieus de overtuigingen die jouw ziel vormen, te onderzoeken en geleidelijk jouw zelfgevoel te verheffen tot je een gevoel van een-zijn met jouw Aanwezigheid verwerft. Tijdens dat proces help je ook mee om de vibratie in het materiële universum te verhogen en je helpt mee om de overtuigingen in het massabewustzijn te onderzoeken, waardoor het gemakkelijker voor andere mensen wordt om hun bewustzijn te verhogen. Als genoeg mensen dit doen, wordt de hele planeet op den duur op een hoger niveau gebracht, omdat het de meeste mensen duidelijk wordt dat het leven ook een spirituele kant heeft.

Maar laten we terugkeren naar het belangrijkste idee hier. De uiterlijke persoonlijkheid en individualiteit – het zelf in de buitenwereld, het uiterlijke zelf – dat jij momenteel hebt, werd gedurende vele levens geschapen als reactie op de onvolmaakte omstandigheden in de materiële wereld. Daardoor kan die nóóit worden vervolmaakt, zodat hij nooit naar het spirituele rijk kan ascenderen. De Bewuste Jij kan wel ascenderen, het Zelf dat de eerste keer afdaalde. Maar de Bewuste Jij kan alleen maar ascenderen, als hij zich dis-identificeert, losmaakt, van het uiterlijke zelf.

Dat doet hij door de beperkende overtuigingen los te laten en de energie die de ziel vormt, te verhogen. Daardoor kun je in zekere zin zeggen dat de ziel wordt verheven, maar niet als het gescheiden zelf. De beperkende overtuigingen worden opgelost en de lagere energie wordt in vibratie verhoogd. Als je een pan water op het vuur zet en hem laat koken tot al het water verdampt is, zou je dan zeggen dat de pan water naar een hoger rijk is gegaan? Nee, natuurlijk verdampte alleen het water en de pan bleef achter.

10 | Het 'zelf' dat in de materiële wereld wordt gevormd   191

Het punt is dat de meesten van ons listig zijn bedrogen om een pad in de buitenwereld te volgen, waardoor wij een spirituele lering proberen te gebruiken om de ziel volgens een bepaalde norm te vervolmaken. Maar de ziel kan nooit worden vervolmaakt; je moet haar langzaamaan laten sterven. Paulus zei: "Ik sterf dagelijks", waarmee hij bedoelde dat een stukje van zijn ziel stierf als hij beperkende overtuigingen losliet. Jezus liet zichzelf kruisigen om te illustreren dat de Bewuste Jij wordt gekruisigd (verlamd) als hij zich vereenzelvigt met het uiterlijke zelf of de ziel. De laatste daad van Jezus aan het kruis was 'de geest (op-)geven', wat symbool stond voor het laatste restje van zijn ziel/uiterlijke zelf.

Dus zoals Jezus zei: "Geen ander mens kan naar de hemel ascenderen dan de man die uit de hemel is afgedaald." En de 'man' die is afgedaald, was de Bewuste Jij, die ascendeert wanneer hij zich van zijn ware identiteit bewust wordt – het Ik Zal Zijn-aspect van de IK BEN Aanwezigheid. Met andere woorden de 'ziel' is níét oorspronkelijk geïncarneerd. Zowel de Bewuste Jij als de ziel is geïncarneerd. Maar oorspronkelijk is alleen de Bewuste Jij geïncarneerd.

Op de volgende pagina's bekijken we nog een paar aspecten van jouw lagere wezen, en sommige zijn een onderdeel van jouw ziel.

Het vat van het zelf en jouw vier lagere lichamen

Een aantal mystieke leringen associëren de Geest of het spirituele rijk met een cirkel als symbool van een-zijn. Zij associëren het materiële rijk met een vierkant. Het materiële rijk wordt dus geschapen door 'de cirkel vierkant maken'. Andere mystieke leringen brengen het vierkant in verband met de basis van een piramide. Door meesterschap te verwerven over de vier elementen van het materiële rijk, klim je geleidelijk steeds hoger op tot je de top bereikt, die een enkelvoudigheid, één enkel punt, vormt die de poort tussen het spirituele rijk en het materiële rijk is. Dit correspondeert met de nexus, het kruispunt, van het cijfer acht op de volgende afbeelding en hoe verder jij het spirituele pad beklimt, hoe dichter de Bewuste Jij bij zijn rechtmatige plaats aan de top van de piramide van het zelf komt.

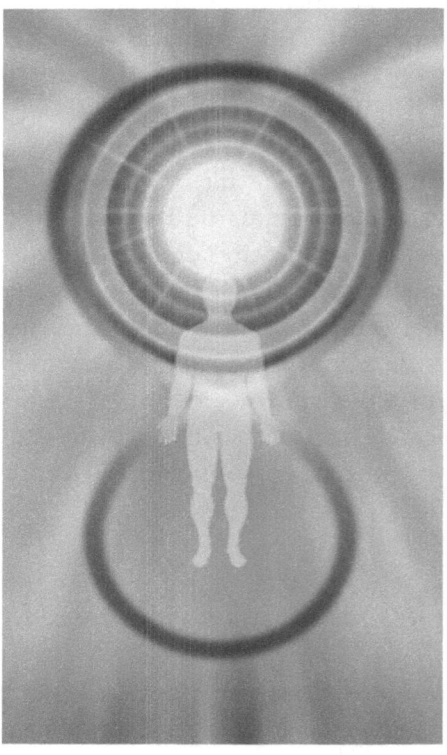

Afbeelding 11 – De Bewuste Jij in de nexus van de stroom van het cijfer acht tussen het spirituele en materiële rijk.

10 | Het 'zelf' dat in de materiële wereld wordt gevormd

De vier zijden van het vierkant of de vier elementen corresponderen met wat wij eerder hebben gezegd, namelijk dat het materiële universum vier rijken of octaven heeft. Jouw lagere zelf – het voertuig waardoor de Bewuste Jij zich tot uitdrukking brengt in de materiële wereld – heeft ook vier 'lichamen' of vier niveaus van de geest. Dit zijn elkaar doordringende energielichamen die naast elkaar in dezelfde ruimte bestaan, omdat zij op verschillende niveaus vibreren. Dit zijn:

- Het identiteitslichaam, ook wel het etherische lichaam genoemd. De inhoud van jouw identiteitslichaam bepaalt jouw identiteitsgevoel. Hoe zie jij jezelf, hoe zie jij God, hoe zie jij de wereld en hoe denk jij dat dit allemaal met elkaar in verband staat? Beschouw jij jezelf als een spiritueel wezen dat hier is om de heerschappij over de aarde te nemen en dus de kracht heeft om dat te doen? Of zie jij jezelf als een product van de aarde met beperkte macht om jouw omstandigheden te veranderen?

- Het mentale lichaam bevat jouw gedachten. Het is hier om een denkbeeld te vormen van de specifieke dingen die je in de materiële wereld wilt doen en hoe je die voor elkaar krijgt. Dit mentale beeld wordt gebaseerd op jouw identiteitsgevoel, die parameters vaststelt voor wat jij denkt dat jij wel of niet kunt doen. Dus als jij van jezelf zegt dat jij een menselijk wezen bent, beperk je wat je denkt dat je kunt.

- Het emotionele lichaam is vanzelfsprekend de zetel van jouw gevoelens. (In het Engels: Emotion betekent Energy in MOTION; Nederlands: energie in beweging).

Jouw gedachten bestaan uit mentale beelden, maar om die in actie of gemanifesteerde vormen om te zetten, moeten die in beweging worden gezet en dit gebeurt op het niveau van het emotionele lichaam. Dit lichaam bevat echter ook jouw wensen en die kunnen in conflict komen met jouw hogere doelen. In het ideale geval zouden jouw emoties een weerspiegeling van jouw gedachten moeten zijn, die weer een weerspiegeling zijn van jouw identiteitsgevoel, die weer een weerspiegeling is van jouw Goddelijke individualiteit, maar de emoties gaan meestal een eigen leven leiden en proberen jouw leven richting te geven in plaats van dat zij door jouw gedachten worden beheerst.

- Het fysieke brein en de 'lichaamsgeest'. Veel materialistische wetenschappers geloven dat al onze gedachten en gevoelens het product zijn van het fysieke brein. En hoewel dit niet correct is, is het wel correct dat het fysieke brein een heel complexe 'computer' is die heel goed in staat is om veel van onze gedachten en sensaties te produceren. Het fysieke brein is echter slechts de hardware van een bepaald niveau van de geest dat de geascendeerde meesters de lichaamsgeest noemen. Dit is de geest die wordt belast met de zorg voor de behoeften van het fysieke lichaam, zoals de behoefte aan bescherming, voedsel en voortplanting.

De essentiële vraag wordt nu: op welk van de vier lagere lichamen concentreert jouw bewuste geest zich? Een groot deel van de mensheid concentreert hun bewustzijn op het fysieke lichaam en de materiële wereld. Dit betekent dat veel van hun gedachten en gevoelens het product zijn van het fysieke brein en de lichaamsgeest. Veel mensen richten bijvoorbeeld

10 | Het 'zelf' dat in de materiële wereld wordt gevormd

de meeste aandacht op hun basale lichaamsbehoeften zoals bescherming, voedsel, kleding en seks.

De meeste spirituele mensen hebben hun bewustzijn zo uitgebreid dat die in ieder geval delen van hun drie hogere lichamen bevat. Dit bewuste gewaarzijn blijven uitbreiden, is de sleutel om meesterschap over jouw vier lagere lichamen te verwerven, zodat zij het voertuig worden om jouw spirituele missie op deze wereld te ondersteunen.

Hoe jij het contact verloor met jouw spirituele zelf

Het belangrijkste concept is dat jouw vier lagere lichamen een filter vormen dat het licht kleurt dat van jouw IK BEN Aanwezigheid naar jouw lagere wezen stroomt. Alles is energie, alles wordt van het Ma-terlicht gemaakt. De energiestroom die van jouw IK BEN Aanwezigheid naar jouw vier lagere lichamen stroomt, houdt jou in leven en geeft je het vermogen tot handelen in de materiële wereld.

In het ideale geval zou je die energie een hoge kwaliteit in vibratie moeten geven – jezelf en al het leven verheffen – zodat die weer omhoog kan stromen naar het spirituele zelf. Daar wordt die vermenigvuldigd en dan komt er meer energie naar jou terug en zo nemen jouw creatieve vermogens toe. Dit verandert jouw leven in een opwaartse spiraal die jou in staat stelt om te voldoen aan jouw reden van bestaan, namelijk de heerschappij nemen over jouw materiële omstandigheden.

Die energiestroom kun je vergelijken met het licht dat door de lamp van een filmprojector schijnt. Terwijl dit licht door jouw vier lagere lichamen heengaat, wordt het gekleurd door de inhoud (beelden, overtuigingen, en energie) in die lichamen. Het wordt net als het licht in een filmprojector gekleurd door de beelden op de filmstrook – alleen heb je nu vier filmstroken.

Als jij overtuigingen en beelden in jouw vier lagere lichamen hebt die niet overeenkomen met jouw hogere Wezen – vooral wanneer jij egoïstische overtuigingen en egocentrische verlangens hebt – zet je onvolmaakte beelden voor het spirituele licht. Dit leidt tot onevenwichtige handelingen die lijden in jouw leven veroorzaken en het is heel goed mogelijk dat je dan een neerwaartse spiraal vormt die tot steeds meer lijden leidt.

Onvolmaakte beelden op het Ma-terlicht drukken, produceert energie met een lagere vibratie. Die vervormde energie kan niet omhoog stromen naar jouw spirituele zelf en jouw schat in de hemel worden – het kan niet de hogere vibraties van het spirituele rijk ingaan. Daardoor verbreken egoïstische handelingen de stroom in de vorm van het cijfer acht en die vervormde energie moet ergens heen. De vervormde energie die jij produceert, zal tot in het oneindige op dat niveau van vibratie blijven. Die energie verdwijnt niet zomaar, maar wordt in één van jouw vier lagere lichamen opgeslagen.

Deze energie vormt een filter of sluier (sluier is in het Engels: veil) – EVIL betekent Energy VEIL = energiesluier – die verhindert dat jij in contact blijft met jouw spirituele zelf. Dit kan op den duur jouw visie zo vernauwen dat jij denkt dat jij een menselijk wezen bent en tot het materiële universum bent veroordeeld en er niets méér is. Het vermindert ook jouw creatieve vermogens tot je denkt dat jij alleen nog maar iets met jouw fysieke lichaam op aarde kunt doen. De verzamelde energie heeft je van jouw mentale krachten beroofd.

Onthoud dat vervormde energie zich in jouw vier lagere lichamen verzamelt. En hoe meer energie jij in een specifiek lichaam verzamelt, hoe meer jij wordt gedwongen om bewust je aandacht te richten op dat lichaam. Daardoor hebben veel mensen zoveel vervormde energie bij zich dat hun aandacht letterlijk in hun fysieke lichaam gevangen zit. Andere mensen

10 | Het 'zelf' dat in de materiële wereld wordt gevormd

laten hun leven leiden door emoties, terwijl anderen zich een leven lang richten op de intellectuele geest.

Wanneer je begrijpt dat wat er op het bewuste niveau gebeurt – waaronder jouw fysieke omstandigheden – slechts een beeld is van wat er op het scherm van jouw geest en het Ma-terlicht wordt geprojecteerd, dan besef je dat jij, om te veranderen wat er op het levensscherm wordt geprojecteerd, naar de projectiekamer moet om de filmstroken in jouw vier lagere lichamen te verwisselen. Je kunt jouw leven op het bewuste niveau vergelijken met het niveau van het filmscherm. Hoeveel kun jij aan de film veranderen als je alleen maar naar het niveau van het filmscherm kijkt, wanneer jij de film die in de bioscoop wordt gedraaid, niet leuk vindt? Je hebt waarschijnlijk meer succes wanneer je naar de bron gaat en de beelden, de inhoud van jouw vier lagere lichamen, op de filmstrook wijzigt.

Wanneer je die dynamiek begrijpt, wordt het heel duidelijk dat er twee elementen zijn die de sleutel vormen om vooruitgang te boeken op het spirituele pad:

- Alle niveaus van jouw geest zuiveren – de vier lagere 'lichamen' – van de onvolmaakte overtuigingen die ervoor zorgen dat jij spirituele energie vervormt en op het leven reageert met beperkende overtuigingen en gevoelens.

- De vervormde energie zuiveren – transformeren – die in jouw vier lagere lichamen ligt opgeslagen. Je moet je last zo licht mogelijk maken voor je een berg gaat beklimmen.

Daarom is het zo belangrijk om de decreten en invocaties te gebruiken om spiritueel licht op te roepen die de energie in jouw vier lagere lichamen kunnen transformeren. Slechts door de aantrekkingskracht te verminderen, kun jij je bewuste aandacht bevrijden, zodat jij je niet meer op één van jouw vier lagere lichamen concentreert. Alleen door al je vier lagere lichamen te zuiveren, bevrijd jij je aandacht zodat jij je op de IK BEN Aanwezigheid kunt richten. Zoals ik al heb genoemd, heb ik persoonlijk heel lang decreten gebruikt en ik heb gevoeld dat die mij gestaag de kracht hebben opgeleverd die mij snel op het spirituele pad heeft voortgestuwd. Ik zeg nu niet dat decreten alleen jou sneller vooruit laten gaan, omdat jij natuurlijk wel jouw beperkende overtuigingen moet onderzoeken. Maar de decreten zijn te vergelijken met de motor van het voertuig en door die decreten op te zeggen, zorg jij ervoor dat je in beweging komt. Het ligt aan jou of jij het voertuig de goede richting op stuurt, zodat hij gaat waar jij heen wilt.

11 | UIT DE GEVANGENIS DIE JOUW EGO IS, ONTSNAPPEN

Net zoals het geval is bij het woord 'ziel', wordt het woord 'ego' verschillend gebruikt in diverse spirituele leringen, door psychologen en zelfhulpexperts. En het is natuurlijk erg moeilijk om te definiëren wat het ego is, omdat het belangrijkste effect van het ego is dat hij jouw visie vervormt. Naarmate je verder komt op het spirituele pad, kom je met verschillende manifestaties van het ego in aanraking.

De geascendeerde meesters leggen uit dat er 144 bewustzijnsniveaus op aarde mogelijk zijn. Wij zullen hier later op terugkomen, maar op dit moment is het punt van belang dat de Bewuste Jij naar het 48e niveau ging, toen hij voor de eerste keer naar de aarde afdaalde. Hij kreeg toen de optie om aan een opwaartse spiraal te beginnen, waardoor hij van het 48e niveau kon opklimmen door de opeenvolgende niveaus tot hij het 144e niveau bereikte en kon ascenderen.

Op elk bewustzijnsniveau bestaat een corresponderend aspect van het ego. Dit ego maakt dat een specifiek bewustzijnsniveau echt lijkt en op dat niveau zoveel macht over de Bewuste Jij bezit dat hij hem daar kan houden. Met andere woorden, jouw ego zal proberen het Zelf te laten geloven dat hij zijn huidige bewustzijnsniveau niet kan, mag of hoeft te ontstijgen. Om van het ene niveau op het andere te komen, moet de Bewuste Jij dus het corresponderende aspect van jouw ego transcenderen.

Hoewel dit ingewikkeld klinkt, is het eigenlijk niet zo heel erg moeilijk, als je eenmaal intuïtief 'ziet' hoe hij te werk gaat. Je ego heeft een beperkt aantal opties en een paar van die 'trucjes' worden op elk bewustzijnsniveau steeds opnieuw gebruikt, dus je kunt leren hoe je die herkent. De belangrijkste truc van het ego is dat hij je aandacht afleidt, zodat jij niet bij jezelf naar binnen kijkt.

Jezus heeft een interessante uitspraak gedaan, toen hij ons vroeg waarom wij zo vaak naar de splinter in het oog van onze broeders kijken, maar er niet in slagen om de balk in ons eigen oog te zien. De voornaamste reden is dat je ego heel goed jouw aandacht kan afleiden door ons te laten geloven dat wij iets moeten doen, een probleem oplossen of aandacht besteden aan iets buiten ons. De sleutel om van het ene bewustzijnsniveau naar het volgende te gaan, is naar binnen kijken en je twee dingen realiseren:

- Mijn huidige bewustzijnsniveau beperkt mij en ik wil niet meer op dit niveau blijven.

- Ik, de Bewuste Jij, ben meer dan mijn huidige bewustzijnsniveau; dit betekent dat ik mij uit mijn huidige zelfgevoel kan terugtrekken en opklimmen naar – of herboren worden met – een nieuw zelfgevoel.

Maar om op het punt te komen dat je bereid het oude zelf achter te laten, moet je eerst weten wat het is. En dat kan

11 | Uit de gevangenis die jouw ego is, ontsnappen

gewoon niet zolang jij het buiten jezelf zoekt en andere mensen of de wereld probeert te veranderen volgens de waarneming die jij op jouw huidige bewustzijnsniveau hebt.

Zoals al is uitgelegd, vormt jouw bewustzijnsniveau een waarnemingsfilter. Zolang jij de wereld door dat filter bekijkt, bezie je de wereld op een bepaalde manier en jouw ego zal jou proberen te laten geloven dat jij de allerhoogste werkelijkheid, de absolute waarheid, ziet of dat dit de enige manier is om naar het leven te kijken. Dit betekent dat jouw huidige waarnemingsfilter iets is wat jij niet kunt onderzoeken, niet mag onderzoeken, of niet hoeft te onderzoeken.

Vergelijk dit eens met een schaakspel, waarin de regels zo zijn veranderd dat geen enkele zet jouw tegenstander schaakmat zet. Met andere woorden, wat jij ook doet, je kunt het spel niet winnen. Je blijft het spel óf tot in het oneindige spelen, óf je komt op een punt waarop jij ziet hoe knullig die regels zijn en weigert verder te spelen. Wat je ook doet, je kunt jouw huidige bewustzijnsniveau niet transcenderen, totdat jij jouw waarnemingsfilter begint te onderzoeken – en jouw ego zal er alles aan doen om te voorkomen dat dit gebeurt.

Je ego heeft een vals pad gemaakt, dat wij het uiterlijke pad zouden kunnen noemen. Hij zorgt ervoor dat jij denkt dat jij je voor je ascensie kunt kwalificeren door iets te doen om andere mensen te veranderen of de wereld te veranderen. Het ware pad is een innerlijk pad, omdat jij beseft dat de énige manier waarop jíj je kunt kwalificeren voor jóúw ascensie is door jezelf – jouw zelfgevoel – te veranderen. En de enige manier om bij een hoger zelfgevoel te komen, is het oude zelfgevoel te laten sterven. Maar om dat te doen, moet je dit als een beperking gaan zien, inzien dat het niet echt is en inzien dat de Bewuste Jij niet sterft wanneer het zelf sterft. En om zover te komen, moet je door het rookgordijn dat het ego optrekt, heen kijken.

De niveaus van het ego

Er zijn drie belangrijke fases op het spirituele pad. Toen jij de eerste keer naar de aarde afdaalde, kwam je op het 48e niveau en dit betekent dat je de wereld waarnam door het waarnemingsfilter dat met dat bewustzijnsniveau correspondeert. Op dit niveau heb je het gevoel dat je bent verbonden met een groter geheel dan jezelf, maar je neemt jouw IK BEN Aanwezigheid niet helder waar. Wanneer je probeert om de Aanwezigheid te zien, wordt jouw visie verduisterd door de sluier die de zeven stralen vormen.

Je hebt ook het gevoel dat de wereld één geheel is. Dit houdt in dat wat jij doet, het geheel beïnvloedt, en dus ook jou. Jij beseft niet helemaal waarom dat zo is, maar je voelt dat intuïtief aan en dus maak jij bepaalde keuzes gewoon niet. Op dit niveau onderneem je geen acties die anderen benadelen, omdat jij wel voelt dat dit jou niet ten goede komt.

De Bewuste Jij heeft vrije wil en wordt belast met het maken van keuzes op grond van het waarnemingsfilter dat hij op dat moment heeft. Zodoende sta je op het 48e niveau voor de verzoeking om óf omhoog óf omlaag te gaan om een opwaartse of een neerwaartse spiraal te creëren. Beneden het 48e niveau vind je niveaus die allemaal één kenmerk hebben: zij worden gebaseerd op het heel subtiele geloof dat jij een gescheiden, apart, wezen bent, wat betekent dat jij anderen kunt schaden zonder dat dit invloed op jou heeft.

Wanneer je naar die niveaus gaat, heeft dat tot gevolg dat jij het gevoel verliest dat je met jouw spirituele zelf en al het leven verbonden bent. Met andere woorden, als je eenmaal beneden het 48e niveau komt, zal het ego dat jij vormt, het geloofwaardig laten lijken dat jij een gescheiden wezen bent die leeft in een wereld van gescheiden dingen en mensen. Jij bent ook van God gescheiden. Dit houdt in dat het ego het laat

11 | Uit de gevangenis die jouw ego is, ontsnappen

voorkomen dat jij iets kunt doen en er óf mee kunt wegkomen, óf dat je iets voor God kunt verbergen. Hierdoor ben je in staat om dingen te doen die jij niet zou doen als jij je als een verlengstuk van God zou beschouwen. Jij lijkt nu het recht te hebben om de dingen te doen die alleen een gescheiden wezen kan doen – namelijk handelen alsof jij het recht hebt om te doen wat jij wilt, welke consequenties dat voor anderen ook heeft. Je kunt dan gaan handelen op grond van de stelling: het doel heiligt de middelen.

De onvermijdelijke metgezel van deze bewustzijnsstaat is het gevoel dat je alleen staat en door andere mensen of materiële omstandigheden wordt bedreigd. Daardoor moet je onvermijdelijk iets doen aan dat gevoel van bedreigd worden door te proberen jouw omgeving, waaronder andere mensen, in je macht te krijgen. Op de lagere bewustzijnsniveaus zitten mensen die in toenemende mate dingen willen beheersen en bereid zijn anderen te domineren, zelfs bereid zijn anderen te doden op wie zij geen vat kunnen krijgen.

Dat soort gedrag lijkt voor die mensen heel goed verdedigbaar en noodzakelijk. En de reden is dat zij zich volledig met het ego dat met hun bewustzijnsniveau correspondeert, hebben vereenzelvigd. Zij geloven dus in de waarneming die zij door dit ego hebben. Dit betekent dat zij hun gedrag als heel goed verdedigbaar, noodzakelijk of onvermijdelijk zien. Op de laagste bewustzijnsniveaus vind je mensen die er absoluut van overtuigd zijn dat hun gedrag goed te keuren is ten behoeve van een hogere zaak. Duidelijke voorbeelden zijn Hitler, Stalin, Mao, die vonden dat zij gerechtigd waren om zoveel mensen als nodig was te doden om hun visie op een betere wereld te manifesteren. Wij kunnen nu zien dat er drie verschillende niveaus van het ego zijn:

- Beneden het 48e niveau zien wij een ego dat op een agressieve manier probeert andere mensen in zijn macht te krijgen en hen te domineren. Zulke mensen worstelen en strijden tegen iets buiten hen. Dit niveau van het ego probeert ook op een agressieve manier beslissingen voor jou te nemen – of in ieder geval de beslissingen die de Bewuste Jij neemt, over te nemen. Het ego doet dit, omdat hij een specifieke kijk op het leven heeft en dit zou je een 'gebrekkige aanpak' kunnen noemen. Omdat dit ego zichzelf als een gescheiden wezen beschouwt, moet hij zich uit pure noodzaak wel niet compleet voelen. En dus probeert hij altijd die onvolledigheid te compenseren door iets van anderen af te pakken of andere mensen – zelfs God – zover te krijgen dat men hem een gunst verleent. Dit ego is altijd op zoek naar een verlosser buiten zichzelf, maar hij vindt die verlosser natuurlijk nooit. Hij probeert het hele universum in zijn mentale kader te passen, maar het universum weigert koppig het spelletje mee te spelen.

- Tussen het 48e en 96e niveau zien wij een ego dat niet zozeer agressief en sturend naar anderen toe is, maar wel de macht van jou probeert over te nemen. De meeste spirituele mensen zitten op dit niveau, wat betekent dat zij worstelen met iets in zichzelf.

- Tussen het 96e en 144e niveau vinden wij een subtieler ego. Op deze niveaus streef je ernaar om het wankele evenwicht te bewaren, opdat het materiële rijk geen macht over jou krijgt – omdat jij jezelf als Geest bent gaan zien – terwijl je tegelijkertijd totaal respect voor de vrije wil van andere mensen aan het kweken bent – en niet in de verleiding te komen om anderen tot groei te dwingen, maar hen alleen te inspireren door zelf als voorbeeld te dienen.

Het komt erop neer dat jij je ego kunt beschouwen als een filter dat jouw waarneming kleurt. Wanneer je op het laagste bewustzijnsniveau zit, zijn er 144 waarnemingsfilters. Dit heeft twee implicaties. In de eerste plaats is het onmogelijk om rechtstreeks het zuivere licht dat van jouw IK BEN Aanwezigheid afdaalt, te ervaren. De Bewuste Jij vereenzelvigt zich zo met dat bewustzijnsniveau dat het heel moeilijk is om zichzelf als zuiver gewaarzijn te ervaren en kan dus niet 'zien' dat hij meer is dan zijn zelfgevoel. (Daarom staan bepaalde mensen meteen klaar om anderen te doden als hun eigen zelfgevoel in gevaar komt.) In de tweede plaats is de Bewuste Jij er helemaal van overtuigd dat zijn waarneming de juiste is en dat hij zelfs het recht heeft om te bepalen wat echt of onecht is.

In deze geestesgesteldheid ben je in het algemeen onbereikbaar voor een spirituele leraar, met name de geascendeerde meesters. Maar dit betekent niet dat jij 'verloren' bent en dat er geen terugweg bestaat. Het houdt echter wel in dat jij maar op één manier iets kunt leren en dat is de manier die de geascendeerde meesters de 'Harde Leerschool' noemen. Je leert door constant tegen een of andere oppositie te strijden tot je eindelijk zover bent dat je denkt: "Ik heb er genoeg van om hiertegen te vechten, er moet een betere manier zijn, er moet meer in het leven zijn."

Dit kan ervoor zorgen dat jouw bewustzijn verschuift naar een hoger niveau, waarop je weer tegen iets anders vecht, tot je schoon genoeg van die ervaring krijgt. En op den duur kun je dan bij het 48e niveau uitkomen, waarop je open staat om instructies te ontvangen van de geascendeerde meesters door middel van jouw intuïtie. Op dat moment begin jij je te realiseren dat jij jouw zelfgevoel moet veranderen in plaats van te proberen God, de wereld of andere mensen te veranderen.

Terwijl jij blijft klimmen, pel je de verschillende lagen van de waarnemingsfilters af en dit gaat zo door tot het 144e niveau waarop je de allerlaatste laag afschudt en niet meer een fysiek lichaam in stand kunt houden, dus dan ascendeer je naar het spirituele rijk.

Er is echter een belangrijke wijziging op het 96e niveau, omdat jij op dit niveau het verticale een-zijn met jouw IK BEN Aanwezigheid begint te krijgen. Dit zouden wij het Alpha-aspect van Christusschap kunnen noemen. Op dat punt heb je al wat meesterschap over de materie gekregen, omdat je weet hoe jij de zeven stralen waar alle materie van wordt gemaakt, moet gebruiken.

De vraag wordt nu hoe je dat meesterschap gebruikt, vooral hoeveel respect jij voor andere mensen hebt. De verleiding bestaat eruit dat jij jouw krachten op een knullige manier gebruikt om iets aan anderen te bewijzen of hen zelfs tot iets te dwingen. Dit werd door Jezus geïllustreerd met de situatie waarin hij door de duivel in verzoeking werd gebracht nadat hij 40 dagen in de woestijn had gevast.

Op het 96e niveau begin je te werken met het Omega-aspect van Christusschap, namelijk jouw horizontale een-zijn met al het leven. Dit betekent dat jij, ondanks het feit dat jij nu helemaal anderen wilt dienen, nooit probeert anderen tot iets te dwingen, zelfs als je vindt dat het 'voor hun eigen bestwil' is. In plaats daarvan heb je volledig respect voor het principe van de vrije wil en je laat anderen groeien door hen hun eigen keuzes te laten maken.

Jezus is eigenlijk gekomen om de mensheid een voorbeeld te geven van iemand die boven het 96e niveau is. Daarom zei hij: "Ik en mijn vader één zijn" (verticaal een-zijn) en: "Zo gij aan de minste van mijn broeders hebt gedaan, hebt gij aan mij gedaan" (horizontaal een-zijn).

Op het 96e niveau weet je intuïtief dat al het leven één is en naarmate jij naar hogere niveaus toe groeit, begin je rechtstreeks de waarheid te begrijpen dat al het leven één is. Dan begin je het waarnemingsfilter dat door de geest van antichrist is gevormd, dat al het leven gescheiden is, te doorzien. De leugen dat alles gescheiden is, is de allergrootste leugen die je moet overwinnen voor jij kunt ascenderen – omdat die leugen in het geascendeerde rijk niet bestaat. De illusie dat alles gescheiden is, kan alleen maar in het materiële rijk voorkomen, omdat de dichtheid van de materie het aannemelijk maakt dat 'dingen' gescheiden zijn en dat de materiële wereld van God wordt gescheiden.

Laten we nog eens kort kijken hoe dit verband houdt met wat er over de ziel werd gezegd. Toen de Bewuste Jij voor de eerste keer naar het 48e niveau afdaalde, bestond er een ego dat deel uitmaakte van het zelf dat jij op dat niveau aannam. Als jij de keus had gemaakt om beneden het 48e niveau te gaan (iets wat niet iedereen heeft gedaan), had jij nog een laag in jouw ego gemaakt, namelijk het agressievere ego dat probeert grip op anderen te krijgen. Dit ego wordt dan een deel van jouw ziel en die draag je van leven naar leven mee, totdat je hem transcendeert.

De onderbewuste geest (je onderbewuste)

De onderbewuste geest is een zeer complex onderwerp, dus er bestaat geen simpele manier om jouw onderbewuste geest te begrijpen of ermee om te gaan. Er zijn veel leringen (in de psychologie, zelfhulp en spiritualiteit) die jou vertellen dat zij een eenvoudig en gemakkelijk programma hebben om jou te helpen al je problemen op te lossen. Als jij echter begint te begrijpen wat jouw onderbewuste geest is, zie je dat er geen snelle oplossing bestaat. Je ziet echter ook dat er wel een deugdelijk pad tot transcendentie op lange termijn bestaat.

De leringen van de geascendeerde meesters kunnen jou helpen om je ervan bewust te worden dat er vier niveaus in je onderbewuste bestaan die corresponderen met het identiteitsniveau, het mentale niveau, het emotionele niveau en het fysieke niveau. Bovendien vormen die niveaus een hiërarchische structuur en dit betekent dat niets in je fysieke geest iets op het emotionele niveau teniet kan doen en zo voort. Waarom is dit belangrijk? Nu, als jij meester over jouw leven wilt worden, moet jij de leiding nemen over jouw onderbewuste geest. De reden is dat de onderbewuste geest voor veel mensen bepaalt hoe zij meestal op iets reageren. En de onderbewuste geest is slechts een verfijnde computer.

Een computerprogramma maken

Denk eens aan een gewone levenservaring. Als je een bepaalde handeling maar vaak genoeg herhaalt, maak jij een 'computerprogramma' in je onderbewuste die vervolgens die handeling kan verrichten zonder dat jij ermee bezig hoeft te zijn. Een voorbeeld hiervan is fietsen; als je dat eenmaal hebt geleerd, vergeet je dit nooit weer. Ook al fiets je tien jaar niet, zodra je weer op een fiets zit, neemt het onderbewuste computerprogramma het over.

Het komt erop neer dat je onderbewuste computer een programma maakt dat wordt gebaseerd op de aanname dat jij altijd op die manier wilt reageren in soortgelijke situaties, als jij maar vaak genoeg aan een bepaalde situatie wordt blootgesteld en elke keer op diezelfde manier reageert. En als een dergelijk

11 | Uit de gevangenis die jouw ego is, ontsnappen

programma is aangemaakt, zal die slapend aanwezig zijn in jouw onderbewuste, wachtend op een situatie die deze reactie in jou wekt, waardoor het programma in werking treedt. En als dat gebeurt, neemt het programma jouw reactie op de situatie over en zal het er alles aan doen om jouw bewuste wilskracht uit te schakelen. Daarom hebben heel veel mensen het gevoel dat zij niet bewust het vermogen hebben om die reactiepatronen teniet te doen.

Het ware probleem is nu dat veel van die programma's in het verleden, hetzij in vorige levens of in de kindertijd, werden gemaakt. Denk bijvoorbeeld eens aan een veel voorkomend programma. Als kind had je te maken met een autoriteitsfiguur, zoals een ouder of leraar, die je met woorden de mond snoerde. Je bouwde toen een onderbewust programma op om dat misbruik te ondergaan zonder jezelf te verdedigen. Dit was een logische reactie voor een kind dat toen maar beperkte mogelijkheden had, omdat jij niet je mond mocht opendoen of van die situatie kon weglopen. Maar als dit programma eenmaal in die onderbewuste computer zit, blijft het daar vele levens zitten.

Dus wanneer jij – als volwassene of vele levens later – een autoriteitsfiguur tegenkomt die jou met woorden de mond snoert, wordt het onderbewuste programma in werking gesteld en dan reageer je weer net zo als op het moment dat het programma werd gemaakt. Het probleem is nu dat je als volwassene betere opties hebt dan als kind. Je kunt daadwerkelijk je mening geven of weglopen, maar het programma wordt niet op die opties gebaseerd, dus alleen die ene reactie kan tot in het oneindige worden herhaald.

De overtuiging in jouw geest heeft natuurlijk het effect dat het als een filter werkt en dit filter kleurt de energie of geeft het de kwaliteit die door jouw geest stroomt. Zoals al is uitgelegd, kan lagere energie niet naar de IK BEN Aanwezigheid terugstromen en dit houdt in dat die zich dan gaat verzamelen in jouw vier lagere 'lichamen'. Je krijgt dan het patroon dat een disfunctionele overtuiging zich gedurende heel lange tijd heeft versterkt met juist de energie die de overtuiging kenmerkt. Dus om uit dat patroon te breken, moet je zowel de energie opruimen als die overtuiging loslaten. Dit kun je heel gemakkelijk doen als jij je de kennis en de hulpmiddelen die de geascendeerde meesters geven, eigen maakt. Zonder die kennis is het echter heel erg moeilijk om die oude patronen te doorbreken.

De uitweg

De enige manier om het patroon te doorbreken, is jouw bewuste geest aan te spreken, maar dan komen de meeste mensen vast te zitten in een benadering die niet heel effectief is of hun problemen in principe alleen maar verergert. Die benadering is dat jij met jouw bewuste wilskracht de onderbewuste programmering probeert te overschrijven. Dit kan wel, maar het gaat ten koste van iets anders.

Laten wij een concreet voorbeeld nemen. Een man heeft de onderbewuste programmering dat hij minder is en wanneer een bepaalde situatie deze overtuiging oproept, voelt hij ondraaglijk veel emotionele pijn. Omdat hij gelooft dat er geen manier bestaat om die pijn te verzachten, kan hij maar één optie bedenken en die is dat hij zijn geest moet verdoven om die pijn niet zo erg te voelen. Dus hij gaat aan de drank, maar dit leidt op den duur tot andere situaties die voor een minderwaardigheidsgevoel zorgen.

De man krijgt ten slotte een schokkende ervaring waardoor hij beseft dat hij niet kan blijven drinken en hij neemt het ferme besluit om ermee te stoppen. Dus hij gebruikt zijn bewuste wilskracht om alert te zijn op zijn impulsen om te gaan drinken en dan wat anders te gaan doen voor hij die borrel pakt. In het begin vergt dit een herculische inspanning, maar na een poosje wordt het gemakkelijker. De reden is dat die man toen een nieuw onderbewust programma had geschreven dat het vorige programma overschreef.

Het nadeel is natuurlijk dat het oorspronkelijke programma nog steeds in zijn onderbewuste aanwezig is. Het nieuwe programma kan het in de situaties die de man tot nu toe is tegengekomen overnemen, maar elke keer als hij in een nieuwe situatie belandt, waardoor het oude programma het nieuwe weer kan overnemen, vervalt hij weer tot drinken.

Bestaat er een alternatieve benadering? Vanzelfsprekend, en dat is je te realiseren dat het onderbewuste programma begint met een specifieke, beperkende overtuiging. Je kunt de Bewuste Jij dan gebruiken om een laag van de sluier van de onderbewuste geest te verwijderen en het oorspronkelijke programma te onderzoeken. Als je ziet wat het programma is, kun je zien dat dit uit een beslissing is voortgekomen. En als je begrijpt dat die beslissing verstorend werkt, kun jij het vermogen van de Bewuste Jij gebruiken om die door een betere beslissing te vervangen, waardoor het oorspronkelijke programma wordt gewist.

Wij zouden kunnen zeggen dat de Bewuste Jij wel de oorspronkelijke beslissing heeft genomen, maar dat die beslissing daarna beneden het niveau van je er bewust van zijn, is gedaald. Maar de Bewuste Jij heeft op elk moment het vermogen om de sfeer waar hij zich bewust van gewaar is, uit te breiden. De Bewuste Jij kan dit doen, omdat hij niet verandert door welke beslissing ook die hij ooit heeft genomen. Daardoor kan hij nooit het vermogen verliezen om zich buiten zijn huidige zelfgevoel te projecteren.

Dit is natuurlijk een heel goede aanpak. In feite is het de énige deugdelijke aanpak om permanent vooruit te gaan naar zelfmeesterschap – dat het fundament is om meester te worden over jouw omstandigheden in de materiële wereld. Het enige nadeel is dat het geen snelle manier is. Er is tijd voor nodig en het kost moeite, maar in de eerste plaats moet je de bereidheid tonen die nodig is om naar jouw onderbewuste geest te kijken en betere beslissingen te nemen.

Onderbewuste programma's transcenderen

Laten we nog eens naar de man kijken die een minderwaardigheidscomplex te lijf gaat met aan de drank gaan. Het drinken is een fysieke handeling en die kan door een onderbewust programma in de lichaamsgeest worden opgewekt, een programma dat zijn fysieke lichaam laat smachten naar de effecten van alcohol. En hoewel het moeilijk is om met dat smachten om te gaan en dit om fysieke maatregelen vraagt, werd dat oorspronkelijk door een programma in de hogere niveaus van de geest geschreven. Elk niveau van de geest begint met een overtuiging en daarom is de overtuiging bewust maken – en die vervolgens bewust te wijzigen – een betere manier om de programmering te vernietigen.

Op het fysieke niveau kunnen misschien wel diverse overtuigingen zijn die het allemaal lijken te rechtvaardigen of het noodzakelijk achten dat je een borrel neemt om enige verlichting te krijgen. Maar het komt erop neer dat jij het gevoel hebt dat je te machteloos bent om aan die programmering te ontsnappen, dus de enige uitweg is dat je dan maar niets ervaart. Als je dit eenmaal door hebt, kun je begrijpen dat dit programma wordt gebaseerd op de overtuiging dat jij emotionele pijn niet kunt vermijden. In zekere zin is dit correct,

11 | Uit de gevangenis die jouw ego is, ontsnappen

omdat jij op het niveau van je fysieke geest jouw emotionele pijn niet kunt verhelpen of laten ophouden.

De Bewuste Jij is echter níét de fysieke geest; hij is meer dan de fysieke geest. Als je het vermogen van de Bewuste Jij dus gebruikt om je buiten je huidige niveau te projecteren, ben jij daadwerkelijk in staat om te zien hoe jij met het emotionele niveau om moet gaan. Wij zouden misschien wel kunnen zeggen dat zolang de Bewuste Jij jouw situatie door het filter van de lichaamsgeest ziet, het onmogelijk lijkt om die emotionele pijn uit de weg te gaan. Maar als de Bewuste Jij zijn gewaarzijn van zichzelf uitbreidt naar een hoger niveau, is hij heel goed in staat om emotionele reacties te wijzigen.

Laat ik het zo zeggen: Als de Bewuste Jij zich met het fysieke lichaam vereenzelvigt, kijkt hij van onderaf naar de emotionele geest en vanuit die positie kan hij de emotionele geest eenvoudig niet veranderen. Maar als de Bewuste Jij gebruik maakt van zijn vermogen om zichzelf naar de emotionele geest omhoog te projecteren, kijkt hij vanaf hetzelfde niveau naar die geest. En op dat niveau heeft de Bewuste Jij wel de kracht om een emotioneel patroon te wijzigen.

Als je dit eenmaal herkent, kun je redeneren dat jij, als de pijn op het emotionele vlak begint, de sluier opzij kunt schuiven om bewust naar je emotionele lichaam te kijken. Als je het daar kunt oplossen, heb je geen emotionele pijn meer en heb je ook geen reden meer om je geest te verdoven.

Deze aanpak heeft natuurlijk wel één nadeel. Wanneer jij bewust naar je emotionele geest begint te kijken, en de emotionele pijn die daar ligt opgeslagen, tegenkomt, kan dit zowel beangstigend als overweldigend zijn. Eigenlijk willen mensen pas naar de emotionele geest kijken, als iets (zoals drinken) zoveel emotionele pijn heeft veroorzaakt dat zij de extra pijn op korte termijn willen verduren om hun leven op lange termijn op orde te krijgen.

De geascendeerde meesters bieden jou echter een andere optie. Een onderbewust programma begint met een overtuiging die lijkt op het gooien van een rotsblok in een stroom. Achter dat rotsblok begint zich modder, stenen en puin op te hopen, zodat je het rotsblok stroomafwaarts niet eens kunt zien. Het 'puin' in de geest is echter gewoon energie. Die energie kwam oorspronkelijk van jouw IK BEN Aanwezigheid, maar werd in vibratie verlaagd (kreeg een verkeerde, lagere, kwaliteit) door de beperkende overtuiging.

Wanneer je in de emotionele geest gaat kijken, kom je eerst een reservoir van emotionele energie tegen die jou óf zal overweldigen óf verhinderen de disfunctionele overtuiging die achter die energie verborgen zit, te zien. Zoals al is uitgelegd, hebben de meesters ons hulpmiddelen gegeven om de vibratie van die energie te verhogen (die te transmuteren of een betere kwaliteit te geven) namelijk spirituele energie op te roepen door middel van decreten en invocaties. Hierdoor kun je naar de emotionele geest gaan, terwijl je bijna geen of helemaal geen pijn voelt, en kun je de onderliggende overtuiging gemakkelijk ontdekken.

Als je eenmaal een beperkende overtuiging in de emotionele geest blootlegt, zie je dat die eigenlijk wordt gebaseerd op een impuls van de mentale geest. Bijvoorbeeld, de emotionele geest gelooft misschien wel dat jij in bepaalde situaties duidelijk minder bent en dat er dus geen enkele andere reactie mogelijk is dan je slecht over jezelf voelen.

Maar nu kun je die overtuiging gaan onderzoeken en dan ontdek je dat er een bepaald gevoel bij hoort, namelijk dat jij geen andere keus hebt, dat jij vastzit. Je kunt dan gaan onderzoeken waar dit gevoel vandaan komt en dit brengt jou bij jouw mentale geest. Opnieuw kom je wat vervormde energie tegen, maar in plaats van emotionele pijn, veroorzaakt die een gevoel van twijfel en verwarring. En die energie kan weer worden opgelost door specifieke hulpmiddelen te gebruiken om energie te transformeren.

Op den duur kun je de dieper zittende overtuigingen in je mentale geest blootleggen en die zullen vaak te maken hebben met een wereldbeeld waarin twee soorten mensen zijn: degenen die superieur zijn (autoriteitsfiguren) en degenen die inferieur zijn en die dus nooit hun huidige positie kunnen ontstijgen.

Je kunt je dan gaan afvragen waar die overtuiging vandaan komt en dat kan je bij je identiteitsniveau brengen, het hoogste niveau van je geest. Hier zul je waarschijnlijk een overtuiging blootleggen die zegt dat jij een wezen bent dat fundamenteel beperkt en machteloos is. Je zou de overtuiging kunnen vinden dat jij een menselijk wezen bent met alle beperkingen die daarmee gepaard gaan. Jij vindt misschien ook de overtuiging dat jij tot een lagere klasse wezens behoort die ondergeschikt is aan andere wezens, of dat jij van nature een zondaar bent, of dat er fundamenteel iets aan jou mankeert.

Nogmaals, je zult energie tegenkomen die heel dicht en zwaar is, maar die kan ook worden getransmuteerd. En als je eenmaal de overtuigingen die jij tegenkomt, gaat onderzoeken, kun jij je ervan bewust worden dat jij de Bewuste Jij bent, en een verlengstuk van jouw IK BEN Aanwezigheid. Daarom heeft het geen zin om een evaluatie van jezelf te geven op grond van een relatieve, dualistische vergelijking of je inferieur of superieur bent. Jij bent een uniek wezen en iets wat uniek is, kun je niet met iets anders vergelijken. Jij kunt je er ook van bewust worden dat jij een spiritueel wezen bent dat niet door menselijke beperkingen kan worden aangetast. Jij werd dus niet als zondaar, of met een fundamenteel gebrek, geschapen.

Vanzelfsprekend zijn er veel verstorend werkende overtuigingen op de vier niveaus van je geest en die hebben zich daar gedurende vele levens genesteld. Je hebt ook te maken met het collectieve bewustzijn dat ook gedurende heel lange tijd werd opgebouwd. Niettemin, als je volhardt en alle middelen (zoals therapie en zelfhulptechnieken plus de hulpmiddelen die de geascendeerde meesters hebben gegeven) gebruikt die er beschikbaar zijn, kun je inderdaad grote vooruitgang boeken. En in aanmerking genomen dat de onderbewuste overtuigingen zich in vele levens hebben opgebouwd, is het werkelijk verbazingwekkend dat jij het potentieel hebt om die in één leven los te laten – als jij het proces maar doorloopt.

Hoe het ego het proces compliceert

Het is nuttig om je ervan bewust te zijn dat jouw ego dit proces zal bemoeilijken, als jij je er niet van bewust bent hoe het ego te werk gaat. Het probleem is eigenlijk dat je ego grip op jou heeft zolang hij zich kan verbergen voor jouw bewuste gewaarzijn. En waar kan jouw ego zich dan het beste voor jou verbergen? In jouw onderbewuste natuurlijk. Dit betekent dat jouw ego liever heeft dat jouw onderbewuste geest ONDERbewust blijft.

Het ego zal veel beslissingen voor jou nemen, maar een paar beslissingen kun jij alleen maar nemen. Het is belangrijk om dat in gedachten te houden, omdat de enige manier om het ego te neutraliseren, is dat er in het verleden bepaalde beslissingen moesten worden genomen die jij eigenlijk niet wilde nemen – en toen liet jij je ego die beslissingen maar voor jou nemen.

De enige manier om de grip van het ego op jou te verbreken, is door bewust te beslissen dat jij wel die beslissingen wilt nemen. Maar de oorspronkelijke beslissing om geen beslissingen te nemen, werd veroorzaakt door het feit dat het in bepaalde situaties leek alsof er geen goede beslissing kon worden genomen en zodoende kon je nooit negatieve emoties

11 | Uit de gevangenis die jouw ego is, ontsnappen

vermijden. Met de juiste hulpmiddelen kun je de emotionele energie neutraliseren en door je meer op je hogere zelf af te stemmen, kun je meer opties gaan zien, dus dan besef je dat er altijd een optie is die tot groei leidt.

Als wij het voorbeeld van de man die aan de drank was er nog eens bijhalen, kunnen wij ons iets belangrijks realiseren over alle vormen van weglopen voor een situatie. De leugen die de grondslag vormt voor jouw ego, is is dat het óf gevaarlijk, óf onnodig is om naar jouw onderbewuste geest te kijken. Veel mensen voelen zich bijvoorbeeld diepgaand beïnvloed door emotionele pijn, maar zij geloven de leugen van hun ego dat als zij naar hun emoties kijken, dit nog meer pijn veroorzaakt. Dit plaatst hen in een catch-22, omdat zij dan geen optie hebben om de emotionele pijn op te lossen. Het lijkt wel of hun enige optie is om dan maar niets te voelen, en dus moeten zij hun geest dan maar verdoven.

De subtiele leugen van het ego bestaat er dus uit dat de enige manier om de pijn te vermijden, is dat jij je er niet meer van bewust bent. De enige manier om de pijn niet te voelen, is door niets te voelen. Maar in werkelijkheid is de enige manier om de pijn permanent te transcenderen, dat jij je er méér van bewust wordt. De kern van jouw wezen heet de Bewúste Jij, omdat zijn meest basale eigenschap is dat hij bewust is, hij is zich ergens van gewaar. Alleen door je meer bewust te worden van jouw onderbewuste, kun jij de overtuigingen die jou pijn bezorgen, opruimen. Daarom is het pad dat de geascendeerde meesters bieden, een pad van geleidelijk aan steeds bewuster worden, totdat alles wat wordt verborgen, onthuld is. Want wanneer jij een onderbewuste overtuiging volledig begrijpt, zie je ook in dat jij meer bent dan die overtuiging en dit maakt het gemakkelijker voor jou om die overtuiging te transcenderen. Het is eigenlijk heel eenvoudig: Alle beperkingen zijn leugens. Wanneer jij inziet dat een overtuiging een leugen is, zie jij ook de waarheid die jou bevrijdt van de leugen. Jij kunt gewoon niet weten dat een idee een leugen is als jij de waarheid niet ziet. En de waarheid zal jou bevrijden.

Jouw lichaamsgeest

Om het beeld van je onderbewuste geest compleet te maken, moeten wij een element bekijken dat de geascendeerde meesters de lichaamsgeest noemen. Deze naam geeft aan dat het een niveau van de geest is die verband houdt met de functies van het fysieke lichaam. Je hoeft bijvoorbeeld niet bewust tegen je hart te zeggen dat het moet kloppen, of tegen jouw cellen dat ze proteïne moeten aanmaken. Stel je voor dat jij je bewust moet zijn van de functie van elk van de miljarden cellen in jouw lichaam, dat je die moet vertellen wat zij moeten doen. Je zou bewust geen aandacht meer over hebben om ook maar iets met jouw lichaam te doen, laat staan van het leven te genieten.

Dus in zekere zin is de lichaamsgeest een soort supercomputer die de functies van het enorm complexe fysieke lichaam bestuurt dat het Zelf gebruikt als voertuig om zichzelf in de materiële wereld tot uitdrukking te brengen. Het probleem is dat de supercomputer feitelijk een eigen leven kan gaan leiden, zoals je misschien wel eens in bepaalde sciencefictionboeken hebt gelezen.

Het komt erop neer dat de lichaamsgeest een computer is die bestemd is om jou te helpen je fysieke lichaam te gebruiken. Maar als jij er geen aandacht aan schenkt – en natuurlijk is niemand met die kennis opgevoed – kan die dienaar misschien wel jouw meester worden. En dat zal je spirituele groei zeker niet bevorderen.

In veel religies en zelfs in spirituele leringen wordt het lichaam als slecht afgeschilderd, of in ieder geval als de vijand

11 | Uit de gevangenis die jouw ego is, ontsnappen

van jouw spirituele groei. Dit onderwijzen de geascendeerde meesters niet. Zij onderwijzen dat het fysieke lichaam een voertuig is voor onze spirituele groei en dat wij haar daarom moeten eren en er goed voor zorgen. Wij moeten ons leven echter niet door ons lichaam en haar verlangens laten beheersen.

Wij doen dit door ons ervan bewust te zijn dat de computer die ons lichaam bestuurt, eigenlijk niet in staat is te denken. Dus er lopen gewoon programma's en die blijven lopen tot onze bewuste geest er limieten aan stelt. Het lichaam heeft bijvoorbeeld bepaalde basisbehoeften en de lichaamsgeest zal die behoeften proberen te vervullen zonder enige humanitaire of spirituele overwegingen.

Een van de basisbehoeften is bescherming; voor de lichaamsgeest is er niets mis mee als je iets doodt of op een andere manier neutraliseert dat als een gevaar overkomt, inclusief andere menselijke wezens. Je ziet dat bepaalde dictators zonder onderscheid des persoons iemand doden die als een bedreiging overkomt – zonder ooit te overwegen of die waarneming wel realistisch is. De reden is dat zulke mensen hun leven hebben laten overnemen door hun lichaamsgeest – in ieder geval dit aspect ervan.

Nog een voorbeeld is voedsel. De lichaamsgeest zal alles eten wat hij tot zijn beschikking heeft of lekker vindt en zoveel eten als hij maar kan. Hij kan zich niet inhouden en daarom zie je mensen die zich overeten of ongezond voedsel eten – hun lichaamsgeest regelt hun eetgedrag.

Een andere basisbehoefte is voortplanting. De lichaamsgeest stelt geen limiet aan de hoeveelheid seks die je mag hebben en is (in ieder geval bij mannen) eigenlijk zo geprogrammeerd dat je zoveel mogelijk seks, en met zoveel mogelijk verschillende partners, probeert te krijgen. Daardoor zijn er mensen die denken dat zij mondain zijn, omdat zij niet meer het patroon hebben van één seksuele partner, maar zij beseffen eenvoudig niet dat hun leven wordt gereguleerd door hun lichaamsgeest.

Hoe voorkom je dat jouw leven door je lichaamsgeest wordt gereguleerd? Dit is een onderdeel van het proces om naar je onderbewuste gaan. Het is de bedoeling dat jouw lichaam je dienaar is en dat houdt in dat jij limieten stelt aan hoe jij je lichaamsgeest met voedsel, seksualiteit of veiligheid laat omgaan. Bepaalde mensen hebben wel – op een bepaald moment in hun leven – besloten dat zij hier geen bewuste beslissingen over wilden nemen, dus laten zij hun lichaamsgeest zijn gang gaan. Maar daarachter zat een overtuiging en als je die overtuiging eenmaal blootlegt, kun jij je lichaamsgeest zijn macht ontnemen en opnieuw bewust grenzen stellen.

Zoals altijd is de sleutel dat jij je bewustzijn moet uitbreiden en jouw vier lagere lichamen zuiveren van vervormde energie. Wat wij meestal een hunkering noemen, is de magnetische aantrekkingskracht van jouw fysieke lichaam tot jouw emotionele lichaam. Dit komt omdat er vervormde energie wordt verzameld en als jij spiritueel licht oproept, zal die hunkering op een natuurlijke manier verminderen. En als jij je er meer bewust van wordt hoe jouw onderbewuste te werk gaat, bouw jij de vaardigheid op om niet aan de hunkeringen van jouw lichaamsgeest toe te geven en van deze computer een dienaar te maken die jouw spirituele groei bevordert, en daar werd hij ook voor ontworpen.

12 | ANDERE ASPECTEN VAN HET ZELF

We hebben al gesproken over de noodzaak om jouw innerlijke ervaring, jouw 'Ervaring van het Leven' te veranderen. In dit hoofdstuk zullen we bekijken hoe je deze kennis over de componenten van het zelf kunt gebruiken om die transformatie te voltooien. Laten we eerst naar een aspect van jouw IK BEN Aanwezigheid kijken dat wij al kort eerder hebben genoemd.

Jouw causale lichaam

Eén van de verbazingwekkendste effecten bij het bestuderen van de leringen van de geascendeerde meesters is dat je beseft dat er nooit iets wordt verspild. Je kunt heel gemakkelijk van je leven zeggen dat je het gevoel hebt dat je heel veel onzin hebt ervaren en heel veel onaangename situaties hebt meegemaakt, dat je tijd en energie verloren hebt laten gaan. Maar als je begrijpt hoe de IK BEN Aanwezigheid met jouw ervaringen omgaat, zie je dat alles in een positieve leerervaring kan worden omgezet.

Op afbeelding 12 zie je een aantal ringen (in werkelijkheid zijn het sferen) rondom de sfeer die de IK BEN Aanwezigheid voorstelt. Die ringen stellen voor wat je hebt verzameld tijdens jouw reis door de materiële wereld: het meesterschap dat je hebt verworven op de zeven stralen. In een gekleurde afbeelding heeft elke ring de kleur van de corresponderende ring.

Afbeelding 12 – Jouw causale lichaam vormt ringen rondom jouw IK BEN Aanwezigheid.

Dit meesterschap is het product van jouw positieve leerervaringen – en bedenk dat iets wat zelfs fout lijkt, in een positieve leerervaring kan worden omgezet. Wat jij hier beneden ook doet, jouw Aanwezigheid kan er iets van leren en de les bij jouw causale lichaam inlijven.

Met andere woorden, wanneer jij je als een beperkt zelf beschouwt, word jij in dat zelf en de beperkingen die hij aan zichzelf stelt, ondergedompeld. Maar hoewel dit een beperkende ervaring is, verandert die ervaring in een positieve, als je eenmaal tot het besef komt dat jij niet dat lagere zelf bent. Je realiseert je dat jij meer bent dan dat beperkte zelf en als jij die ervaring maar vaak genoeg meemaakt, realiseer jij je op een dag dat jij meer bent dan het zelf op deze wereld.

Zodoende is het verstandig om het leven als een wetenschappelijk experiment te bezien en de ideale relatie tussen je IK BEN Aanwezigheid en de Bewuste Jij te begrijpen. De Bewuste Jij heeft inderdaad vrije wil en maakt keuzes volgens zijn waarnemingen in de materiële wereld. Dus kan de Bewuste Jij alleen maar beslissingen nemen die worden gebaseerd op het waarnemingsfilter dat vaststelt wat dit zelf is – en waardoor hij alles ziet – zolang hij zich met dat uiterlijke zelf vereenzelvigt.

Dit betekent dat de Bewuste Jij niet alleen beslissingen neemt op grond van zijn waarnemingen, maar ook de uitkomst van die beslissingen met zijn waarnemingsfilter evalueert. Jij beoordeelt jezelf dus met hetzelfde waarnemingsfilter als het filter waarmee jij een bepaalde beslissing nam. Dit heeft Jezus 'naar het aanzien oordelen' genoemd.

In tegenstelling tot jouw Aanwezigheid, hij bekijkt de wereld níet door jouw waarnemingsfilter. Hij ziet door de kristalheldere helderheid van de Christusgeest heen en beoordeelt jou níet zoals jij jezelf beoordeelt (of andere mensen jou beoordelen). Daarom zei Jezus tegen ons dat wij, tenzij wij als kleine kinderen worden, het koninkrijk van God niet kunnen ingaan. Het koninkrijk van God is een metafoor voor de bewustzijnsstaat waarin de Bewuste Jij jou als een verlengstuk van de IK BEN Aanwezigheid beschouwt.

Dit betekent dat jij jezelf niet meer met het waarnemingsfilter van jouw uiterlijke zelf beoordeelt; jij beziet jouw keuzes en de consequenties ervan zoals jouw Aanwezigheid die beziet. En dit is de énige manier om het fnuikende schuldgevoel waar wij allemaal aan zijn blootgesteld en dat de neiging heeft om ons te verlammen, te kunnen transcenderen.

Het causale lichaam wordt een opslagplaats voor al onze positieve leerervaringen. Als jij je daar eenmaal intuïtief op begint af te stemmen, kun jij troost putten uit de ervaringen die jij in vorige levens heb gehad. En daarom weten veel spirituele mensen innerlijk wat het juiste is, hoewel zij niet altijd verstandelijk kunnen uitleggen hoe het komt dat zij dat weten.

Jouw causale lichaam kun je als een kosmische database beschouwen die jou in staat stelt om de beste beslissingen te nemen die je kunt nemen in elke situatie die je op aarde tegenkomt. Je kunt troost putten uit alle soortgelijke ervaringen die je in vorige levens bent tegengekomen. Denk eraan dat dit niet beslist hoeft door bewust alles over vorige levens te weten, maar door innerlijk te weten wat het juiste is dat je moet doen.

Vanzelfsprekend is dit een beter fundament om beslissingen te nemen dan de kennis die je hebt vanuit jouw perspectief van dit moment. In jouw causale lichaam wordt ook een hoek ingeruimd voor de energie die de juiste kwaliteit heeft en wanneer je leert hoe je die kunt ontsluiten, geeft die energie jou een positieve impuls om die levensomstandigheden in het leven te roepen die jij hier op aarde wilt. We zouden kunnen zeggen dat de combinatie van wijsheid en de stuwkracht van jouw causale lichaam de ware kracht van het Zelf is.

Hoe ontsluit je dat creatieve potentieel dan? Nu, eerst moet je de filters verwijderen die jouw een-zijn met de Aanwezigheid blokkeren. Zoals wij hebben besproken, fungeert de ziel als een opslagplaats voor zowel ervaringen als energie. Maar de ervaringen die in jouw ziel liggen opgeslagen, worden op jouw beperkte waarnemingsfilter gebaseerd. En de energie die in jouw ziel ligt opgeslagen, wordt gebaseerd op beperkende overtuigingen en gefrustreerde emoties.

Jouw ziel heeft ook een database en de meeste mensen putten juist uit hun negatieve ervaringen in vorige levens om beslissingen te nemen. Zij handelen vaak vanuit het momentum van vervormde emoties die in hun emotionele lichaam liggen opgeslagen. Dit verklaart waarom mensen vaak weglopen van iets waar zij bang voor zijn zonder te weten waarom zij er bang voor zijn. Het gevolg is dat de mensen blijven handelen vanuit de negatieve patronen die deze planeet al bijna de hele geschiedenis domineren, zoals de dagelijkse krantenkoppen bewijzen.

Zoals wij hebben gezien, bieden de geascendeerde meesters een deugdelijk, systematisch pad aan om die eeuwenoude patronen te transcenderen. Naarmate jij je bewustzijn uitbreidt en jouw vier lagere lichamen zuivert, raak je geleidelijk aan in staat om de impulsen uit het verleden te boven te komen. Maar dit wordt veel gemakkelijker wanneer je begrijpt dat het nodig is om jouw vroegere impulsen te onderzoeken en er bewust voor te kiezen om beslissingen te nemen die worden gebaseerd op de database van jouw causale lichaam in plaats van de database van jouw ziel.

Jouw Christuszelf

Op de volgende afbeelding is de figuur op het kruispunt van het cijfer acht jouw Christuszelf. Dit is de bemiddelaar tussen de IK BEN Aanwezigheid en het lagere wezen, in het bijzonder de Bewuste Jij, dat is verdwaald in de dualiteit.

Wij zouden kunnen zeggen dat jouw Christuszelf een spirituele leraar is die naar degenen wordt gezonden die beneden het 48e niveau zijn afgedaald. Die mensen zijn nu zo geconcentreerd op het materiële rijk dat zij het directe, innerlijke gevoel van verbondenheid met hun IK BEN Aanwezigheid zijn kwijtgeraakt. Zij kunnen geen instructies ontvangen van hun Aanwezigheid of de geascendeerde meesters.

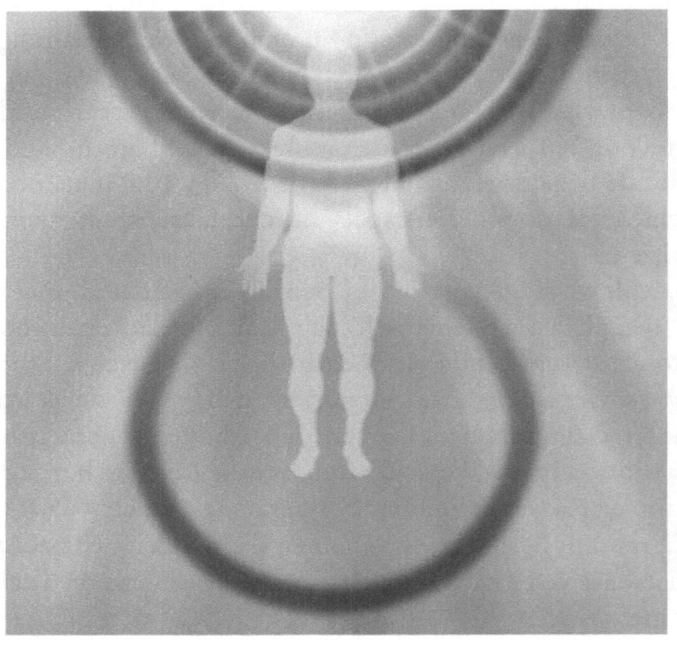

Afbeelding 13 – Jouw Christuszelf op het kruispunt van het cijfer acht als de bemiddelaar tussen de IK BEN Aanwezigheid en het lagere wezen.

Het Christuszelf wordt geschapen door geascendeerde meesters die een deel van hun energie afstaan om een zelf te scheppen dat kan afdalen om jou te bereiken in iedere bewustzijnsstaat die jij op dat moment hebt. Dit wordt gedaan om aan een aspect van de kosmische Wet van Vrije Wil te voldoen. In die wet staat dat je het recht hebt om naar elke bewustzijnsstaat af te dalen waar jij maar naar toe wilt, maar dat je altijd een manier moet hebben om die bewustzijnsstaat te transcenderen. Dit houdt in dat je altijd toegang moet hebben tot een referentiekader buiten het waarnemingsfilter van jouw huidige zelfgevoel. Zodoende zal het Christuszelf met jou afdalen en jou op elk moment dat jij wilt luisteren een manier aanbieden om jouw huidige bewustzijnsniveau te ontstijgen.

Dit wordt gesymboliseerd door de Christus die als Jezus incarneert. Het Christuszelf bevindt zich in jouw vat van het zelf en daardoor kun je hem op elk moment horen als jij je op jouw hart richt en jouw intuïtieve vermogens activeert. Jezus sprak over het Christuszelf in de volgende uitspraken:

> 16 En ik zal de Vader bidden, en hij zal u een andere pleitbezorger geven, opdat hij bij u blijft tot in eeuwigheid. (Johannes 14:16)

> 26 Maar de pleitbezorger, de Heilige Geest, die de Vader zenden zal in mijn naam, zal u in alles onderwijzen en u alles in herinnering brengen wat ik u gezegd heb. (Johannes 14:26)

Je hoeft geen supermens te zijn of paranormale vermogens te hebben om het zachte stemmetje van jouw Christuszelf te horen. Denk er echter aan dat jouw Christuszelf jouw leven níet door jouw huidige waarnemingsfilter bekijkt. De bedoeling van jouw Christuszelf is eigenlijk dat hij jou – in iedere situatie – een alternatief biedt voor jouw huidige waarnemingsfilter.

Dit betekent niet dat jouw Christuszelf je een soort absolute of allerhoogste waarheid aanbiedt, omdat jouw Christuszelf precies weet wat jij wel of niet kunt accepteren op grond van jouw huidige waarnemingsfilter. Dus het doel van jouw

Christuszelf is jou een referentiekader te bieden dat één stap hoger ligt dan jouw huidige waarneming.

Een geleidelijk pad

Jouw Christuszelf weet wat jij nodig hebt om een geleidelijk, stap-voor-stap, pad te volgen vanaf jouw huidige bewustzijnsniveau tot het volledige Christusbewustzijn. Hij probeert je niet zover te krijgen dat jij je gedwongen voelt om deze reis in een reusachtige stap te maken – zoals heel veel spirituele zoekers willen en bepaalde goeroes beweren te kunnen – hij probeert jou te helpen om de volgende stap te nemen en daarna nog een, enzovoort.

Dit betekent dat er nóóit een situatie komt, waarin jouw Christuszelf jou niet kan bereiken. Je hebt altijd de optie om jouw Christuszelf te horen; de vraag is of jij bereid bent je hart en geest open te stellen voor iets wat buiten jouw huidige waarnemingsfilter valt. Als jij niet verder dan jouw waarnemingsfilter wilt kijken, ben jij niet in staat om de stem van jouw Christuszelf te horen. In plaats daarvan hoor je de luidere stem van jouw ego, het massabewustzijn of verkeerde leraren die jou vertellen wat jij wilt horen. Of het nu bevestiging van jouw waarnemingsfilter is of een referentiekader dat buiten jouw huidige waarneming valt, je vindt altijd wel wat je zoekt.

Het is verstandig om je ervan bewust te zijn dat ons uiterlijke zelf bevestiging wil van wat wij op dit moment aan het doen zijn of geloven. Omdat ons Christuszelf alleen maar probeert ons te helpen om onze huidige bewustzijnsstaat te transcenderen, zal die ons nooit gelijk geven. Dat houdt in dat hoe meer bevestiging wij willen, hoe minder wij het 'zachte stemmetje' van ons Christuszelf kunnen horen.

Jouw Christuszelf probeert je niet gerust te stellen; hij probeert je te laten groeien. Jouw ego probeert je groei te stoppen en dus zal hij jou dingen vertellen die je geruststellen, als hij daardoor jou in zijn greep kan blijven houden. (Je ego probeert misschien ook wel om je zo te manipuleren dat jij je heel erg slecht op je gemak voelt, om zo zijn greep op jou te blijven houden.)

Wees je ervan bewust dat jouw ego altijd probeert jouw Christuszelf te vervangen. Eén van die manieren is jou zover te krijgen dat jij jouw intuïtieve inzicht wegredeneert. In feite is jouw ego constant bezig om zichzelf als de allerbeste autoriteitsfiguur in jouw leven op te stellen, een positie die jouw Christuszelf zou moeten innemen tot de Bewuste Jij rechtstreeks contact met jouw Aanwezigheid krijgt. Je ego doet dat door bepaalde overtuigingen te kweken die boven alle twijfel verheven zijn en die jij dus niet hoeft te onderzoeken en zo vormt hij een mentaal kader rondom jouw geest. Veel mensen durven niet buiten hun mentale kader te kijken om de stem van hun Christuszelf te horen. Het Christuszelf probeert áltijd jou uit elk mentaal kader te halen en dus zal hij de 'onfeilbare' overtuigingen van jouw ego aanvechten.

Naarmate je verder komt op het spirituele pad, neem je geleidelijk de Christusgeest aan. Dit houdt in dat je de visie en het onderscheidingsvermogen krijgt die jou in staat stellen om de vele illusies van de geest van antichrist te doorzien. Dit helpt je om de zuiverheid van jouw Zelf weer op te eisen in plaats van de egoïstische overtuigingen die lijden bij jou teweegbrengen. Met de Christusgeest kun je eerst de heerschappij over jouw Zelf en daarna over het materiële rijk nemen.

In het begin zal de Bewuste Jij jouw Christuszelf als een externe leraar beschouwen, maar geleidelijk aan bouw jij een dieper gevoel van een-zijn met de leraar op. Dit leidt tot de mystieke vereniging: jij wordt de bruid van Christus en één met jouw IK BEN Aanwezigheid. Jij kunt dan accepteren dat de Bewuste Jij zijn rechtmatige plaats als de Christus in jouw wezen heeft verworven. Jij bent de Levende Christus geworden.

Je wordt dan 'Zo boven, zo beneden'. Dit betekent dat de IK BEN Aanwezigheid dan door jou heen kan handelen als de Ik Zal Zijn Aanwezigheid die jij bent geworden. Jouw identiteitsgevoel in deze wereld weerspiegelt jouw spirituele individualiteit, die in jouw IK BEN Aanwezigheid is verankerd. Jij hebt dan de heerschappij over de aarde genomen, zoals wordt gesymboliseerd door de globe onder de voeten van de Vitruviusman op afbeelding 14.

Dan kun je net als Jezus zeggen: "Mijn Vader werkt tot nu toe, en Ik werk ook." (Johannes 5:17)

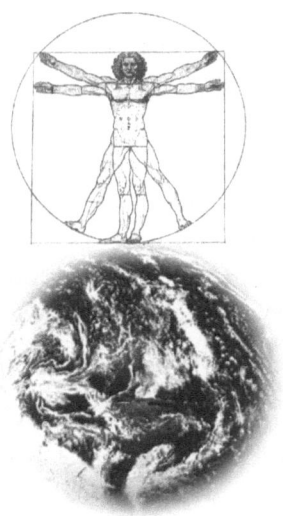

Afbeelding 14 – de Vitruviusman en de heerschappij over de aarde

In jouw huidige staat is de Bewuste Jij afgedaald naar het lagere zelf en beschouwt zichzelf als het uiterlijke zelf. Deze identificatie zorgt ervoor dat jij gescheidenheid of afstand ziet tussen jou en de IK BEN Aanwezigheid. Naarmate jij het Christusschap verwerft, klimt de Bewuste Jij naar de kruising in het cijfer acht op en neemt de positie in die jouw Christuszelf nu inneemt. Maar hierdoor lost de afstand op en dan heb jij jouw oude staat getranscendeerd. Jij bent dan 'Zo boven, zo beneden', zoals op afbeelding 15 te zien is.

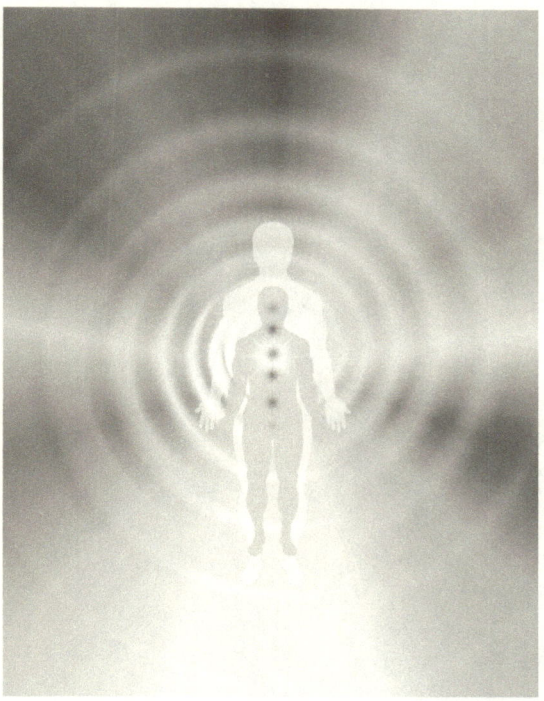

Afbeelding 15 – Door het Christusschap ascendeert de Bewuste Jij naar de kruising in het cijfer acht en neemt dan de positie van jouw Christuszelf over.

13 | ERVOOR KIEZEN OM JE ERVARING VAN HET LEVEN TE VERANDEREN

Misschien heeft de beschrijving van jouw totale wezen ervoor gezorgd dat jij je realiseert dat het spirituele pad complexer is dan je dacht en meer werk dan jij je had voorgesteld? Als dat zo is, voel je dan niet overdonderd. Zoals wij hebben besproken, is er een systematische manier om jouw leven te verbeteren. Het is echter ook heel goed mogelijk om de manier waarop jij naar het leven kijkt, te veranderen en dat kan onmiddellijk effect op jouw welzijn hebben.

Er zijn veel spirituele en religieuze leringen die je een gemakkelijke uitweg bieden; een automatisch pad naar verlossing. In werkelijkheid is het systematisch opbouwen van een nieuw identiteitsgevoel tot jij accepteert wie jij echt bent, de enig goede manier. Dit herstelt het een-zijn tussen jouw hogere wezen en het Zelf. Dit vereist werk, je moet er bewust mee aan het werk. Je moet jouw vier lagere lichamen zuiveren van alle dualistische overtuigingen en vervormde energie.

Er is echter een – min of meer – gemakkelijke manier om eruit te komen.

Die uitweg is dat de Bewuste Jij, het Zelf, is wat hij denkt te zijn. Jouw Zelf heeft het vermogen om zich te vereenzelvigen met alles waar hij voor kiest en hij kan dat identiteitsgevoel ogenblikkelijk veranderen. Wij zouden kunnen zeggen dat jouw ego een mentale gevangenis heeft gebouwd van de egoïstische overtuigingen en vervormde energie in jouw vier lagere lichamen. Je zou misschien aan deze gevangenis kunnen denken als een kleine stenen doos met een heel klein raampje in de deur. Je ego is er toe in geslaagd om het Zelf in die gevangenis te laten stappen en te geloven dat hij er niet uit kan ontsnappen. Het Zelf bekijkt de wereld nu vanuit het heel beperkte perspectief dat hij vanuit de gevangenis van het ego heeft. Dit zorgt ervoor dat jij het gevoel hebt dat je vast zit, dat je leven uit lijden bestaat en het gevoel hebt dat er geen uitweg is.

In werkelijkheid zit de deur van de gevangenis niet op slot. Het Zelf kan – elk moment – besluiten om die te openen en uit de gevangenis weg te lopen. Als hij dat doet, betekent het niet dat de gevangenis verdwijnt. Je moet je nog steeds van de egoïstische overtuigingen en vervormde energie ontdoen om weer vat te krijgen op jouw vier lagere lichamen. Maar als jij eenmaal buiten die gevangenis staat, verandert jouw perspectief op het leven drastisch.

Je voelt je niet meer beperkt of vastzitten; het leven lijkt niet meer op een eindeloos proces van lijden. Je realiseert je dat de oude uitspraak dat jij niet een mens bent die een spirituele ervaring heeft, maar een spiritueel wezen bent dat een menselijke ervaring heeft, waar is. En als jij de menselijke ervaringen die je hebt opgedaan, niet meer leuk vindt, kun je die veranderen door het spirituele pad te volgen.

13 | *Ervoor kiezen om je ervaring van het leven te veranderen* 235

Je kunt jouw Christuszelf als gids gebruiken om jouw ware identiteit weer op te eisen. Je begint te beseffen en te accepteren dat jij een spiritueel wezen bent en omdat jij weet wie jij bent, waarom jij hier bent en hoe jij aan jouw hoogste doelen kunt voldoen, ga jij je vrij en blij voelen. Het enige doel van de geascendeerde meesters is dat zij jou het inzicht en de hulpmiddelen willen geven die je kunnen helpen om die spirituele vrijheid op te eisen.

Waarom jij op dit moment hier bent

De staat van een-zijn met jouw IK BEN Aanwezigheid is jouw hoogste potentieel hier op aarde en wanneer je die verwerft, kun jij je rechtmatige rol als medeschepper met God gaan vervullen. Pas wanneer een cruciaal aantal mensen deze staat van een-zijn bereikt, kan Christus herrijzen. Dit zal Gods koninkrijk op aarde openbaren en een Gouden Eeuw van vrede en verlichting inluiden.

Waarschijnlijk heb je aangeboden om in deze tijd naar de aarde te komen met de bedoeling om mee te helpen de Gouden Eeuw tot stand te brengen. Je hebt waarschijnlijk al jaren het gevoel dat er iets niet goed is op aarde, dat er iets aan ontbreekt en dat daar verandering in moet komen. Je hebt waarschijnlijk altijd al het verlangen gehad naar iets beters, iets meer, en dat verloren paradijs is het een-zijn met jouw IK BEN Aanwezigheid. Dus de sleutel tot jouw persoonlijke voldoening en de wereld te verbeteren, is dat je gevolg geeft aan de oeroude oproep: "Mens ken uzelve". Dit betekent eigenlijk: "Mens, ken uzelve als God." Jouw ware zelf is jouw IK BEN Aanwezigheid en de Bewuste Jij is het Ik Zal Zijn–aspect van de Aanwezigheid.

In het verleden beschouwde jij je als een beperkt zelf. Hoe heb je dat gedaan? Je hebt de eerste eigenschap van de Bewuste Jij gebruikt: het Zelf. Het Zelf wordt niet als een gescheiden wezen geschapen. Het is de polariteit van de IK BEN Aanwezigheid; het Ik Zal Zijn-aspect van de Aanwezigheid. De IK BEN Aanwezigheid zegt: "IK BEN", maar het Zelf zegt: "Ik Zal Zijn..." Dit betekent dat je de IK BEN Aanwezigheid kunt beschouwen als het stabiele middelpunt, de zon, maar het Zelf is de planeet die om de zon heen draait. Dus het Zelf is altijd in beweging, transcendeert steeds verder.

Hoe is het Zelf aan dat lagere zelfgevoel op het 48e niveau of lager gekomen? Hij zei: "Ik zal dat zelf worden", en toen zat hij ineens in dat zelf. Dus laten wij nu eens zeggen dat jij begint te ontwaken en niet meer dat beperkte zelf wilt zijn en lijden zoals dat zelf lijdt. Hoe kom je daar uit? Nu, er zijn twee benaderingen die niet werken: De ene is dat je het zelf als je vijand beschouwt en hem probeert te vernietigen. De andere benadering is dat je het zelf moet perfectioneren en verheffen, zodat jij op een dag acceptabel wordt in de ogen van God.

De middenweg die buiten die twee benaderingen valt, is het besef dat het zelf niet echt bestaat en dus geen macht heeft over het Zelf dat wel echt bestaat. Dus je moet weer contact maken met het basale vermogen van de Bewuste Jij, het vermogen om een hoger Zelf te visualiseren en dan beslissen: "Ik wil dat Zelf worden". Met andere woorden, in plaats van te proberen iets te doen met jouw bestaande zelf (het vernietigen of perfectioneren), transcendeer je dat eenvoudig door de Bewuste Jij naar een hoger zelfgevoel te projecteren.

Het is echter essentieel dat je beseft dat dit niet zomaar klaar is. Je moet de energie die je hebt opgewekt met dat vroegere zelf, transmuteren. En je moet ook de overtuigingen en beslissingen die je met dat zelf hebt genomen, blootleggen en bewust vervangen door andere. Alleen dan ben je in staat om dat oude zelf voorgoed achter je te laten. Maar wat je wel kunt doen – en dat kan ogenblikkelijk – is dat je het vermogen van het Zelf gebruikt om te zijn wie jij wilt zijn. Dit kan er daadwerkelijk voor zorgen dat jij beseft: "Ik ben niet het zelf dat lijdt, dus wie ben ik? Ik moet meer zijn dan dat zelf en dan zit ik niet meer in dat lijden vast." Op dat moment kun je de betovering verbreken om jezelf als het lagere zelf te beschouwen, wat betekent dat het lijden van dat zelf niet meer zo erg lijkt of zo persoonlijk is. Je weet dan dat het lagere zelf lijdt, niet jij, niet de Bewuste Jij.

Het netto-effect is dat jij ogenblikkelijk een totaal andere kijk op jezelf, jouw situatie, en het leven krijgt. In plaats van een gebrekkige aanpak vanwege het gevoel dat je altijd achterop bent of dat er iets aan jou mankeert, kun je het leven gaan zien als een reis – en je kunt beginnen te genieten van de verschillende aspecten van die reis.

De omslag kan van het ene op het andere moment plaatsvinden

Die wijziging in bewustzijn kan daadwerkelijk ogenblikkelijk plaats vinden. Het is echter wel belangrijk om te beseffen dat dit misschien niet gebeurt, omdat jij dit toevallig leest. Als het niet zo is, dan is de reden dat jij nog zoveel vervormde energie in jouw vier lagere lichamen hebt dat de magnetische aantrekkingskracht aan jouw aandacht te sterk is om de betovering van de vereenzelviging daarmee te verbreken. En op dat moment moet je besluiten om het geleidelijke pad te volgen dat de geascendeerde meesters hebben uitgezet.

De meesters zijn heel praktisch. Je hebt misschien wel eens gehoord dat er spirituele leraren op aarde zijn die beweren dat zij spontaan ontwaakt zijn. Zij hebben dit gevoel van dis-identificatie dat net is beschreven, ervaren en zij dachten dat zij er niets voor hadden gedaan om dat tot stand te brengen. In feite zullen bepaalde leraren inderdaad zeggen dat jij er niets aan kunt doen.

De geascendeerde meesters zeggen dat geen enkel mechanisch ritueel de ervaring van spontaan ontwaken zal forceren. Maar zij zeggen ook dat de natuurlijke staat van de Bewuste Jij, het Zelf, is dat hij zich in zuiver gewaarzijn bevindt. Dus de enige reden dat jij niet in zuiver gewaarzijn verkeert, is dat de magnetische aantrekkingskracht van het uiterlijke zelf aan jouw bewuste gewaarzijn trekt om je te identificeren met dat zelf. Dus wanneer je die magnetische aantrekkingskracht verkleint, komt er uiteindelijk en onvermijdelijk een moment waarop het Zelf moeiteloos – en schijnbaar zonder enig bewuste of mechanische inspanning – terugveert naar zijn natuurlijke staat.

De meesters zeggen dat wanneer iemand beweert dat hij spontaan is ontwaakt, dit komt omdat hij zich er gewoon niet van bewust is dat hij door een proces is heengegaan. De reden kan zijn dat hij in vorige levens al veel stappen heeft gezet of dat hij eigenlijk best wel veel overtuigingen heeft onderzocht zonder een systematische leer te volgen of door een systematische procedure heen te gaan.

De geascendeerde meesters, die volledig ontwaakt zijn uit het menselijke bewustzijnsniveau, zeggen dat ontwaken altijd een proces is. En door je er bewust van te worden hoe dat proces werkt, kun je inderdaad veel doen om het moment naar voren te halen, waarop jij 'spontaan' ontwaakt uit de vereenzelviging met jouw huidige zelfgevoel. Je kunt het moment naar voren halen waarop de Bewuste Jij bewust wordt, omdat het Zelf zich realiseert dat hij nooit het vermogen is kwijtgeraakt om te zijn wie hij wil zijn. Dus kan hij altijd meer zijn dan wie hij nu is.

Ervaringen van onderdompeling en ontwaken

Wanneer je begint te beseffen wie jij werkelijk bent – namelijk een Zelf dat een verlengstuk is van jouw IK BEN Aanwezigheid – zie je dat jouw hogere Zelf de keuze heeft gemaakt om het Zelf te laten incarneren op aarde. Hiertoe werd jij niet gedwongen; jij deed dit met een positieve bedoeling. Die bedoeling is tweeledig:

- Jij wilde jouw spirituele individualiteit op de wereld tot uitdrukking brengen. Dit deed je gedeeltelijk uit pure vreugde om jezelf tot uitdrukking te brengen en ook met de bedoeling om de materiële sfeer te verheffen. Zoals al is uitgelegd, groeien zelfbewuste wezens wanneer zij meehelpen hun sfeer te verheffen, zodat die kan ascenderen en een deel van het spirituele rijk worden. En wij helpen onze sfeer te verheffen door het licht en de eigenschappen van onze IK BEN Aanwezigheid door ons lagere wezen te laten schijnen.

- Jij wilde ook deze wereld ervaren als een manier om te groeien. En wij groeien door een beperkt zelf aan te nemen en dan geleidelijk aan dat zelf te ontgroeien en ons te realiseren dat wij spirituele wezens zijn die niet kunnen worden gedefinieerd door wat ook maar op deze wereld. Wij groeien door eerst te denken dat wij beperkte wezens zijn om vervolgens tot het besef te komen dat wij meer dan die wezens zijn.

Denk eens terug aan jouw ervaringen als kind. Je was misschien bang voor de bullebak uit de buurt, omdat je dacht dat hij jou een pak rammel zou geven en jij je te klein voelde om jezelf te verdedigen. Je was misschien wel bang voor de hond van de buren, omdat je dacht dat die je zou bijten. Waarom had je die kinderangsten en zorgen en waarom leken die zo echt? Als je nu terugkijkt op die situaties met jouw volwassen zelfgevoel, zijn die zelfde situaties waar jij toen bang voor was, tegenwoordig niet meer de moeite waard. Dus nu begrijpen wij hoe het kwam dat de zorgen die jij als kind had zo echt leken. Dat kwam juist omdat jij dacht dat jij een kind was, met alle beperkingen die jouw specifieke situatie met zich meebracht.

Breng dit nu eens over op het leven in het algemeen. Jij bent een verlengstuk van een spiritueel wezen dat niet door welke omstandigheid dan ook op aarde kan worden beperkt. Maar hoe zou jij ooit een leerervaring kunnen krijgen, als jij met dat gewaarzijn afdaalde? Daardoor ga je door een proces heen van 'vergeten' wie jij bent. In plaats daarvan krijg je een identiteit die wordt gevormd door de vibraties en de uiterlijke omstandigheden die je op aarde ziet. Hoe gebeurt dat?

Omdat het Zelf of de Bewuste Jij – van wie wij hebben gezien dat hij zuiver gewaarzijn is – het vermogen heeft om zichzelf te projecteren waar hij maar wil. Dus de Bewuste Jij projecteert zichzelf naar een specifiek zelfgevoel (als menselijk wezen) en als hij eenmaal in dat zelf zit, vormt het zelf een waarnemingsfilter dat lijkt op het opzetten van een gekleurde bril. Je ziet alles door dat waarnemingsfilter van jouw zelf en dus zie jij ook jezelf door dat waarnemingsfilter. Dit betekent dat jij 'vergeet' dat jij een spiritueel wezen bent en jij gelooft – jij neemt waar, en zien is geloven – dat jij eigenlijk een menselijk wezen bent met alle beperkingen die door jouw zelf zijn gedefinieerd. Dit zou je een 'onderdompelingservaring' kunnen noemen, omdat jij totaal in de materiële wereld wordt ondergedompeld en je daarmee vereenzelvigt.

De bedoeling van die onderdompelingservaring is gedeeltelijk een contrast te bieden aan het spirituele rijk, omdat dit jouw IK BEN Aanwezigheid een waardevol perspectief op

13 | Ervoor kiezen om je ervaring van het leven te veranderen

het spirituele rijk geeft en hoe het leven functioneert. Maar de bedoeling is eigenlijk dat jij de kans krijgt om te ervaren hoe het is om in zelfbewustzijn te groeien. Zoals wij al eerder hebben gezegd, begin je met een zelfgevoel dat tot één punt is samengebald en je hebt het potentieel om dat uit te breiden tot het alomtegenwoordige zelfbewustzijn van de Schepper.

Aan het begin van dit proces krijg je een onderdompelingservaring, zodat jij echt gelooft dat jij wordt beperkt door de omstandigheden in het materiële universum. Maar het is de bedoeling dat jij in het ideale geval jouw bewustzijn over hoe de materiële wereld werkt en hoe jij jouw creatieve vermogens op deze wereld kunt gebruiken, uitbreidt. Dat betekent dat jij je er geleidelijk van bewust zult worden dat jij geen fysiek wezen bent, maar dat jij het vermogen hebt jouw eigen omstandigheden te scheppen in plaats van je aan te passen aan van te voren bepaalde omstandigheden. Dit proces zou je een ontwakingservaring kunnen noemen, omdat het jou een totaal uniek perspectief op het leven biedt. Door met een beperkt zelfgevoel te beginnen en vervolgens dat zelf te transcenderen, sluit jij je aan op de werkelijke bedoeling van het leven. En je leert hoe jij bewust de leiding over dat proces kunt nemen, dus kun jij weloverwogen, welbewust, jouw zelfgevoel transformeren.

Dit proces van bewust jouw zelfgevoel transformeren, is juist wat de Boeddha, Jezus en alle andere spirituele leraren kwamen demonstreren. De conclusie is nu dat het leven op aarde eigenlijk heel primitief, beperkend, en wreed kan lijken. Maar als je het van een hoger perspectief bekijkt, zie je dat die omstandigheden, hoe primitief die ook zijn, ons wel de unieke kans bieden om het basisproces van persoonlijke groei te doorlopen, namelijk door eerst een onderdompelingservaring te krijgen en daarna de ervaring krijgen dat wij ontwaken uit de identificatie met die ervaring, en gaan accepteren wie wij werkelijk zijn.

Als je op je leven terugkijkt, had je misschien veel situaties liever omzeild. Maar als dit allemaal nu eens bij jouw onderdompelingservaring hoorde? En wat als het eigenlijk de bedoeling was dat jij zou demonstreren dat hoe moeilijk de omstandigheden ook zouden zijn, je er toch uit kunt ontwaken en een hoger bewustzijnsniveau krijgen? Wat als jij aangeboden hebt om juist in die omstandigheden terecht te komen om te demonstreren hoe je kunt ontwaken uit zelfs de meest intense onderdompelingservaringen? Jij kunt altijd ontwaken, hoe diep je er ook in wordt ondergedompeld.

Geeft dit je geen nieuw perspectief op het leven? Geeft het je geen nieuw gevoel van hoop en dat het een bedoeling heeft? Geeft het jou niet het gevoel dat jij elke en alle beperkende ervaringen die jij op aarde hebt gehad, achter je kunt laten? En als jij weet dat je iets kunt achterlaten, lijkt het toch niet zo erg meer, wel?

De geascendeerde meesters bieden jou een systematisch pad, waardoor jij uit welke onderdompelingservaring dan ook kunt ontwaken en doorgaan met waar jij voor bent gekomen: demonstreren hoe jij je bewust wordt van jouw spirituele mogelijkheden en hoe jij die mogelijkheden tot uitdrukking brengt.

14 | HOE EEN GEASCENDEERDE MEESTER NAAR KARMA KIJKT

De meeste oosterse religies onderrichten het concept karma, dat kun je enigszins vergelijken met het christelijke concept zonde. Veel moderne spirituele mensen zijn bekend met dit concept, dus wat hebben de geascendeerde meesters over karma te zeggen? Gaat het spirituele pad ook niet over het in evenwicht brengen van karma?

De geascendeerde meesters erkennen zeker het bestaan van karma, maar zij onderrichten ook dat je op verschillende niveaus met karma om kunt gaan. Eigenlijk is dit een heel nuttig concept als je het begrijpt. De geascendeerde meesters onderrichten dat menselijke wezens zich op veel verschillende bewustzijnsniveaus bevinden en daarom kan één spirituele lering niet iedereen aanspreken. Het gevolg is dat de meesters verschillende leringen geven voor verschillende bewustzijnsniveaus. Dus laten wij eens zien of dit ook voor karma geldt.

Bepaalde oosterse religies zeggen dat karma aan jouw daden gekoppeld is. Als je een bepaalde daad verricht – zoals iemand anders doden – maak je slecht karma. En als je andere daden verricht, creëer je goed karma. Om het Nirvana in te gaan, gered te worden of te ascenderen, moet je al het slechte karma dat jij in dit en vorige levens hebt gemaakt in evenwicht brengen. Eén van de manieren om slecht karma in evenwicht te brengen is dat je iets ergs met jou laat gebeuren, hetzij een ongeluk, een ziekte, of gedood worden. Een andere manier is het te compenseren met goed karma, zoals dienstbaarheid of liefdadigheid. De meeste oosterse religies zeggen ook dat er andere manieren zijn om karma in evenwicht te brengen. Je kunt diverse spirituele rituelen uitvoeren om het slechte karma te neutraliseren en je daardoor sneller kwalificeren voor een hoger rijk.

De geascendeerde meesters ontkennen niet dat de lering dat karma te maken heeft met handelingen die je verricht, niet. In de jaren 30 van de 20e eeuw, heeft een meester die Saint Germain heet, de violette vlam geïntroduceerd. Saint Germain heeft ook een aantal decreten gegeven om de energie van de violette vlam op te roepen.

Let er echter wel op dat de lering dat karma te maken heeft met een handeling, wordt gebaseerd op het niet geven van een heel nauwkeurige definitie van wat karma feitelijk is. Zoals wij zagen bij het woord 'ziel', gebruiken veel spirituele leringen dit zonder er een duidelijke omschrijving van te geven. En net als bij het concept ziel geven de geascendeerde meesters ons ook een verfijnder inzicht in karma of een inzicht dat uit meerdere lagen bestaat.

Eigenlijk zeggen de meesters dat wij door diverse stadia heengaan naarmate de mensheid vooruitgaat. In de tijd van het Oude Testament kregen wij inderdaad de initiaties die letterlijk onze daden moesten hervormen; dit komt overeen met de lering dat karma een handeling is. Volgens dit niveau van onderricht kun je worden gered door daden te vermijden

14 | Hoe een geascendeerde meester naar karma kijkt

die negatief karma opwekken en handelingen te verrichten die positief karma vormen. Dit vind je in het Oude Testament terug in de vorm van de tien geboden, die in wezen zeggen: "Gij zult niet dit, gij zult niet dat, en dan maakt gij geen slecht karma." Je had ook het concept 'oog om oog, tand om tand' dat wordt gebaseerd op het idee dat als je iemand doodt, jij het verdient om ook gedood te worden om het karma dat je hebt gemaakt, te neutraliseren.

De geascendeerde meesters onderrichten dat dit zeker een goede aanpak is voor een bepaald bewustzijnsniveau, omdat mensen op een bepaald niveau het alleen maar zo kunnen begrijpen. Zij moeten betere handelingen in de buitenwereld verrichten om minder slecht karma te maken en je kunt hen alleen maar motiveren door de angst in hen op te wekken voor wat er met hen zal gebeuren, als zij geen ander gedrag aan de dag leggen. Dus de lering dat karma een handeling is, klopt wel, maar dit is niet het hele verhaal.

De mensheid moest eigenlijk een stap omhoog doen naar een beter inzicht in karma in de periode die door Jezus werd geïnaugureerd. Je weet vast wel dat Jezus veel verder ging dan het principe uit het Oude Testament 'oog om oog'. Hij vertelde ons dat wij de andere wang moesten toekeren en 'zeventig maal zeven' vergeven. Jezus heeft ook verteld dat 'het koninkrijk van God binnenin ons' is, wat een heel diepe betekenis heeft. Zoals al is gezegd, is de verborgen betekenis van het 'koninkrijk van God', dat het een metafoor is voor een bepaalde bewustzijnsstaat. Dit betekent dat wij eenvoudig niet in het koninkrijk komen als wij alleen maar goede daden in de buitenwereld verrichten; wij moeten ook ons bewustzijn veranderen. Met andere woorden, Jezus kwam om ons te onderrichten dat karma in evenwicht brengen niet simpel een kwestie is van onze handelingen in de buitenwereld verbeteren;

er wordt ook verwacht dat wij onze geestesgesteldheid verbeteren.

Met onze huidige kennis kunnen wij één stap verder gaan. Op grond van wat wij eerder hebben besproken, kunnen wij begrijpen dat onze acties voortkomen uit omstandigheden in onze bewuste en onderbewuste geest. Met andere woorden, wij kunnen een bepaalde daad verrichten die wordt gebaseerd op een beslissing die wij met onze bewuste geest nemen. Die beslissing is echter niet een neutrale of vrije beslissing, omdat die wordt gebaseerd op onze waarneming. En wat wij waarnemen, is niet de werkelijkheid zoals die is; wat wij waarnemen is een mentaal beeld, een idee, dat zich in onze geest heeft gevormd. Dit is het product van de energie en overtuigingen die in de caleidoscoop van onze geest liggen opgeslagen. Uitgaande van deze basiselementen kunnen wij nu spreken van drie types karma.

Fysiek karma

Omdat wij nu weten dat alles energie is, kunnen wij begrijpen dat wij moeten afstappen van de traditionele visie dat karma alleen uit onze acties ontstaat. Als alles energie is, houdt dit in dat alles wat wij doen met energie wordt gedaan. Met andere woorden, zelfs wanneer wij een fysieke handeling verrichten, zorgen wij eigenlijk alleen maar voor een energie-impuls en die richten we naar buiten. Wij zenden die impuls naar het universum.

Albert Einstein zei dat het universum wordt gemaakt van iets wat hij het 'ruimte-tijdcontinuüm' noemde. Hij zei ook dat dit continuüm gesloten lussen kan vormen. De theorie van Einstein was bijvoorbeeld dat je, als je in een ruimteschip van de aarde vertrekt en steeds dezelfde richting op blijft gaan, je

14 | Hoe een geascendeerde meester naar karma kijkt

op den duur vanuit de tegenovergestelde richting terugkeert naar het beginpunt. De reden is dat je in een ruimte-tijdlus zit en je kunt daar niet uit ontsnappen.

Dit beeld kan ons helpen om te begrijpen hoe karma werkt. Planeet Aarde is het enig zichtbare deel van een groter energieveld of energiecontinuüm. Zoals wij al hebben uitgelegd, zijn er vier niveaus in dit continuüm, namelijk het etherische, mentale, emotionele en fysieke octaaf. Dus stel dat je een bepaalde handeling verricht, zoals iemand doden. Die handeling levert een energie-impuls op die naar de energielus waarin jij leeft, wordt gezonden. Die zal door de vier niveaus heen circuleren en op een bepaald punt uit de tegenovergestelde richting weer terugkomen bij het beginpunt (de fysieke wereld).

Omdat de karmische energie-impuls terugkeert, kan hij bepaalde gebeurtenissen in jouw leven opwekken, zoals een ongeluk, ziekte of dat je gedood wordt. Als je niet in karma gelooft, is het moeilijk om zulke gebeurtenissen te verklaren. Als je christen bent, zou je kunnen zeggen dat het de straf van God is voor jouw oorspronkelijke zonde, maar die verklaring is voor de meeste mensen niet voldoende. Als je een materialist bent, kun je alleen maar zeggen dat dit het product is van allemaal toevallige gebeurtenissen. In beide gevallen wordt je gesust, maar wat kun jij doen om zulke gebeurtenissen te vermijden? Als je karma eenmaal hebt geaccepteerd, word je in staat gesteld om iets te doen om zulke gebeurtenissen te omzeilen.

Als je begrijpt dat karma een energie-impuls is die jij naar de kosmische lus in een vorig leven zendt, kun je begrijpen dat jij iets kunt doen om die energie te neutraliseren voor de cirkel zich sluit en er een onaangename gebeurtenis in jouw leven wordt opgewekt. Wat kun jij daaraan doen? Je kunt leren hoe jij de medescheppende talenten die je van God hebt gekregen, gebruikt om de laagfrequente energie te neutraliseren.

De wetenschap heeft ons geleerd dat energie een vorm van vibratie is die zich als een golf beweegt. Neem als visueel voorbeeld eens een tsunami. Dit is een golf die zich over de oceaan beweegt. Als je een golf kunt creëren die de tegenovergestelde kant opgaat, neutraliseren die twee golven elkaar tegen wanneer ze elkaar tegenkomen. Dan vormen zij wat de wetenschappers een interferentiepatroon noemen. En als je één golf met de vibraties van een andere golf in overeenstemming brengt, kan het interferentiepatroon helemaal tot bedaren gebracht worden, wat betekent dat de ene golf de andere neutraliseert.

Dit is de achtergrond van het concept karma in evenwicht brengen met spirituele oefeningen. Zulke oefeningen produceren een golf van hoogfrequente energie die je naar de vier niveaus van het universum zendt. Terwijl die circuleert, komt hij de golf van het karma tegen dat uit een vorig leven terugkeert. Als je voldoende hoogfrequente energie hebt uitgezonden, kan jouw karma worden geneutraliseerd voordat er een fysieke gebeurtenis wordt opgewekt. Je kunt het karma dat terugkomt in het etherische, mentale en emotioneel rijk neutraliseren voor dit naar het fysieke rijk afdaalt.

Dit is natuurlijk een prachtige lering. Wij hoeven alleen maar een spirituele oefening te doen – zoals de violette vlam oproepen – en daardoor kunnen wij aan het slechte karma van vroeger ontsnappen. En dan leven wij nog lang en gelukkig toch? Nou, niet zo snel.

Karma van de geest

De geascendeerde meesters onderrichten dat dit wat karma betreft niet alles is, hoewel karma een fysieke component heeft, namelijk de energie-impuls die naar het universum wordt uitgezonden. Karma heeft ook nog een mentale component en wij kunnen niet echt aan het effect van ons karma ontsnappen, als wij niet de mentale component meenemen. De reden is dat je niet aan de gevolgen van jouw karma kunt ontsnappen als je de oorzaken niet verandert. En wat heeft voor de karmische impuls gezorgd die in een vorig leven werd uitgezonden? Dat was de bewustzijnsstaat die wij in dat leven hadden. De werkelijke vraag wordt dan: "Heb ik het bewustzijn getranscendeerd dat ervoor heeft gezorgd dat ik een bepaalde karmische impuls heb uitgezonden?"

Dus wat is karma? Nu, in het westen accepteren veel spirituele mensen karma, maar vanwege het christelijke gedachtegoed over zonde dat wij hebben geërfd, zijn wij geneigd om slecht karma als een vorm van straf te beschouwen. De geascendeerde meesters hebben een heel andere mening over karma, omdat zij weten dat geen enkel wezen in het spirituele rijk menselijke wezens wenst te straffen. De geascendeerde meesters weten dat God geen behoefte heeft om menselijke wezens te straffen, omdat God de menselijke wezens vrije wil heeft gegeven.

God heeft geen mening over hoe jij je vrije wil zou moeten gebruiken, omdat God alleen maar wil dat jij iets leert en God weet dat het universum werd bedacht om daar onherroepelijk iets te leren van de manier waarop jij je vrije wil gebruikt. Hoe gebeurt dat? Omdat het Ma-terlicht de vorm zal aannemen van alle mentale beelden die erop worden geprojecteerd. Daardoor zul je de consequenties van elke keus die jij maakt, ervaren.

De bedoeling van de wereld is dat het je een referentiekader verschaft om jouw zelfbewustzijn uit te breiden. Wij groeien door onze medescheppende vaardigheden te gebruiken. Wij gebruiken onze vaardigheden door een mentaal beeld, een gedachte, te formuleren, dat te vullen met de stuwkracht van je emoties en die naar het universum uit te zenden (op het

Ma-terlicht te projecteren). Hoe zouden wij iets ooit kunnen leren als dat niets uit zou maken? Dus wij leren, omdat het Ma-terlicht de beelden die wij erop hebben geprojecteerd in fysieke vorm en als gebeurtenissen zichtbaar maakt. Met andere woorden, karma is geen straf; karma is een kans om iets te leren.

Je formuleert een mentaal beeld dat wordt gebaseerd op de inhoud van jouw identiteits- en mentale geest. Je vult dat met energie uit de emotionele geest en dan projecteer je dat naar buiten, hetzij als een zuiver psychische impuls of door een fysieke daad. Wanneer het Ma-terlicht je fysieke omstandigheden teruggeeft die weerspiegelen wat jij wegzendt, krijg jij de kans om die te evalueren. Als er iets terugkeert wat onaangenaam is, moet je gewoon veranderen wat jij wegzendt. En dan zal de kosmische spiegel onvermijdelijk omstandigheden weerspiegelen die het nieuwe beeld zichtbaar maken dat jij op de spiegel werpt.

Begrijp je waarom noch God noch de geascendeerde meesters ook maar enige behoefte voelen om een oordeel over jou te vellen of jou te straffen? Jij bestraft jezelf als jij mentale beelden, gedachten, blijft uitzenden die onaangename fysieke omstandigheden veroorzaken. Maar de geascendeerde meesters veroordelen jou niet hiervoor. Zij staan slechts eeuwig klaar om jou te helpen betere omstandigheden te creëren. De kneep is dat de meesters jou gewoon niet kunnen helpen tot jij een heel specifieke grens overgaat, namelijk dat jij je openstelt om in ieder geval te overwegen dat je, om iets te veranderen wat terugkomt, moet veranderen wat weggaat. De meesters zullen jou niet beschermen tegen de consequenties van jouw daden; zij zullen jou helpen om jouw handelingen te veranderen en dan kan het niet anders dat de consequenties ook onvermijdelijk veranderen.

Uit een karmische put klimmen

Het probleem is natuurlijk dat jij, als je in vele levens slecht karma hebt gemaakt, niet kunt verwachten dat dit in vijf minuten kan worden gewijzigd. En hoe kun je zelfs maar denken dat er iets verandert aan de inhoud van jouw geest als jij constant wordt belast door fysieke omstandigheden die het resultaat zijn van vroeger karma? Hoe kun jij je druk maken over spirituele groei, wanneer jij in een karmische put zit en constant chaotische situaties bestrijden moet?

De geascendeerde meesters weten dit en juist daarom heeft Saint Germain een kosmische dispensatie aangevraagd om kennis over de violette vlam te verspreiden. Hij redeneerde dat zolang de mensen zo door hun karma worden belast, zij eenvoudig geen aandacht meer over hebben om hun bewustzijnsstaat te veranderen, de bewustzijnsstaat die ervoor zorgt dat zij constant nog meer karma creëren.

Saint Germain zag dat veel mensen in een karmische spiraal, een catch-22, zaten waar zij niet uit konden ontsnappen. In vorige levens hadden zij karmische impulsen uitgezonden die in dit leven naar hen terugkeerden. Die terugkeer van karma heeft ervoor gezorgd dat er bepaalde gebeurtenissen in het leven van de mensen plaatsvonden en wanneer dat gebeurde, reageerden de mensen met dezelfde bewustzijnsstaat als destijds, toen zij die karmische impuls uitzonden. Stel dat iemand in een vorig leven bijvoorbeeld iemand heeft gedood. Het karma dat terugkwam, had de vorm van een bedreiging van het leven van die persoon. Hij reageerde toen op die bedreiging door tegen andere mensen te vechten en hield daarmee de karmische spiraal in stand.

Saint Germain redeneerde dat als de mensen enige verlichting van dit heftige karma dat terugkwam konden krijgen, zij misschien voldoende aandacht over zouden hebben om hun bewustzijnsstaat te onderzoeken en die te wijzigen. Er bestaat natuurlijk geen garantie dat zij dit uitstel besteden aan zelfonderzoek, omdat zij misschien wel besluiten om van hun nieuwe vrijheid te genieten. En daarom had Saint Germain een dispensatie nodig van de kosmische raden om kennis over de violette vlam uit te brengen. Dit brengt ons bij het interne aspect van karma, omdat jij ook karma bij jezelf kunt maken.

De oorzaak van karma

Er is maar één manier waarop je iemand anders kunt doden. Je moet heel erg verblind zijn door de illusie van gescheidenheid, waardoor jij gelooft dat jij een gescheiden individu bent en de andere persoon ook. Daardoor lijkt het geloofwaardig dat je een ander menselijk wezen kunt doden zonder dat het uitwerking op jou heeft.

Maar om jou dit te laten geloven, moet je eerst een bepaald zelfbeeld hebben. En als je eenmaal het waarnemingsfilter hebt dat jij een gescheiden zelf bent, gebruik je dat om constant het corresponderende zelfbeeld erop te projecteren. Dus je bent constant aan het projecteren dat jij een gescheiden wezen bent en dat betekent dat jij alleen bent, door God in de steek gelaten bent, slechts beperkte kracht hebt – en dat jij het slachtoffer bent van omstandigheden in de buitenwereld. Er is altijd iets 'daarbuiten' wat grip op jouw leven heeft.

Wij zien nu dat karma eigenlijk wordt gemaakt door de mensen die het leven door het waarnemingsfilter zien dat jij een gescheiden zelf bent. Met dit gescheiden zelf vorm jij een aantal mentale beelden en die zet je vervolgens met de kracht van jouw geest in energie-impulsen om. Een aantal van die impulsen zend je naar andere mensen of de wereld. Maar een paar zend jij naar binnen en worden op jou geprojecteerd. Dit wordt het interne karma dat in jouw geest blijft.

Als je dit eenmaal begrijpt, wordt het helder dat een spirituele techniek gebruiken om terugkerend karma te zuiveren slechts een fase op jouw pad naar spirituele vrijheid is. Om je echt vrij te bevrijden van dat karma, is het niet voldoende om je te bevrijden van het karma dat naar jou terugkeert. Het is ook noodzakelijk om je te bevrijden van het waarnemingsfilter waarmee je die oorspronkelijke impulsen hebt gevormd. Als je dat gescheiden zelf niet transcendeert, blijf je gewoon meer karma maken en dan kun jij je niet uit de cyclus van wedergeboorte bevrijden.

Het is alsof je probeert een lening terug te betalen, terwijl je meer geld uitgeeft dan je verdient. Hoe kun jij die lening terugbetalen als er meer geld uitgaat dan er binnenkomt? Je zult pas echt karma in evenwicht brengen wanneer je ophoudt nog meer karma te maken. En dit lukt pas wanneer jij je van de illusie bevrijdt dat jij een gescheiden wezen bent dat van zijn bron is losgekoppeld.

Karma in evenwicht brengen gaat niet vanzelf

Let op een subtiele waarheid die maar weinig mensen begrijpen. De ware manier om spirituele vrijheid te krijgen, is dat je de illusie van gescheidenheid transcendeert. Dit gaat niet automatisch als je maar een spirituele lering accepteert en een spirituele techniek doet. Het is het proces dat jij moet doormaken om jouw bewustzijn te verhogen en bewust beslissingen te nemen. Dus we kunnen nu drie stadia op het pad schetsen:

- Het laagste is het niveau waarop je probeert jouw fysieke handelingen te verbeteren vanwege de angst voor wat er met jou gebeurt als jij bepaalde dingen doet. Dit is het niveau van het Oude Testament: "Gij zult niet...", en 'oog om oog'.

- De volgende stap is dat je (h)erkent dat je niet alleen met negatieve handelingen moet ophouden, maar ook een beter persoon moet worden. Dit is het niveau van het Nieuwe Testament, dat ook vaak het Vissentijdperk wordt genoemd. Het probleem is dat dit een doodlopende weg kan worden, omdat je denkt dat jij alleen maar een goed mens hoeft te worden, zoals een religie of spirituele leer op de wereld zegt. Je kunt bijvoorbeeld wel denken dat slecht karma kan worden geneutraliseerd door goed karma te creëren.

- Het volgende niveau, dat het niveau van het komende Aquariustijdperk is, is dat je (h)erkent dat het noodzakelijk is dat jij je bewustzijn fundamenteel verandert om aan de illusie van gescheidenheid te kunnen ontsnappen. Je begint door te krijgen dat het gescheiden zelf het ware probleem is. Je hebt slecht karma gecreëerd, omdat de illusie dat jij een gescheiden wezen was, ervoor heeft gezorgd dat jij slecht karma, bijvoorbeeld door mensen te doden, hebt gecreëerd.

Veel spirituele mensen hebben geprobeerd om dit te compenseren door het gescheiden zelf te veranderen in een spirituele persona die nooit slechte dingen doet. Maar jij probeert in wezen het gescheiden zelf te gebruiken om de slechte dingen die je hebt gedaan met jouw gescheiden zelf, te compenseren. En dat kan nooit werken. Het gescheiden zelf kan nooit in het geascendeerde rijk komen.

Het is dus niet een kwestie dat je het gescheiden zelf goed laat lijken volgens een bepaalde externe lering. Het is een kwestie van het gescheiden zelf transcenderen, het laten sterven, opdat het ware Zelf kan terugkeren naar het zuivere gewaarzijn waarmee hij is afgedaald. Slechts met dit zuivere gewaarzijn kun je vermijden dat jij karma – of dat nu goed of slecht is – maakt.

Wanneer je deze ideeën begint te begrijpen, kun jij een beter idee krijgen van karma. Karma is élke willekeurige impuls die je met je gescheiden zelf projecteert. Het maakt niet uit of die impuls goed of slecht is volgens aardse maatstaven. Eigenlijk zijn de concepten van goed of slecht zelf het product van het gescheiden zelf en zijn dualistische manier van denken. Op een bepaald niveau van het spirituele pad is het nodig dat je gelooft dat je om gered te worden, moet voorkomen dat je slecht karma oproept en goed karma creëert. Maar op het volgende niveau realiseer jij je dat zelfs goed karma jou van je ascensie afhoudt, in het bijzonder als jij daardoor het gevoel krijgt dat jij beter bent dan anderen.

Alles wat je met het gescheiden zelf doet, levert karma op. Maar wanneer jij het gescheiden zelf transcendeert, kun je handelingen verrichten zonder karma – goed of slecht – te creëren. En dat is spirituele vrijheid. Wij krijgen nu een beter beeld van karma. In vorige levens heb je inderdaad karmische impulsen opgewekt en die zullen op den duur naar jou terugkomen in de cyclus. Het is heel goed mogelijk om spirituele technieken te gebruiken om die energie-impulsen te verteren voor het fysieke gebeurtenissen worden.

Maar je moet ook blijven werken aan het bevrijden van jouw geest van alle illusies die uit het bewustzijn van gescheidenheid voortkomen. Die illusies vormen de gekleurde stukjes glas in de caleidoscoop van jouw geest en zolang die er nog zijn, wordt het licht van jouw IK BEN Aanwezigheid erdoor gekleurd. Dat betekent dat jij constant energie-impulsen uitzendt die worden gekleurd door de inhoud van de vier niveaus van jouw geest.

Met andere woorden, tot jouw vier niveaus van de geest van illusies gezuiverd zijn, maak je voortdurend karma. Dus de geascendeerde meesters bieden je een pad aan om jou te helpen al het karma van vroeger en al het karma uit het heden te overwinnen. Het is een pad dat jou uit je eigen karmische spiralen kan halen en de vrijheid geven, zodat die zichzelf niet blijven versterken.

Karma en de zeven stralen

Zoals wij hebben gezien, maken wij karma door een energie-impuls uit te zenden, maar wij produceren die impuls niet zelf. Wij kunnen niet energie creëren, maar wij kunnen wel de energie die wij van onze IK BEN Aanwezigheid en de energie die wij van de geascendeerde meesters boven ons ontvangen, een bepaalde kwaliteit geven. En deze energie komt in de vorm van de zeven spirituele stralen.

Elk van de zeven stralen heeft een bepaalde vorm van energie of vibratie. Maar elk daarvan bezit ook andere eigenschappen, zoals kracht, wijsheid of liefde. Karma maken, bestaat uit twee aspecten. Het eerste is dat je de zuivere energie van één van de zeven stralen beneden een cruciaal niveau in vibratie verlaagt. Maar hoe verlaag je energie in vibratie? Je doet dat door een mentaal beeld, een gedachte, te vormen, en die lijkt op een filmstrook in jouw geest. Wanneer de zuivere energie door de filmstrook stroomt, wordt hij daar door gekleurd en zodoende in vibratie verlaagd.

Hoe maak jij die filmstrook? Je doet dat door bepaalde illusies te accepteren en die overtuigingen zijn vervormingen van de zuivere eigenschappen van één van de zeven stralen. Bijvoorbeeld, één van de eigenschappen van de eerste straal is kracht/macht. Dit is een zuivere, creatieve kracht die al het leven probeert te verheffen. Maar wanneer je naar de aarde kijkt, kun je zien dat veel mensen die zuivere vorm van kracht/macht hebben vervormd. Zij kunnen kracht/macht misschien wel gebruiken om andere levensvormen te vernietigen of er grip op te krijgen. Of zij kunnen kracht/macht gebruiken om zichzelf te verheffen door anderen te onderdrukken.

Dus er wordt karma gemaakt wanneer je bepaalde illusies accepteert, die worden gevormd als je de eigenschappen van de zeven stralen vervormt. Dit houdt in dat jij, om het karma in evenwicht te brengen dat jij in het verleden hebt gemaakt en om niet nog meer karma te maken, die illusies moet overwinnen, zodat jij de zuivere eigenschappen van de zeven stralen kunt zien en toepassen.

Jouw goddelijke plan

Het allerhoogste doel van het pad dat de geascendeerde meesters aanbieden, is dat jij je voor jou ascensie kwalificeert, wat betekent dat jij niet weer op aarde hoeft te incarneren. Eén van de vereisten om te ascenderen is dat jij je karma in evenwicht brengt. Het is echter belangrijk dat je beseft dat toen jouw IK BEN Aanwezigheid besloot om de Bewuste Jij te laten incarneren, jij dat hebt gedaan met een positieve bedoeling. Het was niet zo dat je hier naartoe bent gekomen om karma te maken, karma in evenwicht te brengen en daarna weer te vertrekken. Je kwam hier naartoe om een geschenk te brengen, jouw spirituele licht, dat de aarde en het materiële universum zou helpen om zich te verheffen. Dus jij wilde eigenlijk pas ascenderen als aan dat doel was beantwoord.

De meesters leren ons dat ieder van ons verscheidene geascendeerde meesters heeft die als onze persoonlijke raadgevers dienen. Voor wij incarneren, ontmoeten wij die raadgevers om een specifiek plan te formuleren voor onze volgende incarnatie. Dit wordt vaak ons Goddelijke plan genoemd. Dit plan is heel specifiek en er staat in waar wij geboren worden, wie onze ouders zijn, wie onze kinderen zijn, met wie wij zullen trouwen en met wie wij op andere manieren omgaan, wat voor opleiding we misschien volgen en aan wat voor spirituele activiteiten wij gaan deelnemen.

Het Goddelijke plan is natuurlijk een globaal plan en zeer afhankelijk van onze vrije wil. Het wordt ook gebaseerd op het feit dat wij ons Goddelijke plan vergeten en het dus weer opnieuw moeten ontdekken. Veel spirituele mensen hebben echter intuïtief het gevoel dat hun leven een bepaalde bedoeling heeft, dat wij bepaalde dingen moeten doen, bepaalde mensen moeten ontmoeten en lessen moeten leren. Hoe meer wij onze intuïtie verbeteren (door de vier niveaus van de geest te zuiveren), des te meer inzicht wij in ons Goddelijke plan krijgen.

Het is belangrijk dat je beseft dat het plan van ieder van ons uniek is. Het helpt dus niet wanneer spirituele mensen anderen willen vertellen hoe zij hun leven moeten leiden. Jij kunt niet echt verstandelijk te weten komen wat het Goddelijke plan van iemand anders is. De reden is dat niemand jou kan vertellen wat jouw Goddelijke plan is – je moet het echt uit je eigen innerlijk halen. Dit is één van de redenen dat Jezus ons heeft verteld dat wij niet naar het aanzien moesten oordelen. Het lijkt soms of andere mensen dingen doen die niet goed zijn, maar in veel gevallen hebben zij intuïtief het gevoel dat dit een onderdeel van hun Goddelijke plan is en het daardoor niet zo belangrijk is hoe het voor een buitenstaander lijkt. Laten wij hier een paar voorbeelden van bekijken.

Het Goddelijke plan geeft een globale richting aan voor jouw leven en het hangt er heel erg vanaf waar jij op je persoonlijke pad naar jouw ascensie zit. Hier volgen een paar veel voorkomende scenario's:

- Sommige mensen hebben zoveel karma dat het niet realistisch is dat zij zich in hun huidige leven kwalificeren voor hun ascensie. Zij kunnen zich dan misschien beter concentreren op het in evenwicht brengen van karma. Dat betekent dat zij zich zelfs niet bezig hoeven te houden met spirituele leringen en activiteiten. Het is voor hen misschien belangrijker dat zij mensen ontmoeten met wie zij karma hebben gemaakt. Het lijkt misschien of zulke mensen niet spiritueel zijn of dat zij vaak ruzie hebben met andere mensen, maar zij doen precies wat zij zouden moeten doen volgens hun Goddelijke plan.

- Sommige mensen kunnen dicht bij hun ascensie zijn, maar moeten nog wel veel karma in evenwicht brengen. Zij richten zich dus op het zo snel mogelijk in evenwicht brengen van karma. Dit zal hen vaak naar spirituele leringen en technieken leiden en zij voelen een grote drang om ijverig met spirituele technieken bezig te zijn. Het kan zelfs goed voor die mensen zijn om zich, in ieder geval een tijdje, uit de samenleving terug te trekken en in een soort retraiteverblijf te leven. Maar mensen die veel karma in evenwicht brengen, kunnen ook een schijnbaar chaotisch leven leiden. Ze kunnen meerdere echtgenoten hebben, verschillende banen en veel verhuizen, zelfs van land naar land.

Zij doen eenvoudig wat nodig is om zoveel mogelijk karmische connecties tegen te komen.

- Sommige mensen staan vlak voor hun ascensie, maar om dat te kunnen, is het niet hun belangrijkste taak dat zij karma in evenwicht brengen, maar om hun unieke geschenk, gave, tot uitdrukking te brengen. Voor die mensen helpt het niet als zij zich uit de wereld terugtrekken. Zij moeten zich met andere mensen bezig houden, opdat zij hun licht en talenten tot uitdrukking kunnen brengen. Een aantal van hen kunnen wel een spirituele lering vinden, maar veel van die mensen zijn niet bij een spirituele beweging betrokken, maar doen precies wat zij moeten doen om hun geschenk aan de samenleving te geven.

- Sommige mensen zijn er nog niet aan toe om te ascenderen, maar wel om zich bezig te houden met het spirituele pad op een manier die buiten de traditionele religies valt. Zodoende is het voor hen belangrijk om zich te concentreren op het bestuderen van spirituele leringen, zodat zij hun inzichten kunnen verdiepen.

- Sommige mensen kunnen dicht bij hun ascensie zijn, maar of zij wel kunnen ascenderen aan het eind van hun leven, hangt af van of zij wel de complexen in hun eigen psyche hebben afgewikkeld. Voor die mensen zijn hun psychische problemen het belangrijkste concentratiepunt. Zij kunnen spirituele leringen en praktische technieken bestuderen of zich bezighouden met diverse vormen van therapie. Ze kunnen zelfs therapeut of heler worden, omdat anderen proberen te helpen, een manier is om zichzelf te helen. Zulke mensen proberen de lagen in hun eigen psyche af te pellen tot zij die ene illusie blootleggen die de kern van het gescheiden zelf vormt. Op dat moment zullen zij een belangrijke omslag maken, omdat zij vanaf dat moment vrij zijn om hun geschenk te geven.

Dit zijn maar een paar van de vele mogelijke scenario's, maar zij illustreren dat wij eigenlijk andere mensen niet mogen beoordelen en wij mogen ook onszelf niet veroordelen. Veel spirituele mensen hebben het potentieel om veel vooruitgang in dit leven te boeken, maar zij moeten daarvoor door diverse stadia heen. Veel mensen houden zich vaak aan het begin van hun leven bezig met karmische situaties. Pas na enige tijd vinden zij het spirituele pad en in het begin is het goed om al het andere opzij te zetten om een spirituele lering en praktische technieken te bestuderen. Met andere woorden, het is goed om je een poosje uit de samenleving terug te trekken.

Maar nadat je een bepaalde hoeveelheid karma in evenwicht hebt gebracht en bepaalde situaties in jouw eigen psyche hebt opgelost, is het goed om naar de maatschappij terug te keren. Je bent er dan klaar voor om jouw geschenk te geven en dit kan vaak niet als jij je uit de wereld blijft terugtrekken.

Veel spirituele mensen hebben de beslissing genomen om zo snel mogelijk hun karma op te ruimen en psychische wonden te helen. Daarom leiden wij soms een niet erg traditioneel en schijnbaar chaotisch leven. We kunnen er vaak geen redelijke verklaring voor geven, want wij moeten bepaalde dingen doen die andere familieleden krankzinnig toe lijken. Maar de onderliggende reden is dat wij dit moeten doen om karma in evenwicht te brengen, om bepaalde complexen in onze psyche onder ogen te kunnen zien.

Als jij je meer bewust wordt van het pad dat de geascendeerde meesters bieden, kun je snel meer karma in evenwicht brengen, je lessen leren en je eigen psychische problemen oplossen. Dit betekent dat je het punt kunt bereiken waarop je terugkijkend op je leven beseft dat jij precies hebt gedaan wat je moest doen om verder te gaan met jouw Goddelijke plan. En dan ben je er klaar voor om een stap omhoog te doen naar een veel meer voldoening opleverend en aangenamer niveau.

De conclusie is dat je Goddelijke plan meer op een rivier lijkt. Die staat niet stil en om aan jouw hoogste potentieel te voldoen, moet je bereid zijn om met de rivier mee te gaan, terwijl die zich al meanderend in de richting van de oceaan van het zelf begeeft.

De ascensie: het allerhoogste doel

Zoals al is gezegd, is de ascensie het allerhoogste doel van het spirituele pad voor ons als menselijke wezens. Om je echter te plaatsen voor de ascensie, moet je aan een aantal eisen voldoen. Eén daarvan is karma. De meesters hebben in vorige eeuwen gezegd dat je 100% van je karma in evenwicht moet brengen voor je kunt ascenderen. Er is nu echter een dispensatie gekomen die het mogelijk maakt om te ascenderen als je 51% van je karma in evenwicht hebt gebracht. Er zijn diverse redenen waarom die dispensatie werd gegeven.

Om die te begrijpen, is het nodig te bedenken dat de aarde momenteel in een overgangsfase tussen twee spirituele periodes of tijdperken zit. Zoals gezegd, heette de laatste 2000 jaar het Vissentijdperk en de volgende 2000 jaar heet het Aquariustijdperk. Zulke tijdperken volgen de voortgang van de equinoxen, maar de exacte grens die het ene tijdperk van het andere scheidt, kun je eenvoudig niet trekken met behulp van de beweging van de sterren. Alles op aarde is onderworpen aan de vrije wil en daardoor kan er pas een verschuiving naar

14 | Hoe een geascendeerde meester naar karma kijkt

het volgende tijdperk plaatsvinden, wanneer een cruciaal aantal mensen hun bewustzijn wijzigt in een nieuwe denkwijze en daardoor een omslag in bewustzijn teweegbrengt.

Eén van de redenen om een dispensatie te geven die het gemakkelijker maakt om te ascenderen, is meehelpen om die verschuiving in bewustzijn tot stand te brengen. Wanneer iemand zich voor de ascensie kwalificeert, vormt hij een magnetische aantrekkingskracht die het collectieve bewustzijn optilt. Jezus heeft dit geïllustreerd met de woorden: "Wanneer ik van de aarde omhoog geheven word, zal ik iedereen naar mij toe halen."

Een ander punt is dat aan het eind van het ene tijdperk, een bepaald aantal mensen al in het oude tijdperk had moeten ascenderen. En als die mensen nog niet dicht genoeg bij de 100% zitten, dan is de dispensatie om te ascenderen met 51% karma in evenwicht vanzelfsprekend hun enige reële hoop op ascensie. Zoals zojuist gezegd, is het inderdaad goed om je op jouw doel te oriënteren en alles wat nodig is te doen om het doel te bereiken om meer dan 51% van jouw karma in evenwicht te brengen.

Maar dit betekent niet dat alle mensen zich er evenveel op moeten richten. Voor velen is het nog niet de tijd om te ascenderen of is het belangrijker om 100% van hun karma in evenwicht te brengen voor zij ascenderen. De meesters leren ons dat je inderdaad kunt ascenderen met 51% karma in evenwicht, maar je moet nog wel het resterende karma in evenwicht brengen. In het spirituele rijk is het moeilijker om karma in evenwicht te brengen dan als je hier bent geïncarneerd. Het is ook mogelijk dat het voor jou belangrijker is om je meer te richten op één van de andere eisen om te ascenderen dan alleen maar aan het in evenwicht brengen van karma te denken.

Zoals eerder gezegd, jij bent niet hier naartoe gekomen om karma te maken, dat in evenwicht te brengen en daarna te ascenderen. Je kwam hier om te leren en jouw Goddelijke geschenken tot uitdrukking te brengen. Dus, tenzij het echt jouw tijd is om in deze overgangsfase van het Vissentijdperk naar het Aquariustijdperk te ascenderen, wil je niet ascenderen tot je hebt geleerd wat jij wilde leren en het geschenk te geven dat jij kwam brengen.

Het is gewoon een feit dat hoewel je een lijst kunt maken van bepaalde uiterlijke eisen voor de ascensie – karma in evenwicht brengen, jouw geschenk geven – er ook een innerlijke eis bestaat. Laten we zeggen dat jij aan alle uiterlijke eisen hebt voldaan en jij bij de poort staat die tot de geascendeerde staat leidt. Als je die poort doorloopt, ben jij geascendeerd, maar voor je daar doorheen kunt lopen, moet jij een beslissing nemen. En een deel van die beslissing bestaat eruit dat jij bereid moet zijn om de aarde voorgoed – met alles erop en eraan – achter te laten.

Dus de vraag wordt dan: ben jij er klaar voor om de aarde voorgoed achter je te laten of is er nog iets op deze planeet dat je wilt doen of ervaren? Opnieuw, de ascensie bestaat er níét uit dat jou iets kan of zal worden opgedrongen. Het is een keus die jij maakt en dat kun je alleen maar, wanneer je het gevoel hebt dat jij genoeg hebt van het leven dat deze planeet te bieden heeft.

Dit betekent niet dat de ascensie een soort ontsnapping is. Je kunt niet ascenderen als je probeert weg te lopen van iets op aarde. Maar je moet dus op het punt komen dat je vrede hebt gesloten met het leven op deze planeet. Je probeert niet weg te lopen van iets, jij omarmt het leven op een positieve manier. Maar als je ondanks het gevoel hebt dat je alles hebt meegemaakt wat jij wilde meemaken, ben je echt toe aan een hoger niveau.

De conclusie is dat het ware doel van het spirituele pad is dat je op het punt komt dat je in het reine bent gekomen met het leven op aarde en jouw eigen wensen om iets op deze planeet te ervaren en te doen. Je wilt niet meer iets meemaken en je wilt ook niet meer iets veranderen. Je kijkt in absolute vrede op jouw verblijf op deze planeet terug en je laat die met liefde achter en omarmt een hogere vorm van bestaan met diezelfde liefde. Dus je zou kunnen zeggen dat het ware doel van het pad dat de geascendeerde meesters bieden, innerlijke vrede is.

15 | BEGRIJPEN WAAROM JIJ GEASCENDEERDE MEESTERS NODIG HEBT

De geascendeerde meesters onderrichten dat een menselijk wezen op aarde één van de 144 bewustzijnsniveaus kan hebben. Het laagste niveau is het niveau waarop mensen heel erg egoïstisch zijn en er absoluut van overtuigd dat hun waarneming de enig juiste is. Het 144e niveau is het hoogste niveau dat je kunt bereiken voor je ascendeert en dit is het niveau waarop je alle subjectieve waarnemingsfilters hebt getranscendeerd, dus dan zien wij de dingen zoals ze echt zijn. Het is dus bepaald ironisch dat mensen met het laagst mogelijke bewustzijn de hoogst mogelijke status op aarde hebben, terwijl zij in werkelijkheid het meest om de tuin zijn geleid. Mensen op het 144e niveau zijn op een realistische manier nederig, omdat zij inzien dat al het leven één is.

Wanneer je de lering over de 144 niveaus volledig begrijpt, kun je elk aspect van menselijk gedrag verklaren. Het is pas beneden het 48e bewustzijnsniveau mogelijk om handelingen te verrichten die duidelijk egoïstisch van aard zijn en ontstaan uit ongevoeligheid voor andere vormen van leven. Hoe meer je afzakt naar het laagste bewustzijnsniveau, hoe egoïstischer je wordt, maar dit hoeft niet op een in het oog springende manier te zijn.

De lagere bewustzijnsniveaus vertegenwoordigen mensen die helemaal verblind worden door de illusie van de dualiteit. Dit betekent dat zij geloven dat zij het recht en de bevoegdheid hebben om te bepalen wat goed of slecht is. Duidelijke voorbeelden zijn een paar van de meest meedogenloze dictators zoals Hitler, Stalin of Mao, die er vast van overtuigd waren dat hun wereldbeeld op de absolute waarheid werd gebaseerd en dat zij het dus volkomen het recht hadden om miljoenen mensen te doden. Met andere woorden, hoe lager het bewustzijn, hoe meer men ervan overtuigd is dat het doel de middelen heiligt en hoe meer men ervan overtuigd is dat één standpunt juist is en alle andere onjuist.

Begrijpen hoe wezens aan het pad beginnen

De geascendeerde meesters leren ons dat een nieuw van zichzelf bewust wezen niet op het laagste niveau incarneert. In plaats daarvan incarneert een pas geschapen wezen de eerste keer naar het 48e bewustzijnsniveau. Dit is een niveau waarop je twee verschillende opties hebt: Je kunt het pad nemen dat oploopt naar het 96e niveau of je kunt voor een pad kiezen dat naar het laagste niveau afloopt.

Om dit te illustreren, vergelijken wij planeet Aarde nogmaals met een theater. In een theatervoorstelling kunnen er een aantal verschillende rollen worden gespeeld. Jij kunt bijvoorbeeld de held, de schurk, de koopman, de minnaar of heel veel andere rollen spelen. Die vele rollen kun je in twee categorieën verdelen: de rollen die je omhoog of omlaag leiden. Maar om die twee categorieën volledig te begrijpen, moeten wij het zelfgevoel dat je op het 48e niveau hebt, nader bekijken.

Wanneer een wezen voor het eerst naar het 48e niveau afdaalt, heeft hij een zelfgevoel dat heel erg lokaal is of tot één punt is samengebald. Hij ziet zichzelf als een individueel wezen en ziet dat er andere wezens met een individuele wil om hem heen zijn. Hij ziet ook dat hij in een omgeving leeft die wordt gemaakt van 'vaste' materie en ziet geen direct verband tussen zichzelf en die materie. Maar nu komt een heel belangrijk verschil: Een nieuw wezen beschouwt zichzelf niet als een niet-verbonden, of apart, gescheiden wezen. Een nieuw wezen heeft innerlijk het intuïtieve gevoel dat hij verbonden is met een groter geheel. Dit 'iets' is de IK BEN Aanwezigheid van het wezen; hij heeft alleen maar het gevoel dat hij verbonden is met iets in zijn innerlijk wat echt is en werkelijk bestaat.

Die verbinding is buitengewoon belangrijk, omdat die het nieuwe wezen een uniek referentiekader verschaft. Het wezen voelt dat er nog iets naast zijn eigen geest bestaat en dit is iets echts in de ultieme zin. En daardoor krijgt het wezen een referentiekader om te evalueren wat er in zijn eigen geest (gedachten) omgaat. Met andere woorden, wanneer je een referentiekader hebt, waardoor je weet dat er iets naast jouw eigen geest bestaat, kun jij je nooit volledig vereenzelvigen met iets wat in jouw eigen gedachten speelt. Wij kunnen ook zeggen dat jij, wanneer jij een rol in het theater aarde krijgt, je nooit helemaal vereenzelvigt met die rol. Jij weet dat jij meer bent dan die rol en dus heb je het potentieel om die te transcenderen of eruit te stappen. Je weet dat jij niet tot ver in de toekomst die rol moet blijven spelen.

Dit gevoel in jouw innerlijk van een verbinding met iets buiten je eigen geest, betekent dat jij openstaat voor een spirituele leraar. De geascendeerde meesters onderrichten dat wanneer een nieuwe levensstroom voor de eerste keer afdaalt om te incarneren, hij niet zomaar in de omgeving wordt losgelaten die wij momenteel op aarde zien en in het diepe wordt gegooid om te zwemmen of te verdrinken. In tegendeel, een nieuwe levensstroom daalt eerst af naar een beschermde omgeving, waarin hij rechtstreeks leiding ontvangt van een geascendeerde meester. De verhalen van het verloren paradijs, die in veel religies terugkomen, verwijzen naar die omgeving en een van die voorbeelden is de Hof van Eden.

De 'God' in de Hof van Eden was de geascendeerde meester Heer Maitreya, en elk van de bomen vertegenwoordigt bepaalde spirituele initiaties. Je herinnert je misschien wel dat de 'God' in Eden Adam en Eva (symbolen voor iedere levensstroom) had gezegd dat zij van alle bomen op één na mochten eten. Nu volgt de ware betekenis ervan.

Het ideale scenario

Een nieuwe levensstroom staat onder leiding van een geascendeerde meester. De levensstroom kiest er in het in het ideale geval voor om zich bezig te houden met het pad dat de geascendeerde meesters aanbieden. Dit pad is bestemd om de levensstroom te laten slagen voor zeven initiaties, waardoor de levensstroom van het 48e naar het 96e bewustzijnsniveau kan opklimmen. De meesters noemen dit het 'Pad van de Zeven Sluiers', omdat elk van de zeven niveaus kan worden gezien als een sluier die jouw zicht op het spirituele rijk belemmert. Wanneer je slaagt voor de initiaties op één niveau, krijg je beter zicht op het spirituele rijk. Je wordt je ook bewuster van jouw medescheppende vermogen en daardoor kom je dichter bij het manifesteren van de volledige kracht van het Zelf.

De zeven niveaus corresponderen met de zeven spirituele stralen. Wij zagen al dat het hele materiële universum van spirituele energie wordt gemaakt die in vibratie is verlaagd door de reductiefactoren van de zeven stralen. Wanneer je op het 48e niveau met het pad van initiatie begint, blijft dat jouw belangrijkste straal tot je op het 54e niveau komt.

Maar elk niveau heeft een Alpha en Omega. Dus op het 48e niveau is jouw Alpha de eerste straal en jouw Omega ook. Op het 49e niveau is jouw Alpha de eerste straal en jouw Omega is de tweede straal, enzovoort. Op het 55e niveau wordt de tweede straal jouw Alpha en de zeven stralen worden opnieuw de Omega.

Zo ga je verder tot het 96e niveau waardoor je alle zeven stralen leert kennen en jij die stralen hopelijk op een hoog niveau hebt geïntegreerd. Dit betekent dat je enig meesterschap over alle zeven stralen hebt verworven zonder dat één ervan uit evenwicht is. Je hebt bijvoorbeeld niet het kenmerk van een dictator die heel sterk is op de eerste straal van macht, maar dat niet met de tweede straal van wijsheid of de derde straal van liefde in evenwicht heeft gebracht.

Dit evenwicht en die integratie betekent dat jij op het 96e niveau toe bent aan een speciale initiatie. In het verhaal van de Hof van Eden wordt die initiatie gesymboliseerd door de 'verboden vrucht'.

De verboden vrucht en de zondeval begrijpen

In het verhaal over de Hof van Eden had de 'God' Adam en Eva verteld dat zij van alle vruchten in de Hof mochten eten op één na. Dit symboliseert dat degenen die geïnitieerd worden, kunnen deelnemen aan alle initiaties (vruchten) van de zeven stralen.

De verboden vrucht vertegenwoordigt een speciale initiatie en in het verhaal van de Hof van Eden, is aan Adam en Eva verteld dat zij, als zij deze vrucht zouden eten, zeker zouden sterven. Je herinnert je misschien ook wel de slang die Eva in verzoeking probeerde te brengen door tegen haar te zeggen: "Gij zult voorzeker niet sterven." Eva at toen van de vrucht en stierf niet, maar werd uit het paradijs geworpen. Dus heeft de God in de hof tegen Adam en Eva gelogen en had de slang gelijk? Nu, daar is een subtieler inzicht voor nodig dan de Bijbel je geeft.

Zoals gezegd, was de geascendeerde meester Heer Maitreya de leider van de mysterieschool die de basis vormt voor het verhaal van de Hof van Eden. Hij heeft het proces van de zondeval uitgebreid beschreven in het boek 'Master Keys to Spiritual Freedom'. Je krijgt nu dus de verkorte versie die wordt gebaseerd op de 144 niveaus.

Laten wij beginnen met het besef dat een nieuwe levensstroom die het pad van de zeven sluiers bewandelt, in geen geval een heilige is. Een dergelijk wezen heeft een zeer gelokaliseerd identiteitsgevoel en is duidelijk gericht op het verheffen van zichzelf door te slagen voor de initiaties, en wijsheid en vaardigheden te vergaren. Hij doet dit als een individueel wezen en hij kan zelfs wel een gevoel van concurrentie hebben met andere wezens in de mysterieschool en proberen het beter dan anderen te doen of het goed te doen in de ogen van de leraar.

Dit is heel normaal en wordt toegestaan, omdat het niet iets is wat wij gewoonlijk egoïsme noemen. Het is eigenlijk de wens om het goed te doen als individueel wezen. Wezens in een mysterieschool zijn in een groepsomgeving, die erg lijkt op een sportteam. Ieder lid van een sportteam streeft ernaar zijn eigen vaardigheden te perfectioneren, maar zij kunnen ook wel in het belang van het team met elkaar samen werken. Het

15 | Begrijpen waarom jij geascendeerde meesters nodig hebt 273

proces om jouw individuele vaardigheden uit te breiden, is dus het pad om voor de initiaties van de zeven stralen te slagen.

In het ideale geval houdt een levensstroom het gevoel dat hij een wezen is dat is verbonden met iets wat groter is dan zichzelf. Terwijl hij verder groeit op het pad, breidt hij dit gevoel dat hij is verbonden met zijn leraar en met andere studenten in zijn omgeving, in het ideale geval uit. Die innerlijke verbinding wordt gebaseerd op de onderliggende waarheid dat elk zelfbewust wezen een verlengstuk is van een groter wezen dat weer een verlengstuk is van een groter wezen – dat uiteindelijk een verlengstuk is van de Schepper. Dus aan alle uiterlijke verschijnselen ligt ten grondslag dat al het leven één is.

Een planeet zoals de aarde is een kosmische eenheid en alle levensstromen die hier incarneren, zijn verbonden met het onzichtbare web van leven. Wat jij ook doet als individueel wezen, heeft dus onvermijdelijk invloed op het geheel en omdat jij een deel van dat geheel bent, beïnvloedt het ook jou. Je kunt een ander niet zomaar iets aandoen zonder dat het effect op jou heeft.

Wij hebben planeet Aarde eerder al vergeleken met een theater waarin een aantal rollen te verdelen zijn. Zolang jij het gevoel hebt dat je innerlijk verbonden bent met dat geheel, zul jij bepaalde rollen niet willen spelen. Simpel gezegd, je zou er nooit voor kiezen om de rol van schurk op je te nemen, omdat een schurk iemand is die handelingen verricht waar hij schijnbaar van profiteert als hij anderen iets aandoet.

Zoals wij net hebben gezien, kun je echt niet iets doen wat iemand anders schaadt en tegelijkertijd jou bevoordeelt. Al het leven is verbonden, dus als jij een deel van het leven schaadt, schaad jij ook jezelf. Denk nu eens na over hoe subtiel dit is: Het is niet mogelijk om een daad te verrichten die iemand anders schaadt zonder jezelf te schaden, maar het is wel mogelijk om te gelóven dat jij iets kunt doen wat een ander schaadt, terwijl jij er zelf van profiteert.

Maar hoe is het mogelijk om die illusie te geloven? Nu, dat is niet mogelijk zolang jij je als een individueel wezen beschouwt dat met een groter geheel is verbonden. Zolang jij je bewust bent van jouw verbondenheid met iets buiten jou, weet jij innerlijk dat jij een deel van een geheel bent. Dus om te geloven in de illusie dat jij jezelf kan verheffen door iemand anders te onderdrukken, moet jij een andere bewustzijnsstaat, een ander zelfgevoel, krijgen.

Dit noemen de geascendeerde meesters nu juist het bewustzijn van gescheidenheid – die eigenlijk de 'verboden vrucht' is. Hier verwees Jezus ook naar als de 'dood', een staat van in spiritueel opzicht dood zijn. Jezus werd bijvoorbeeld eens benaderd door een jongeman die hem wilde volgen, maar toestemming vroeg om zijn vader te begraven. Jezus antwoordde: "Laat de doden de doden begraven." Vanzelfsprekend waren de mensen die hun vader begroeven niet fysiek dood, dus de conclusie is logischerwijs dat Jezus hen in spiritueel opzicht dood beschouwde. Daarom zei hij: "Ik ben gekomen opdat allen het leven hebben en overvloed hebben."

Nu kun jij je afvragen: "Welnu, waarom was de verboden vrucht in de hof er eigenlijk?" De reden is dat de verboden vrucht de onvermijdelijke metgezel is van vrije wil. De Schepper weet dat jij alleen maar kunt groeien in gewaarzijn van jezelf als jij een totaal vrije wil bezit. Wij groeien door keuzes te maken en de consequenties ervan te begrijpen, maar er is slechts één manier om ons vrije wil te geven en dat is door ons de gelegenheid te geven om elke keus die wij maar ons kunnen voorstellen, te maken. Als wij bepaalde keuzes niet kunnen maken, is onze wil niet echt vrij en dan kunnen wij niet het allerhoogste niveau van zelfbewustzijn bereiken.

Laten we nu teruggaan naar het idee dat er in principe twee categorieën zijn om keuzes te maken. Eén daarvan is keuzes die worden gebaseerd op het bewustzijn dat wij deel zijn van een geheel en de andere keuzes worden gebaseerd op het gewaarzijn dat wij gescheiden, niet-verbonden, wezens zijn. Hoe kunnen wij de laatste soort keuzes maken? Dat kunnen we niet zolang wij het bewustzijn behouden dat wij verbonden wezens zijn. Dus wij moeten in onszelf een wijziging aanbrengen door onszelf als niet-verbonden wezens, wezens die nergens bij horen, te zien. Dat houdt in dat ons vroegere zelfgevoel zal sterven en een nieuw zelf wordt geboren.

De geascendeerde meesters zeggen in geen geval dat het verhaal van de Hof van Eden tot in detail klopt, maar zij zeggen wel dat de symboliek behulpzaam is. Dus de God in de Hof sprak inderdaad de waarheid toen hij zei dat jij – in de betekenis van een zelf van een verbonden wezen – zeker zult sterven als je de verboden vrucht eet. In plaats daarvan verander jij in een wezen dat zichzelf gescheiden, niet-verbonden, ziet. Je sterft als spiritueel wezen en wordt herboren als een niet gebonden wezen. Een gescheiden wezen is in spiritueel opzicht dood, omdat hij zich niet meer als een deel van het web van leven beschouwt. In plaats van een deel van dat ene leven te zijn, staat hij buiten dat leven. Hoe gaat dit precies in zijn werk?

Begrijpen hoe subtiel de slangachtige logica te werk gaat

Zolang jij jezelf beschouwt als een wezen dat verbonden is met een groter geheel, weet je dat jij de allerhoogste waarheid niet alleen in jouw eigen geest, maar ook in een hoger rijk dan het materiële kunt vinden. Wanneer jij de verandering doorvoert om jezelf te zien als een gescheiden wezen, verlies je dat innerlijke referentiekader. Daardoor word je vatbaar voor de illusie die door de slang in de Hof van Eden wordt gesymboliseerd. Die illusie doet je geloven dat jij volledig in staat bent om te bepalen wat de allerhoogste waarheid is volgens jou en dat jij geen referentiekader uit de spirituele wereld nodig hebt. Jij kunt op het gezag in deze wereld vertrouwen (zoals een religie, een politieke filosofie of het wetenschappelijk materialisme) of je kunt vertrouwen op het geloof dat jij persoonlijk kunt bepalen wat echt is.

Let op het subtiele verschil. Zelfs als je een religie of een spirituele goeroe aanhangt, vertrouw je nog steeds op een referentiekader uit deze wereld. In feite kunnen zelfs de leringen van de geascendeerde meesters een extern referentiekader vormen, als ze eenmaal in woorden zijn uitgedrukt. Volgens de meesters moeten wij niet op een extern referentiekader vertrouwen als wij het pad van het 48e naar het 96e niveau willen bewandelen. In plaats daarvan breiden wij ons innerlijke referentiekader uit dat een rechtstreekse, intuïtieve verbinding met ons hogere wezen en de geascendeerde meesters is. Er bestaat een fundamenteel verschil tussen een opdracht van een externe leraar en de intuïtieve leiding die je van een innerlijke leraar ontvangt. En het belangrijkste verschil is dat die innerlijke leraar niet door jouw ego of een gezag van buitenaf kan worden gemanipuleerd. En daarom is de innerlijke leraar de enige manier om aan de illusies die jouw geest in het leven heeft geroepen, te ontsnappen. (Een ander belangrijk aspect is dat een geascendeerde meester niets van jou nodig heeft en dus geen eigenbelang heeft.)

In het verhaal van de Hof van Eden staat dat de slang tegen Eva zei dat als zij van de verboden vrucht at, niet zou sterven, maar 'als een God zou worden met kennis van goed en kwaad'. Dit staat symbool voor het feit dat jij, wanneer jij jezelf als een gescheiden wezen beschouwt, indirect gelooft dat jij net als een god bent en dat jij de bevoegdheid en het gezag hebt om te bepalen wat goed en kwaad, wat echt en onecht, is. Daarom kan een dictator natuurlijk geloven dat hij het recht heeft om bepaalde mensen als ondermensen te beschouwen, wat betekent dat je volkomen het recht hebt om hen uit te roeien. Met andere woorden, het bewustzijn van de slangachtige geest, de dualistische bewustzijnsstaat, kan letterlijk alles goedkeuren. In tegenstelling, zolang jij jezelf beschouwt als iemand die met een grotere, hogere werkelijkheid verbonden is, dan zijn er bepaalde dingen, zoals een massamoord, die gewoon niet goed te keuren zijn.

Wij zouden ook kunnen zeggen dat het Zelf toegang heeft tot de kracht van het geheel, zolang hij zich maar als een onderdeel van een groter geheel beschouwt. Hij kan dienen als de open deur om de kracht van de Geest naar deze wereld te laten stromen. Als je eenmaal in een niet-verbonden zelf stapt, verlies je de toegang tot deze kracht. Dan kun je slechts de energie gebruiken die al in het materiële frequentiespectrum aanwezig is. En dat betekent dat je dan voortdurend de concurrentiestrijd met andere mensen aangaat. De spirituele energie is oneindig, maar de materiële energie is eindig. Wanneer mensen om een eindige hoeveelheid energie moeten strijden, is het resultaat onvermijdelijk strijd, zoals de wereldgeschiedenis duidelijk aantoont. Dus om de kracht van het Zelf echt te ontsluiten, moet jij jezelf weer als een Zelf gaan zien dat onderdeel is van een geheel en toegang heeft tot de oneindige kracht van de Geest.

Hoe de zondeval tot stand kwam

Laten we nog eens terugkeren naar het ideale scenario. Een nieuw wezen begint op het 48e niveau, gaat met het pad aan de slag door de initiaties van de zeven stralen te ondergaan om zodoende tot het 96e niveau op te klimmen, waar hij enig meesterschap over alle zeven stralen heeft verkregen. Wat houdt dit nu precies in? Welnu, zoals wij eerder al hebben gezegd, wordt alles in het materiële universum van de energie van de zeven stralen gemaakt. Wanneer je dan een of andere handeling verricht, zijn daar twee elementen bij betrokken: de motiverende kracht en de richting. Je kunt die energie niet maken, maar jouw geest kan wel de open deur voor de energie van één of meer van de zeven stralen zijn. Je kunt dus een handeling verrichten door de energie van één of meer van die stralen een bepaalde richting op te sturen.

Je kunt energie op twee manieren gebruiken: voor onbaatzuchtige of egoïstische doeleinden. Dit betekent dat wanneer een menselijk wezen iets egoïstisch doet, hij dat wel doet met de energie van één van de zeven stralen. Egoïstische handelingen zijn alleen maar mogelijk als je één of meer van de stralen vervormt en dan die vervormde energie gebruikt om het gescheiden zelf te verheffen. Elke straal heeft een bepaalde vibratie. Wanneer je echter al het leven probeert te verheffen, blijft de energie die jij verbruikt boven een bepaald niveau. Dit betekent dat die kan terugkeren naar het spirituele rijk, vanwaar het vermenigvuldigd naar jou wordt teruggezonden. Wanneer jij uit egoïsme handelt, verlaag jij de energie beneden het kritieke niveau. Dit houdt in dat de energie met verlaagde kwaliteit in het materiële spectrum moet blijven; het wordt een last die jij met je meedraagt tot jij de vibratie ervan verhoogt.

In het ideale geval zal een levensstroom leren hoe hij de energie van de zeven stralen gebruikt zonder de keus te maken om dat voor egoïstische doeleinden te doen. Dit betekent echter niet dat de levensstroom niets van die vervormingen afweet. Een levensstroom zou zeker wel iets te weten komen over de vervormingen van de zeven stralen; hij kiest er alleen niet voor om die lagere energie te gebruiken. Dus dan blijft hij opklimmen naar het 96e niveau zonder beneden het 48e te komen.

In het ideale geval zou een levensstroom het 96e niveau bereiken en op dat niveau zou hij er klaar voor zijn om de initiatie te ondergaan die de verboden vrucht vertegenwoordigt, het slangachtige bewustzijn. Met andere woorden, de levensstroom zou dan klaar zijn om de illusie te doorzien dat zijn meesterschap over de zeven stralen van hem een god heeft gemaakt die het recht heeft om te bepalen hoe hij zijn creatieve vermogens gebruikt.

Op dat moment zou de levensstroom goed voorbereid zijn op die initiatie, omdat hij dan de positieve eigenschappen en de vervormingen van de zeven stralen kent. Dus is het niet erg waarschijnlijk dat de levensstroom zijn innerlijke gevoel van verbondenheid kwijtraakt.

Met andere woorden, het ideale scenario is bedoeld om het een levensstroom op specifieke wijze gemakkelijker te maken om te slagen voor de onvermijdelijke initiatie (en verzoeking) van de slangachtige geest, het dualiteitsbewustzijn. Dan zou de levensstroom de slang tegemoet kunnen treden zonder te worden bedrogen door de overtuiging dat hij werkelijk de bevoegdheid en het recht heeft om met zijn eigen gedachten uit te maken wat de waarheid is. Hij zou dan bij wijze van spreken van de verboden vrucht kunnen eten zonder te sterven.

Bedenk wel dat het mogelijk is dat een levensstroom ervoor kiest om van de verboden vrucht te eten voor hij het 96e niveau heeft bereikt, omdat levensstromen totaal vrije wil hebben. Dit betekent dat een levensstroom de vervormingen van alle zeven stralen nog niet heeft geleerd en dan is het in principe onvermijdelijk dat de levensstroom wordt bedrogen door één van die vervormingen, omdat hij denkt dat het niet een vervorming is, maar een deugd of de waarheid.

Dus de verboden vrucht was alleen maar verboden voor de studenten die nog niet het 96e niveau hadden bereikt. Dit betekent dat de zondeval pas gebeurde, toen een paar studenten in de val waren gelokt, omdat zij dachten dat zij er klaar voor waren voordat de leraar had gezegd dat zij dat waren. Met andere woorden, zij dachten het beter te weten dan de leraar.

Wanneer een levensstroom van de verboden vrucht eet voor hij daar klaar voor is, sterft hij natuurlijk als verbonden wezen en wordt hij herboren als een gescheiden zelf. Dan heeft hij geen innerlijk contact meer met een grotere realiteit en dat houdt in dat hij niet meer openstaat voor een spirituele leraar. In plaats daarvan is hij zijn eigen leraar geworden en kan niet meer leren in de omgeving van de mysterieschool. Dus wordt hij 'uit het paradijs geworpen' en dan moet hij iets leren zonder de directe assistentie van een spirituele leraar. In plaats daarvan zal hij leren van de consequenties van de keuzes die hij maakt als gescheiden wezen. Dit noemen de meesters de "Harde Leerschool".

In plaats van te leren onder leiding van een verlichte leraar, leer je dan door de materiële omstandigheden te ervaren die met jouw mentale beelden overeenkomen. En omdat die mentale beelden worden gebaseerd op de illusie dat jij een gescheiden wezen bent dat strijdt tegen andere wezens, tegen de materiële wereld, of zelfs tegen God, verandert jouw leven in een voortdurende worsteling. Dit heeft de Boeddha de 'Zee van Samsara' genoemd. De Boeddha heeft ook gezegd dat de eerste nobele waarheid is dat het leven lijden is, maar de betekenis is eigenlijk dat het leven lijden is wanneer je in het bewustzijn van gescheidenheid verkeert.

De conclusie is dus dat jij, naarmate jij het pad tussen het 48e en 96e bewustzijnsniveau beklimt, op elk moment ervoor kunt kiezen om op de slangachtige verzoeking in te gaan. Als jij dat doet, val je vervolgens beneden het 48e niveau en het niveau waar je terechtkomt, correspondeert met het niveau waar je op was voordat je viel. Dus als je vanaf het 58e niveau zou vallen, zou je tien plaatsen beneden het 48e niveau vallen, namelijk het 38e niveau. Als je op het 96e niveau zou vallen, zou je op het 1e niveau terechtkomen.

Dit feit verklaart gedeeltelijk waarom een aantal van de ergste dictators in de geschiedenis het griezelige vermogen hadden om mensen te hypnotiseren en anderen zover te krijgen dat die hen blindelings volgden. Iemand met dit vermogen is van een hoog niveau op het pad gevallen en daardoor kan hij of zij gemakkelijk anderen die momenteel op een lager niveau dan de leraar zijn van iets overtuigen, toen hij viel. Als je van het 96e niveau naar beneden valt, kun je de meeste mensen op een lager niveau te slim af zijn en overtroeven.

De slangachtige geest nader bekeken

Voor we verder gaan, zullen we bekijken wat het betekent om de slangachtige initiatie te krijgen of in verzoeking te worden gebracht voor wij daar aan toe zijn. Wij hebben gezegd dat het pad tussen het 48e en 96e bewustzijnsniveau het pad is om je individuele zelf te verheffen. Dit houdt in dat jij de verantwoording draagt om jezelf te verheffen en dat jij niet verantwoordelijk voor andere mensen bent.

Maar wanneer je naar de slang in het verhaal van de Hof van Eden kijkt, zie je duidelijk dat de slang op een agressieve manier Eva probeerde te beïnvloeden. Het slangachtige bewustzijn vertegenwoordigt de verzoeking om actief de vrije wil van andere wezens te beïnvloeden. Let op een basaal feit. Ieder van zichzelf bewust wezen is een individueel wezen en is begiftigd met een individuele wil die totaal vrij is. Jij hebt werkelijk het recht om elke keus te maken die jij maar wilt

– omdat de wet van God ervoor zorgt dat jij de gevolgen van jouw eigen keuzes ervaart.

Maar het is één ding om de keuze te maken die jij wilt, zelfs als jouw keuzes andere mensen beïnvloeden, maar het betekent fundamenteel iets anders als je de keuzes die andere mensen maken, probeert te beïnvloeden. Dit kan subtiel lijken, maar het is één van de belangrijkste punten die spirituele mensen moeten begrijpen. De reden is dat jij, tenzij je een onwrikbaar respect voor de vrije wil – die van jou en die van anderen – hebt, niet kunt voorkomen dat jij voor de slangachtige verzoeking valt.

Ter illustratie, stel je voor dat iemand besluit iemand anders te doden. Dit is duidelijk een daad die de persoon die wordt gedood, beïnvloedt. Maar het is wel een daad waar de dader persoonlijk verantwoordelijk voor is. Dus als de dader wordt ontdekt, rekent de samenleving hem dat aan. Stel nu eens dat de dader besluit iemand anders te doden, maar in plaats van dat zelf te doen, slaagt hij erin iemand anders zo te manipuleren dat een derde persoon die andere persoon doodt. Bij deze daad manipuleer je iemands geest en dat is een fundamenteel verschil met zelf het lichaam van iemand anders doden. Het is een directe schending van de vrije wil van iemand. Juist die manier van manipuleren is het doel van het slangachtige bewustzijn.

Wat voor soort ervaringen wil je krijgen?

Laten wij nog eens het concept bekijken dat de aarde een theater is en dat je veel rollen kunt spelen. Zolang jij jezelf als een verbonden wezen beschouwt, zijn er bepaalde rollen die jij gewoonweg niet wilt spelen. Wanneer je het zelfbewustzijn hebt dat jij een deel van het geheel bent, dan zouden we kunnen zeggen dat jij niet bepaalde rollen op aarde kunt spelen. Jij kunt bijvoorbeeld niet de ervaring krijgen dat jij een groot strijder bent, die wordt vermoord in de strijd en in staat is om iedere tegenstander te verslaan.

Het is heel goed mogelijk dat een levensstroom kijkend naar de aarde, beslist dat hij de ervaring wil dat hij een strijder wil zijn die tegen een vijand strijdt. Om die ervaring te krijgen, moet de levensstroom als verbonden wezen sterven en herboren worden met een nieuw gewaarzijn van zichzelf als gescheiden wezen. Alleen dan kan de levensstroom geloven dat hij anderen kan doden zonder zichzelf te benadelen.

Let nu op een subtiel, maar heel erg belangrijk, verschil. De rol van strijder spelen is geen schending van de vrije wil van anderen. Als een aantal levensstromen de keus maakt om te ervaren hoe het is om tegen anderen te strijden, kiezen zij ervoor een bepaalde rol te spelen. En vanzelfsprekend kun je geen strijder zijn als je tegen niemand kunt strijden. Dus als beide kanten dezelfde keus maken, kan geen van hen de vrije wil van anderen schenden. Het kan lijken alsof een leger dat een ander land aanvalt, de vrije wil van de inwoners van dat land schendt, maar als die inwoners ervoor hebben gekozen om in het bewustzijn van gescheidenheid te verkeren, dan nodigen zij een aanval uit – zelfs als zij zich daar niet van bewust zijn.

Dus nu zien wij dat jij, wanneer jij beneden het 48e bewustzijnsniveau komt, een geestesgesteldheid krijgt waarin jij egoïstische handelingen verricht. En jij wordt dan inderdaad verblind door een illusie, omdat jij gelooft dat je anderen kunt doden zonder jezelf te schaden. Maar die illusie is níét de slangachtige geest. Dit is eenvoudig onwetendheid.

De slangachtige geest is een andere vorm van onwetendheid, die wij de opzettelijke of intellectuele onwetendheid zouden kunnen noemen. De slangachtige geest laat je eenvoudig niet geloven dat jij anderen kunt benadelen zonder jezelf te benadelen. De slangachtige geest laat je geloven dat jouw egoïstische daden gerechtvaardigd zijn volgens een of andere allerhoogste waarheid.

Neem als historisch voorbeeld eens de christelijke kruistochten. Dit is een groep mensen die beweert dat zij de volgelingen van Christus zijn. En natuurlijk heeft Christus ons verteld dat wij de andere wang moeten toekeren, goed te doen aan anderen en geen weerstand aan het kwaad te bieden. Maar de kruisvaarders waren erin geslaagd om de leringen van Christus zó te verdraaien dat het leek alsof zij Gods werk deden als zij moslims doodden (die op hun beurt dachten dat zij Gods werk deden als zij christenen doodden).

Vergelijk dit nu eens met een paar van de strijdende groeperingen die wij overal in de geschiedenis terugzien, zoals de Vikingen of de hordes van Attila de Hun. Zowel de Hunnen als de kruisvaarders vielen genadeloos steden aan en richtten meedogenloos bloedbaden aan onder mannen, vrouwen en kinderen en stalen alles wat zij maar konden vinden. Maar de Hunnen en de Vikingen deden dit omdat zij de wens hadden om te plunderen of eer te verwerven in de strijd, terwijl de kruisvaarders beweerden dat zij dit deden om voor Christus te strijden, Gods werk te doen.

Kijk nu eens naar het verschil in denkwijze. Een Viking wil zich gewoon met de strijd bezig houden en heeft geen intellectuele filosofische insteek die zijn daden moet rechtvaardigen. Een kruisvaarder heeft echter een filosofisch denkkader dat het in zijn ogen niet alleen rechtvaardigt om andere mensen te doden, maar er ook nog voor beloond te worden in de hemel. De kruisvaarders geloofden dat zij zeker naar de hemel gingen, als ze tijdens een kruistocht stierven. En die rechtvaardiging is nu juist de slangachtige geest. In werkelijkheid wordt die gebaseerd op de redenering dat een aards gezag het recht heeft om te bepalen wat goed en

15 | Begrijpen waarom jij geascendeerde meesters nodig hebt

kwaad is. Daardoor kan een middeleeuwse paus de woorden van Christus tenietdoen als hij zegt dat het slecht is om een andere christen te doden, maar dat het goed is om een moslim te doden. De slangachtige geest splijt altijd mensen uiteen en in dit geval heeft hij menselijke wezens in twee categorieën gespleten en zo de betekenis dat al het leven eigenlijk één is, ontkent.

Naarmate je verder komt op het pad van het 48e naar het 96e niveau, wordt er van jou verwacht dat je leert hoe je de positieve eigenschappen van de zeven stralen gebruikt om jezelf te verheffen en meesterschap over jouw eigen geest te verwerven. Een essentieel onderdeel van deze initiatie is dat jij aan de eis voldoet die Jezus heeft beschreven als: "Wees wijs als slangen, onschuldig als duiven." Dit betekent dat je leert dat het heel legitiem is om de positieve eigenschappen van de zeven stralen te gebruiken om jezelf of al het leven te verheffen, maar dat het nooit legitiem is om de zeven stralen te gebruiken om de vrije wil van andere mensen te beïnvloeden. Je leert dat het nooit acceptabel is om op een – subtiele of openlijke – manier de wil van iemand anders te forceren. Je kunt proberen iemand te overtuigingen of te inspireren door het goede voorbeeld te geven, maar je probeert dat nooit te doen door iemand tot iets te dwingen of hem te manipuleren.

Maar als je dit pad bewandelt, kom je constant de slangachtige verzoeking tegen en dat werkt als volgt. Stel dat je aan het werk bent op de vijfde straal van waarheid. Je bent de positieve eigenschappen van waarheid gaan waarderen en het wordt jou heel duidelijk dat alle problemen op aarde ontstaan uit het feit dat de mensen niet de waarheid kennen, maar in diverse leugens geloven.

De slang zal nu in jouw oor fluisteren dat alle problemen op de wereld kunnen worden opgelost, als jij alle andere mensen zover zou kunnen krijgen dat zij de waarheid zoals jij die ziet, accepteren. Als je hierin geïnteresseerd bent, zal de slang jou de volgende verzoeking presenteren, namelijk dat het natuurlijk – zelfs voor God – wenselijk is dat alle problemen op aarde worden opgelost. En als jij opnieuw de verzoeker niet terechtwijst, volgt er een derde laag van de verzoeking, namelijk dat het natuurlijk zowel gerechtvaardigd als noodzakelijk is om enige dwang te gebruiken om andere mensen zover te krijgen dat zij de ultieme waarheid die jij bezit, accepteren om aan de doeleinden van God zelf te voldoen.

Dit leidt heel gemakkelijk tot de overtuiging dat er maar één waar gedachtesysteem bestaat – hetzij religieus, politiek of materialistisch – en dat je kunt verdedigen waarom je mensen wilt dwingen dit te accepteren. Het doel, Gods allerbelangrijkste werk uitvoeren, heiligt de middelen om andere mensen tot iets te dwingen – in hun eigen belang.

De waarheid is eigenlijk dat je van binnen wel weet dat de vrije wil individueel is en dat jij niet het recht hebt om de vrije wil van iemand anders te ondermijnen. Maar de slangachtige geest presenteert jou een heel subtiele rechtvaardiging – de slang was het meest subtiele wezen in de hof – om te proberen de vrije wil van anderen actief te beïnvloeden. En dat doe je door de eigenschappen van één of meer stralen op een manier te gebruiken die niet op liefde maar op dwang wordt gebaseerd. Aan die denkwijze zijn de meest gruwelijke daden op deze planeet ontsproten. Want wanneer je voor de allerhoogste zaak strijdt, is er geen enkele daad die je niet kunt rechtvaardigen. Miljoenen mannen, vrouwen en kinderen in gaskamers ombrengen, is gewoon een noodzakelijke stap om jouw visie op wat de beste oplossing is, te verwezenlijken.

De aarde zit beneden het ideale scenario

Om jouw inzicht in bepaalde omstandigheden te voltooien, moeten wij beseffen dat planeet Aarde tegenwoordig ver beneden het ideale scenario zit. Zoals al is gezegd, incarneerden verscheidene golven levensstromen op aarde zonder tot de dualiteit te vervallen. Maar op een bepaald moment verviel een aantal levensstromen wel tot de dualiteit. En sindsdien is de aarde een schoolklas, waarin niet alleen levensstromen zitten voor wie het pad nieuw is.

Laten we terugkomen op de vraag waarom de slang in de Hof van Eden was. Wij kunnen nu zien dat er twee lagen van inzicht bestaan. In de meest algemene zin vertegenwoordigt de slang het dualiteitsbewustzijn. Dit is de verzoeking om jouw gaven te gebruiken om anderen te manipuleren om het gescheiden zelf te verheffen. Je kunt dit alleen maar als je gelooft dat jij kunt bepalen wat de waarheid is, zodat jouw egoïstische daden het beste lijken te kloppen en te rechtvaardigen zijn. Met andere woorden, deze geestesgesteldheid laat je egoïstische handelingen verrichten en geeft je tegelijkertijd het gevoel dat jij dat recht helemaal hebt.

Maar een specifiekere definitie zegt dat de slang symbool staat voor levensstromen die het dualiteitsbewustzijn al hadden voor zij op aarde incarneerden. Dit kan in een vorig leven op aarde zijn gebeurd, maar sinds dat vorige tijdperk waarin de eerste levensstromen vielen, heeft deze planeet een belangrijke verandering doorgemaakt. In plaats van een schoolklas die is aangepast aan nieuwe levensstromen, is de aarde een soort herkansing geworden voor levensstromen die in andere omgevingen zijn gevallen. Dit kunnen andere planeten in het materiële universum zijn, maar ook levensstromen die in een vroegere sfeer zijn gevallen.

Zoals gezegd, zijn er eerder zes sferen geweest en vanaf de vierde sfeer zijn er in elke sfeer wel een paar wezens gevallen. Sommige zijn gevallen engelen of gevallen wezens die op aarde mochten incarneren en die natuurlijk de dominantere leiders in de wereldgeschiedenis zijn. Maar let op één simpel feit. Het lijkt misschien hard dat nieuwe levensstromen worden gemengd met gevallen levensstromen. Maar de nieuwe levensstromen werden geschapen met dit in het achterhoofd en de geascendeerde meesters hebben er alles aan gedaan om te voorkomen dat de nieuwe levensstromen vielen. En zelfs tegenwoordig doen zij er alles aan om gevallen levensstromen weer op het ware pad dat vanaf het 48e bewustzijnsniveau omhoog leidt, te helpen.

Tegenwoordig het spirituele pad bewandelen

Wij zien nu dat de aarde ver beneden de oorspronkelijke visie van de Elohim is en daardoor is het veel moeilijker om het spirituele pad te volgen, als je nog fysiek op aarde rondloopt. Dit betekent niet dat het onmogelijk is, zoals veel wezens hebben bewezen die net als wij zijn begonnen, maar tegenwoordig al geascendeerde meester zijn. Niettemin is het belangrijk dat je begrijpt dat ieder aspect van het leven op subtiele manieren door het slangachtige bewustzijn wordt beïnvloed, het bewustzijn dat egoïstische motieven probeert te rechtvaardigen door die zo te camoufleren dat ze heilzaam of noodzakelijk lijken.

Wat houdt dit in de praktijk in? Het betekent dat wij allemaal worden geconfronteerd met de slangachtige geest, op welk niveau van het spirituele pad wij op dit moment ook zitten. Dus een integraal deel van het spirituele pad bewandelen, is dat

15 | Begrijpen waarom jij geascendeerde meesters nodig hebt

je het slangachtige bewustzijn leert herkennen en de leugens doorzien. De meesters noemen dit het 'Christusonderscheid'.

Hoe kun je dat doen? Nu, je kunt de slangachtige geest niet te slim af zijn met de slangachtige geest. Zoals Albert Einstein zei: "Je kunt een probleem niet oplossen met het bewustzijn dat het probleem heeft geschapen." De subtiele waarheid is eigenlijk dat jij de slangachtige geest niet kunt verslaan. Omdat er in de slangachtige geest altijd twee tegenstellingen, zoals goed en kwaad, bestaan. Voor de slangachtige geest lijkt het of het goed over het kwaad kan zegevieren, maar de Christusgeest ziet dat het allebei dualiteiten zijn die in samenhang met elkaar zijn geschapen en allebei niet echt. Dus hoe meer weerstand jij voelt tegen iets wat jij als het kwaad beschouwt, hoe meer jij jezelf vastbijt in een dualistische strijd die nooit de allerhoogste uitkomst kan opleveren.

De waarheid over de slangachtige geest is in principe dat hij een selectief waarnemingsfilter vormt. Als je eenmaal in een zelf stapt dat de slangachtige geest heeft geschapen, kun jij bepaalde aspecten van de waarheid niet zien. De reden is dat jouw gescheiden zelf speciaal werd geschapen om die aspecten van de waarheid die de handelingen van het gescheiden zelf aanvechten, eruit te filteren. En door die eruit te filteren, kan het gescheiden zelf altijd zijn handelingen verdedigen – omdat jij niet kunt zien wat jouw handelingen aanvecht. Wij zouden kunnen zeggen dat jouw waarnemingsfilter het laat voorkomen dat sommige mensen goed zijn en andere slecht, en daardoor denk je dat jij het recht hebt om de slechte mensen te doden om de goede zaak te bevorderen. Maar in werkelijkheid houdt dit je slechts gevangen in de denkwijze dat jij altijd tegen iets strijden moet.

Dus hoe kom je hier uit? Nu, de slangachtige geest laat je geloven dat je het recht en de bevoegdheid hebt om vast te stellen wat goed en kwaad is. En zolang jij dit gelooft, kun jij nooit aan de slangachtige illusie ontsnappen. Waarom niet? Omdat jij altijd zult denken dat jij aan de kant van het goede moet staan en het kwaad altijd moet bestrijden, zolang jij gelooft dat jouw definitie van goed en kwaad alleen maar in de hoogste zin van het woord, goed is. Zodoende kun jij je pas aan die worsteling onttrekken als jij eindelijk de overwinning op het kwaad hebt behaald. Maar zoals de geschiedenis steeds weer bewijst, komt er nooit een overwinning op het kwaad, want juist de strijd tegen het ene kwaad creëert de weerstand (karma) waardoor het volgende kwaad verschijnt. Dus je bestrijdt altijd een verschijnsel van het kwaad, net zoals Don Quichot tegen de windmolens streed. De reden is dat jouw eigen waarnemingsfilter het kwaad oproept.

De enige echte manier om eruit te komen, is terug te gaan naar de oorspronkelijke staat, waarin jij jezelf als een wezen beschouwt dat zichzelf verbonden voelt met iets wat jouw persoonlijke geest overstijgt. Dat kan je reddingslijn worden, een referentiekader dat je kunt gebruiken om geleidelijk de slangachtige illusies te ontstijgen dat jij een gescheiden zelf bent. En dit bieden de geascendeerde meesters nu juist met het pad van de zeven stralen aan.

Dit pad kan iedereen volgen, zelfs mensen beneden het 48e niveau. Maar het is natuurlijk wel veel moeilijker om het pad te volgen wanneer je beneden het 48e niveau zit en de reden is dat jij nog steeds in de illusie gelooft dat jij met jouw eigen innerlijke geest kunt bepalen wat de waarheid is. Als je achter die sluier van dualiteit vandaan stapt, verandert jouw brein in drijfzand.

Je weet waarschijnlijk wel dat je sneller zinkt als jij je beweegt, wanneer je in drijfzand terechtkomt. Hoe meer je denkt dat jij zelf wel uit het dualiteitsbewustzijn kunt komen, hoe dieper jij in illusies wegzakt. Hoe kom je uit drijfzand als je erin gevallen bent? Je moet stil blijven liggen tot iemand jou iets toewerpt waaraan jij je vast kunt houden en dat als vast punt gebruikt om jezelf eruit te trekken. Op dezelfde manier zorgt alles wat jij doet ervoor dat je dieper wegzinkt in het mentale drijfzand van de slangachtige geest. Je moet leren je geest zo te verstillen dat jij een reddingslijn kunt ontvangen van buiten jouw geest en die gebruiken om jou naar hogere bewustzijnsniveaus te tillen.

De geascendeerde meesters zijn de reddingslijn die God heeft gezonden om ons allemaal te helpen ontsnappen aan het menselijke enigma, het drijfzand van ons gescheiden zelf. Zij hebben zelf in het drijfzand gezeten en hebben het pad van initiatie bewandeld dat je eruit haalt. Tegenwoordig bieden zij ons hetzelfde, door de tijd getoetste, pad aan dat zichzelf heeft bewezen.

Natuurlijk heb je vrije wil en de geascendeerde meesters respecteren die zeker. Als je moet blijven geloven dat jij in staat bent om op eigen kracht uit het dualiteitsbewustzijn te komen, trekken de meesters zich geduldig terug en wachten tot de harde klappen die jij oproept, ervoor zorgen dat jij beslist dat jij genoeg van dit pad hebt. En op het moment dat jij jouw geest en hart wel openstelt voor het ware innerlijke pad van initiatie, staan de geascendeerde meesters klaar om je niet alleen een reddingslijn toe te werpen, maar om jouw eigen inspanningen te vermenigvuldigen, zodat jij jezelf hogerop kunt trekken. Het is echt een prachtig pad van initiatie en als je er eenmaal op zit, zul je persoonlijk de liefde van de geascendeerde meesters voelen, een liefde die alles te boven gaat wat je op aarde kunt ervaren.

16 | INTRODUCTIE TOT DE ZEVEN STRALEN

Zoals wij hebben gezien, wordt alles wat je doet met energie gedaan, in het bijzonder de energie van de spirituele stralen. Om de volledige creatieve kracht van het Zelf te ontsluiten, moet je meesterschap over elk van de zeven stralen hebben. Net zoals je alles wat je in het verleden hebt gedaan, ook met de energie van de zeven stralen heb gedaan. Om karma in evenwicht te brengen en je te bevrijden van het verleden, roep je de energie van de zeven stralen op. Karma wordt gemaakt als je de energie van een specifieke straal in kwaliteit verlaagt en je brengt dit weer op een natuurlijke manier in evenwicht door de zuivere energie van die straal op te roepen. De hogere energie kan de lagere energie weer de juiste kwaliteit geven of transmuteren.

Wij hebben ook gezien dat elke straal bepaalde kenmerken of eigenschappen bezit. Als je die begrijpt, kunnen die je helpen om een specifieke straal tot uitdrukking te brengen zonder de energie ervan in kwaliteit te verlagen. Als je alle vervormingen van een straal doorziet, kun je ook ophouden met karma creëren door de energie van een straal te vervormen. Dus al met al is kennis van de zeven stralen een belangrijke sleutel tot persoonlijke en spirituele groei. De creatieve kracht van het Zelf komt van de zeven stralen, dus door er iets over te weten komen, versnel jij vanzelfsprekend je spirituele groei.

Waarschijnlijk bezitten veel mensen die dit boek lezen al enige kennis hierover en hebben al enig meesterschap op de zeven stralen in dit en vorige levens verworven. Maar door je meer bewust te worden van de stralen, kun je leren om de ervaringen en de stuwkracht in jouw causale lichaam naar je toe te halen. Je ontdekt dan misschien dat jij een sterke stuwkracht bij één straal hebt, of dat het je juist aan stuwkracht ontbreekt. Als je merkt dat jij momenteel aan een specifieke straal werkt, krijg je al enigszins feeling voor waar jij op het pad van het 48e tot het 96e bewustzijnsniveau zit.

Dit boek is het eerste in een reeks boeken en vormt de introductie tot het pad van de zeven stralen dat de geascendeerde meesters aanbieden. Het tweede boek in de serie geeft een grondiger beschrijving van de zeven stralen, waaronder leringen die rechtstreeks door de Chohans worden gegeven. Dat zal ook een speciale oefening bevatten om het licht van de zeven stralen gedurende een bepaalde periode op te roepen. Als je die oefening volledig afmaakt, voel je veel beter intuïtief met welke straal jij misschien in dit stadium van jouw persoonlijke pad aan het werk bent. Je kunt dat dan gebruiken om een keuze te maken uit de volgende boeken in de serie, waarin elk boek dieper ingaat op één straal. De bedoeling van dit hoofdstuk is je een korte introductie tot de zeven stralen te geven, zodat jij feeling gaat krijgen voor de stralen en hun eigenschappen.

De eigenschappen van een straal

Elk van van volgende secties helpt je om een straal te leren kennen. Je leert bijvoorbeeld wat de kleur van het licht van elke straal is, wat belangrijk is om het licht te leren visualiseren van de straal die door jouw geest heen stroomt. De kleuren die je krijgt, corresponderen met de kleuren van zichtbaar licht, maar de werkelijke kleur van een spirituele straal heeft meer een etherisch of vibrerend karakter.

Je leert ook de drie belangrijkste meesters kennen die op elke straal dienen Dit zijn:

- De Elohim. Dit is de meester die belast is met het uitgeven van de creatieve energie van een straal naar het materiële frequentiespectrum. Wij zouden kunnen zeggen dat de Elohim de creatieve directeur is van een straal. Je roept de Elohim op om de stroom van energie van een specifieke straal te laten toenemen.

- De Aartsengel. Dit is de meester die belast is met het afgeven van de energie van een straal vanuit het niveau van de Elohim naar ons niveau. Met andere woorden, de Aartsengel verlaagt het niveau van het licht, zodat het werkelijk iets kan doen in ons spectrum. Bijvoorbeeld, je zou een aartsengel kunnen oproepen om jouw energieveld, of aura, te beschermen en te verzegelen of heling te brengen.

- De Chohan. Dit is de meester die de belangrijkste leraar van die straal is. Je kunt de Chohan dus oproepen om jou te helpen om de positieve eigenschappen van een straal te leren en om de vervormingen van een straal te transcenderen.

De stralen en de chakra's

Je bent je er waarschijnlijk wel van bewust dat je een energieveld rondom je fysieke lichaam hebt. Het is echter belangrijk om de relatie tussen jouw lichaam en het energieveld, of de aura, te begrijpen. Zoals wij hebben gezien, wordt alles in het materiële rijk van hogere energie gemaakt die in vibratie is verlaagd. Dit betekent dat wij een paar dingen op school hebben geleerd die eenvoudig niet correct zijn.

Je hebt bijvoorbeeld gezien dat een leraar een magnetische staaf onder een stuk papier hield, terwijl hij er aan de bovenkant ijzervijlsel op strooide. Als bij toverslag kreeg het ijzervijlsel een golfpatroon toen het zich op één lijn bracht met het onzichtbare magnetische veld. Men heeft je toen waarschijnlijk verteld dat dit komt omdat een magneet een onzichtbaar energieveld om zich heen vormt.

Dit beeld komt niet overeen met de relativiteitstheorie en de kwantumfysica. Het correcte beeld is dat de magneet het veld niet vormt, maar dat het veld de magneet vormt. Met andere woorden, de magneet is letterlijk het dichtste gedeelte van een groter energieveld. Jouw mentale beeld aanpassen aan dit besef is een sleutel om jouw creatieve kracht te ontsluiten.

Jouw fysieke lichaam heeft een energielichaam rondom, maar het lichaam maakt dat veld niet. Jouw fysieke lichaam is het dichtste gedeelte van het grotere energieveld dat jouw vier lagere lichamen, namelijk het identiteits-, mentale, emotionele en fysieke lichaam, vormt. Het fysieke lichaam leeft dus en heeft de energie om actie te ondernemen, omdat het een stroom van spirituele energie ontvangt die in vibratie is verlaagd door de drie hogere lichamen.

Dit verlagen in vibratie gebeurt door de zeven centra in het energieveld, vaak chakra's genoemd. Je zou ze als portalen tussen het spirituele en het materiële rijk kunnen beschouwen.

De chakra's zijn een soort communicatietoestel in twee richtingen. Dit betekent dat jij energie en kennis door de chakra's ontvangt en jouw IK BEN Aanwezigheid ontvangt indrukken en ervaringen van jou terug.

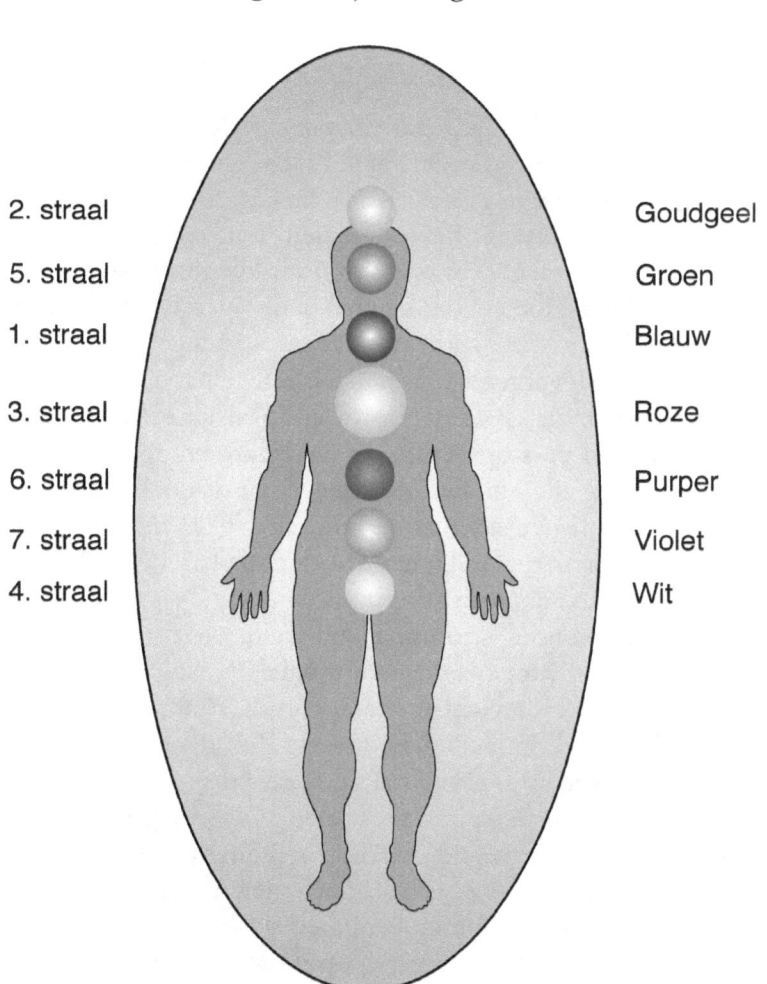

2. straal — Goudgeel
5. straal — Groen
1. straal — Blauw
3. straal — Roze
6. straal — Purper
7. straal — Violet
4. straal — Wit

Elk van de zeven hoofdchakra's correspondeert met één van de zeven stralen. De chakra's liggen langs de wervelkolom, zoals in afbeelding 16 staat getekend.

Om je bewustzijn van, en meesterschap over, een specifieke straal te verhogen, gebruik je de chakra die daarmee correspondeert. Bijvoorbeeld, op jouw keelgebied staat een chakra die heel toepasselijk keelchakra heet. Deze chakra correspondeert met de eerste straal en deze heet ook wel jouw krachtcentrum. Dus als jij je kracht wilt laten toenemen, moet jij je meer van je keelchakra bewust worden en hoe je die gebruikt om kracht uit te drukken. Dit doe je gedeeltelijk wanneer jij spiritueel licht oproept door het gesproken woord.

Het is de bedoeling dat de chakra de open deur is voor de energie van een specifieke straal. Maar wanneer jij de energie van een straal vervormt, gaat de lagere energie zich in die corresponderende chakra verzamelen Daardoor zal de chakra geleidelijk aan verstopt raken en die lagere energie blokkeert dan de hogere energie, zodat die niet door de chakra heen kan stromen. De lagere energie verhindert dat de chakra op een natuurlijke manier ronddraait en zodoende kan de chakra niet veel energie dragen of overbrengen.

Bij veel mensen stroomt er zo weinig energie door hun chakra's dat het hun creatieve vermogens ernstig beperkt. Het zuiveren en in evenwicht brengen van de chakra's is dus een essentiële sleutel om de kracht van het Zelf te ontsluiten.

In het tweede boek van deze serie krijg je een oefening om het licht van de spirituele stralen op te roepen over een periode van zeven maanden. Deze oefening is bedacht om je te leren je af te stemmen op al jouw chakra's. (Je kunt op elk moment met deze oefening beginnen door de decreten die je op transcendencetoolbox.com – op de Nederlandse site bij de sectie Transcendence Toolbox – vindt, te gebruiken.) Terwijl je de oefening voor een specifieke straal doet, zal de energie die jij oproept de blokkades in een chakra zuiveren. De positieve eigenschappen van een straal leren kennen en de vervormingen ervan te zien, zal jou helpen om de onjuiste overtuigingen die ervoor zorgen dat jij energie door een chakra vervormt, te transcenderen. Die overtuigingen lijken net stukjes glas in de chakra die het licht een lagere vibratie geven door hun kleur.

Denk er alsjeblieft aan dat er veel spirituele leringen zijn die over de chakra's spreken en je kent er misschien wel een paar. Diverse leringen geven diverse kleuren voor de zeven chakra's en die kunnen misschien verschillen van deze. Maar maak je hier niet al te druk over. De kleuren die in dit boek worden gebruikt, zijn eenvoudig de kleuren van de spirituele straal die correspondeert met elke chakra.

DE EERSTE STRAAL INTRODUCEREN

Kleur van de eerste straal: Elektrisch blauw
Corresponderende chakra: Keelchakra
Elohim van de eerste straal: Hercules en Amazonia
Aartsengel en Archeia van de eerste straal: Michaël en Faith (geloof, vertrouwen)
Chohan van de eerste straal: Master MORE, staat ook bekend als El Morya, Master M, M, of Bapu.

Zuivere eigenschappen van de eerste straal

Traditioneel beschouwd als de straal van macht/kracht en de wil, maar vanuit dieper inzicht vertegenwoordigt de eerste straal de creatieve drijfveer, je motivatie. Dit is de wens om jezelf te uiten, de bereidheid om te experimenteren, zelfs wanneer je de uitkomst van het experiment niet van tevoren weet. Ook de bereidheid om op de stroom van het leven mee te gaan en van iedere ervaring te leren. De eerste straal wakkert het gevoel aan dat alles er toe doet, dat het leven opwindend is en dat het individu een positieve invloed kan uitoefenen. De eerste straal is ook de sleutel tot jouw bereidheid om te helpen het geheel te verheffen in plaats van alleen jezelf.

Vervormingen van de eerste straal

De vervorming van de creatieve wil is de angst voor het onbekende, die zich tot uitdrukking brengt als de wil om macht te misbruiken om de omstandigheden, waaronder andere mensen, naar je hand te zetten. Er bestaat angst om je met activiteiten bezig te houden waar je de uitkomst niet van kunt weten of die de uitkomst niet kunnen garanderen, wat vanzelfsprekend je creativiteit in de kiem smoort. Mensen met vervormingen van de eigenschappen van de eerste straal houden zich vaak bezig met diverse machtsspelletjes met andere mensen, allemaal vanwege de wens om de uitkomst te beheersen. Zij kunnen ook erg kritisch zijn op anderen die het niet met hun kijk op het leven eens zijn en hen veroordelen.

Een vervorming van de eigenschappen van de eerste straal leidt tot een poging om de levenskracht zelf te smoren, die altijd richting transcendentie wijst en in plaats daarvan het gescheiden zelf beschermt en wat hij denkt dat hij op deze wereld kan bezitten. Dit kan leiden tot het gevoel dat je andere mensen bezit, wat één van de belangrijkste bronnen voor conflicten op deze planeet is. In mildere gevallen zijn mensen bang om hun creativiteit te gebruiken en hebben ze het gevoel dat zij machteloos zijn, dat niets ertoe doet en dat één persoon geen verschil kan uitmaken – dus, waarom zou jij dan nog de moeite nemen om het te proberen?

DE TWEEDE STRAAL INTRODUCEREN

Kleur van de tweede straal: Goudgeel
Corresponderende chakra: Kruinchakra
Elohim van de tweede straal: Apollo en Lumina
Aartsengel en Archeia van de tweede straal: Jophiël en Christina
Chohan van de tweede straal: Heer Lanto

Zuivere eigenschappen van de tweede straal

Traditioneel beschouwd als de straal van wijsheid, verlichting, en zelfkennis. Maar op dieper niveau is het de straal die je in staat stelt te zien dat het gescheiden zelf niet echt is en dat gescheidenheid een illusie is. Met de tweede straal kun je de onderliggende waarheid ervaren dat al het leven één is, omdat niets van de alomtegenwoordige Schepper kan worden gescheiden. Openstaan voor een hoger inzicht is ook een eigenschap van de tweede straal, evenals het besef dat er veel deugdelijke uitdrukkingsvormen van de waarheid zijn die allemaal op de onderliggende waarheid wijzen dat alles één is.

Vervormingen van de tweede straal

De vervorming van de tweede straal is de valse wijsheid die denkt dat hij alles weet of de ultieme waarheid bezit. Die illusie wordt gebaseerd op de belangrijkste illusie van de dualiteit, namelijk dat de 'realiteit' kan worden opgesplitst in aparte compartimenten en dat de gescheiden geest het recht en het vermogen bezit om te beslissen wat waar en onwaar is. De vervormingen van de tweede straal kun je aantreffen bij mensen die er absoluut van overtuigd zijn dat zij gelijk hebben – vooral degenen die daarin fanatiek worden – en anderen willen dwingen daarin mee te gaan. Een andere vervorming is intellectualisme, omdat mensen dan voor of tegen een idee zijn en nooit verder komen dan dat idee, waardoor ze niet de Geest die alle woorden ontstijgt rechtstreeks kunnen ervaren.

DE DERDE STRAAL INTRODUCEREN

Kleur van de derde straal: Roze
Corresponderende chakra: Hartchakra
Elohim van de derde straal: Heros en Amora
Aartsengel en Archeia van de derde straal: Chamuël en Charity
(liefdadigheid, barmhartigheid, mensenliefde, naastenliefde)
Chohan van de derde straal: Paul de Venetiaan

Zuivere eigenschappen van de derde straal

Traditioneel wordt de derde straal beschouwd als de zetel van liefde, naastenliefde, de waardering voor schoonheid en onbaatzuchtigheid. Maar volgens het diepere inzicht is de derde straal de zetel van evenwicht.

Liefde kan worden beschouwd als de kracht die evenwicht in het leven brengt, de kracht die de twee basale krachten van de scheppende krachten in evenwicht houdt, namelijk de uitgaande (de manlijke of Vaderimpuls) en de samentrekkende (de vrouwelijke of Moederimpuls). Als die twee krachten niet in evenwicht zijn, bestaat de neiging om één van die twee tot in het extreme door te voeren. Dit houdt in dat alles wat op een onevenwichtige manier wordt geschapen, te ver wordt doorgevoerd en dus uiteen valt, of juist niet ver genoeg wordt doorgevoerd en daardoor niet tot bloei komt en zichzelf op den duur vernietigt doordat het wordt samengetrokken.

De zuivere eigenschappen van de derde straal geven je de vaardigheid om het onvoorwaardelijke te ervaren, namelijk de enige waarheid die de twee extremen, die door de dualistische geest worden gecreëerd, overstijgt. Je kunt voelen of iets dualistisch is, hoewel je er misschien geen duidelijke verklaring voor hebt. Je kunt gewoon voelen dat het voorwaardelijke niet 'klopt', omdat jij de onvoorwaardelijke aard van God /de waarheid in jouw hart voelt.

De eigenschappen van de derde straal leiden tot een diep gevoel in jouw innerlijk dat je één bent met al het leven, wat jou de vaardigheid geeft om onderscheid te maken tussen iets wat goed voelt (omdat dit al het leven probeert te verheffen) of juist niet goed voelt (omdat dit één deel van het leven verheft en een ander deel naar beneden haalt). Met de derde straal kun je te weten komen wat het juiste is om te doen, zelfs al kun je dat niet verstandelijk uitleggen. Met de eigenschappen van de derde straal kun je ook aanvoelen of je iets doet met egoïstische motieven, wat je de kracht geeft om jezelf in evenwicht te brengen.

Vervormingen van de derde straal

De belangrijkste vervorming van de derde straal is het gebrek aan evenwicht, maar dit kan zich op veel subtiele manieren uiten. Eén van die manieren is wat veel mensen liefde noemen, maar dit is eigenlijk een bezitterige poging om vat op anderen te krijgen. In extreme vorm kan dit als haat worden geuit en de wens om mensen te straffen of te vernietigen die weigeren te doen wat iemand zegt. Veel mensen worden bijvoorbeeld verliefd, maar beginnen zich vervolgens zo te gedragen dat het lijkt of de persoon die zij beweren lief te hebben, hun eigendom is.

Een andere vervorming is de vaste overtuiging dat het doel de middelen heiligt, wat inhoudt dat iemand, omdat hij van zijn superieure doel houdt, het recht heeft om andere mensen tot iets te dwingen of hen te doden om dat doel te bereiken. Deze vervormde vorm van liefde heeft tot enkele van de ergste gruweldaden in de geschiedenis geleid. Er zijn maar weinig mensen moeilijker van iets te overtuigen dan degenen bij wie hun kijk op de wereld uit het evenwicht is geraakt door fanatisme. Dit zorgt ervoor dat mensen geloven dat zij anderen moeten doden om hun liefde voor God te bewijzen.

DE VIERDE STRAAL INTRODUCEREN

Kleur van de vierde straal: Schitterend wit
Corresponderende chakra: Stuitchakra
Elohim van de vierde straal: Purity (zuiverheid) en Astrea
Aartsengel en Archeia van de vierde straal: Gabriël en Hope (hoop)
Chohan van de vierde straal: Serapis Bey

Zuivere eigenschappen van de vierde straal

Traditioneel worden zuiverheid, hoop en zelfdiscipline als eigenschappen van de vierde straal beschouwd. Maar op dieper niveau vormt hij de koppeling van je Geest met je fysieke lichaam en de materiële wereld. De vraag die wordt gesteld op het niveau van de vierde straal is of je de materiële wereld de macht geeft over jouw Geest, zodat jij jouw manier van uitdrukken op deze wereld inperkt. De vraag is of jij gelooft dat de huidige omstandigheden in de materiële wereld echt bestaan, permanent zijn en niet kunnen veranderen, of dat je bereid bent om met jouw creatieve kracht aan de slag te gaan om de materiële wereld – het Moederelement – in een stroomversnelling te brengen en uit de huidige omstandigheden te halen.

De eigenschappen van de vierde straal stellen je in staat om te voorkomen dat je in de illusie vast komt te zitten dat wat je ziet op de materiële wereld echt is of permanent bestaat. Je bent dan in staat te vermijden in een eindeloze cyclus verzeild te raken, waarin je probeert om te voldoen aan de lagere, lichamelijke, vleselijke of menselijke wensen. In plaats daarvan beschouw je de wereld als een hulpmiddel om in zelfbewustzijn te groeien. Dit houdt in dat je moeiteloos activiteiten vermijdt die niet aan dit doel beantwoorden. Maar hier is een diepere laag van inzicht voor nodig, omdat jij natuurlijk wel beseft dat dit niet een kwestie is van alle menselijke of fysieke activiteiten uit de weg gaan – maar dat het de kunst is om die tot iets spiritueels te verheffen.

Een belangrijke illusie die je op het spirituele pad moet overwinnen, is het idee dat er een scheiding bestaat tussen het spirituele en het materiële rijk, tussen spirituele en materiële activiteiten. In plaats daarvan ben je in staat om in het een-zijn te blijven door van alles wat je doet een spirituele activiteit te maken. Dit dient dan het doel waarvoor jij in de eerste plaats bent geïncarneerd, namelijk de vibratie van het hele materiële universum naar een hoger niveau te accelereren, waardoor het een permanent deel van het spirituele rijk kan worden.

Vervormingen van de vierde straal

Traditioneel wordt de vervorming als onzuiverheid, en chaos, beschouwd. Maar op dieper niveau bestaat de vervorming uit het gevoel dat de huidige omstandigheden echt zijn, dat die zijn zoals ze moeten zijn, of dat jij niet bij machte bent om die te veranderen. Je begint te denken dat deze wereld van het spirituele rijk wordt gescheiden, misschien zelfs wel dat die van de duivel is en dat jij die met rust moet laten, en niet moet proberen er iets aan te veranderen.

Je kunt misschien zelfs wel geloven dat jij niet het recht hebt om spiritueel te zijn op deze wereld of dat jij niet het recht hebt om jouw spirituele talenten op deze wereld tot uitdrukking te brengen. In plaats daarvan denk je dat jij de huidige omstandigheden moet accepteren en je eraan aanpassen. De allergrootste vervorming is dat je zelfs gelooft dat jij alleen maar een materieel wezen bent, een product van het materiële universum – dat jij uit stof bent ontstaan en dat jij tot stof zult wederkeren. In die geestesgesteldheid bestaat er natuurlijk geen hoop op acceleratie naar een hogere staat. Maar gezien het feit dat het leven zelf uit acceleratie naar iets meer bestaat, is dit een geestesgesteldheid die Jezus de 'dood' heeft genoemd, waarmee hij spiritueel dood bedoelde.

DE VIJFDE STRAAL INTRODUCEREN

Kleur van de vijfde straal: Smaragdgroen
Corresponderende chakra: Derde oogchakra
Elohim van de vijfde straal: Cyclopea en Virginia
Aartsengel en Archeia van de vijfde straal: Raphaël en Moeder Maria
Chohan van de vijfde straal: Hilarion

Zuivere eigenschappen van de vijfde straal

Traditioneel moeten waarheid en visie als de eigenschappen van de vijfde straal worden beschouwd – maar visie op wat? De vijfde straal is de zetel van de eenpuntige visie, zoals door Jezus word geïllustreerd met de opmerking: "Als jouw oog op één doel is gericht, is jouw hele lichaam vol licht." De op één doel gerichte visie is de Christusvisie, die de dualistische staat overstijgt. Dit wordt gebaseerd op het besef dat élke uitdrukkingsvorm van de 'waarheid' in de materiële wereld minder is dan de Geest van Waarheid, en dus moet je verder dan élke uitdrukkingsvorm in de buitenwereld kijken om die waarheid te ervaren.

Wanneer je dat doet, zie je dat alle scheidslijnen niet bestaan en dan zie je in dat je al het leven moet verheffen. Dit leidt tot het Christusonderscheid, het vermogen om onmiddellijk de leugens van de dualiteit te herkennen en te doorzien, die altijd één deel van het leven proberen te verheffen door een ander deel naar beneden te halen. Dit wordt aangetoond met de situatie in de Hof van Eden, waarin de Slang tot Eva zei: "Gij zult voorzeker niet sterven." Hij voegde daarmee het element twijfel toe aan haar bewustzijn. De eigenschappen van de vijfde straal stellen jou in staat om deze slangachtige logica te doorzien. Je kunt ook begrijpen dat alle verschijnselen op de materiële wereld slechts tijdelijk zijn en daardoor kun jij de volmaakte visie voor mensen of omstandigheden die getransformeerd moeten worden, voor ogen houden.

Vervormingen van de vijfde straal

De vervormingen zijn gebrek aan visie, het ontbreken van het vermogen om onderscheid te maken tussen de non-duale Waarheid en de vele dualistische 'waarheden' die leiden tot twijfel en een gevoel van hopeloosheid of het gevoel dat de waarheid niet bestaat. Het is ook het geloof dat er maar één waarheid is en dat is de onze. Ook het gevoel dat wij, omdat wij de enige waarheid bezitten, aan een strijd vastzitten tegen anderen, die een andere denkwijze hebben en dat het nodig en gerechtvaardigd is om hun systeem te bekritiseren of zelfs te vernietigen. Mensen die kritiek hebben op andere mensen of ideeën, hebben de eigenschappen van de vijfde straal vervormd. Een andere vervorming is de neiging om te zeggen dat mensen al slecht zijn als ze bepaalde dingen doen of geloven – omdat je niet verder kijkt dan dit moment.

DE ZESDE STRAAL INTRODUCEREN

Kleur van de zesde straal: Purper en goud
Corresponderende chakra: Solar plexuschakra
Elohim van de zesde straal: Peace (Vrede) en Aloha
Aartsengel en Archeia van de zesde straal: Uriël en Aurora
Chohan van de zesde straal: Lady Meester Nada

Zuivere eigenschappen van de zesde straal

Traditioneel wordt vrede als de belangrijkste eigenschap van de zesde straal beschouwd, maar het gaat over 'de vrede die alle begrip te boven gaat'. Dit is het innerlijke gevoel dat men niet door de dualistische verschijningsvormen wordt beïnvloed die van alle kanten aan iemand kunnen trekken. Het is het vermogen om te midden van een verwoestend conflict de stilte in jezelf te voelen. Het is de vaardigheid om de aantrekkingskracht te voelen die iemand aanzet om boosheid op een onevenwichtige manier te uiten, maar desondanks in jouw centrum te blijven en te beslissen dat jij daar niet aan mee doet.

Wanneer je die vrede bezit, kunt je waarlijk onbaatzuchtig dienstbaar zijn, omdat jij intuïtief iedere situatie in harmonie brengt. En harmonie is natuurlijk de sleutel om mensen te helpen verder te zien dan de dualistische strijd en iets gemeenschappelijks te vinden. Iemand die de eigenschappen van de zesde straal heeft ontwikkeld, is altijd op zoek naar wat mensen verbindt en heeft het talent (vooral wanneer de hogere chakra's ook zuiver zijn) om mensen bij dat gemeenschappelijke te brengen.

Vervormingen van de zesde straal

De allereerste vervormingen van de eigenschappen van de zesde straal zijn boosheid en agitatie, die als een heel agressieve drang om anderen te dwingen tot verandering, of te straffen wie daar tegenin gaat, tot uitdrukking worden gebracht. Het is de niet-vrede die ook elk begrip te boven gaat, omdat je op geen enkele manier kunt praten met iemand die de eigenschappen van de zesde straal heeft vervormd. Zij handelen blindelings vanuit hun gevoel van woede en zij zullen steeds opnieuw dingen doen of zeggen die zij later betreuren. Zij zullen zelfs dingen doen waarvan iedereen wel weet dat ze fout zijn, maar zij zijn daar op dat moment volkomen blind voor.

Een andere vervorming is iets wat sommigen als vrede beschouwen, maar in werkelijkheid passiviteit is, de onwil om voor iets op te komen. Mensen die deze vervorming hebben, hebben dus de neiging zich als slachtoffer te gedragen en kunnen alleen op krachten van buitenaf reageren en weigeren om verantwoording te dragen voor hun leven. Er zijn ook mensen die hun individualiteit verliezen en deel worden van de 'meutegeest' die blindelings handelt, of blindelings een sterke leider volgt. Een andere vervorming is het verblinde idee dat geweld en oorlogen een goede oplossing kunnen zijn of dat dit in sommige situaties de enige manier is, zelfs de juiste manier is, om te reageren.

DE ZEVENDE STRAAL INTRODUCEREN

Kleur van de zevende straal: Violet
Corresponderende chakra: De zetel van de ziel of de chakra van onschuld
Elohim van de zevende straal: Arcturus en Victoria
Aartsengel en Archeia van de zevende straal: Zadkiël en Amethist
Chohan van de zevende straal: Saint Germain en Kuan Yin

Zuivere eigenschappen van de zevende straal

Traditioneel worden vrijheid, vergevingsgezindheid en rechtvaardigheid als de eigenschappen van de zevende straal beschouwd. Maar het diepere inzicht is dat het de zetel van speelsheid is, dat je bereid bent om het leven te benaderen zoals in de uitspraak van Jezus: "Tenzij je als een klein kind wordt, zul je het koninkrijk niet betreden."

Wanneer je de eigenschappen van de zevende straal belichaamt, heb je het gevoel dat je leeft in een wereld die in principe goed is en dat jij hier bent om jezelf tot uitdrukking te brengen en te spelen met wat jij tot je beschikking hebt. Jij maakt je niet druk om het leven of de toekomst en je vertrouwt erop dat de Geest jou beschermt en dat de Moeder voor jou zorgt. Dan krijg je het gevoel van opborrelende vrijheid en de wens om te ervaren wat de wereld jou te bieden heeft en daar jouw eigen creatieve uitdrukkingsvorm aan toe te voegen. Je voelt heilige onschuld.

Vervormingen van de zevende straal

De voornaamste vervorming van de eigenschappen van de zevende straal, is de neiging om het leven te serieus op te vatten. Dit kan tot uitdrukking worden gebracht door zowel vrijheid als rechtvaardigheid te vervormen, wat samenkomt in het gevoel dat je in een wereld leeft waarin alles strijd oplevert, misschien zelfs wel strijd tegen een kracht die jou op een onrechtvaardige manier van je vrijheid berooft.

Neem het oude gezegde: "Lach om de duivel en hij maakt dat hij wegkomt." Het is waar, in die zin dat jij iets anders macht over jou geeft, als je iets te serieus opvat. Natuurlijk zou je kunnen zeggen dat er veel op de wereld is wat jou in jouw vrijheid probeert te beperken en zelfs onrechtvaardig is, maar betekent dat dan dat jij dat niet serieus moet nemen? Toch is er evenwicht, wanneer jij je realiseert dat ook een andere uitspraak van Jezus waar is: "Wees wijs als slangen, maar onschuldig als duiven." Er bestaat een subtiel evenwicht tussen naïef zijn over de tijdelijke omstandigheden op de wereld en die al te serieus nemen, waardoor jij denkt dat je pas vrij kunt zijn, als die zijn gewijzigd.

De grootste vervorming van de zevende straal is de epische denkwijze, omdat je dan denkt dat de wereld eindeloos een epische strijd tussen goed en kwaad aan het voeren is, wat inhoudt dat alles mag in de strijd om het kwaad te verdelgen. Dit leidt tot totale ongevoeligheid voor het leven; dat heeft tot een aantal van de ergste voorbeelden van menselijke wreedheid geleid. Maar net als al het andere ontstaat ongevoeligheid voor anderen uit ongevoeligheid voor jezelf.

Wanneer jij de eigenschappen van de zevende straal hebt vervormd, ben je geneigd te denken dat de problemen op de wereld bestaan, omdat andere mensen die niet zo serieus opvatten als jij. Naarmate jij die onevenwichtigheid overwint, besef je dat de omstandigheden nog hetzelfde zijn, omdat mensen die te serieus opvatten en daardoor denken dat de omstandigheden op de materiële wereld macht over hun geest hebben. In werkelijkheid zijn wij allemaal spirituele wezens en één van onze allergrootste taken op aarde is dat wij demonstreren dat wij onze Geest niet door materiële omstandigheden en de uitdrukkingsvorm daarvan op deze wereld, laten inperken. Ons hogere Zelf door ons tot uitdrukking brengen, is de sleutel tot vrijheid en dat is de speelsheid van het goddelijke mensenkind dat weet dat hij of zij één is met de Vader – en dat met God alles mogelijk is.

OVER DE SCHRIJVER

Kim Michaels is een hedendaagse spirituele leraar en de schrijver van veel populaire boeken over het mystieke christendom, zelfhulp en het universele pad dat het menselijke ego en het dualiteitsbewustzijn ontstijgt. Hij beschrijft met ongekende helderheid hoe je de tijdloze wijsheid en gnosis van de oosterse en westerse spirituele meesters op onze dagelijkse uitdagingen kunt toepassen. Kim heeft 4 inspirerende websites gemaakt:

transcendencetoolbox.com – praktische spirituele hulpmiddelen om licht op te roepen de beperkingen van het egobewustzijn te transcenderen.

askrealjesus.com – Oorspronkelijke mystieke leringen van Jezus.

ascendedmasteranswers.com – Geascendeerde meesters geven antwoorden op vragen over diverse onderwerpen.

ascendedmasterlight.com – Leringen van geascendeerde meesters en dictaten over alles wat te maken heeft met spirituele groei.

Deze websites staan op *www.askrealjesus.nl* in het Nederlands vertaald.

www.ingramcontent.com/pod-product-compliance
Lightning Source LLC
Chambersburg PA
CBHW030523230426
43665CB00010B/749